EL PODER
DE LA MENTE
DESENFOCADA

Título original: TINKER DABBLE DOODLE TRY
Traducido del inglés por Francesc Prims Terradas
Diseño de portada: Editorial Sirio, S.A.
Diseño y maquetación de interior: Toñi F. Castellón

©   de la edición original
    2017, Srinivasan Pillay

    Publicado con autorización de Ballantine Books, un sello de Random House,
    filial de Penguin Random House LLC

©   de la presente edición
    EDITORIAL SIRIO, S.A.
    C/ Rosa de los Vientos, 64
    Pol. Ind. El Viso
    29006-Málaga
    España

www.editorialsirio.com
sirio@editorialsirio.com

I.S.B.N.: 978-84-17030-65-0
Depósito Legal: MA-355-2018

Impreso en Imagraf Impresores, S. A.
c/ Nabucco, 14 D - Pol. Alameda
29006 - Málaga

Impreso en España

Puedes seguirnos en Facebook, Twitter, YouTube e Instagram.

Dr. S R I N I   P I L L A Y

EL PODER
DE LA MENTE
DESENFOCADA

Juguetear, alternar tareas,
pintar garabatos...

La mente tiende a divagar, aprovecha este sorprendente
mecanismo del cerebro y potencia la creatividad,
mejora la toma de decisiones y aumenta tu productividad

EDITORIAL
SIRIO

Este libro está dedicado a todos aquellos que se atreven a conectar con su ingenio y su genialidad. También está dedicado a quienes desafían a los que afirman que no se puede, y exploran sus más elevadas posibilidades.

ÍNDICE

ABANDONAR EL CULTO A LA CONCENTRACIÓN

A menudo, cuando reposo en mi diván
ocioso o pensativo,
aparecen con brillo súbito ante ese ojo interior
que es la dicha de los solitarios.
Y mi alma se llena entonces de felicidad
y baila con los narcisos.

William Wordsworth,
Erraba solitario como una nube

En 1983, un viernes por la noche,[1] un hombre y su novia recorrían la carretera 128 de California desde Berkeley hacia Mendocino, donde él estaba construyendo una cabaña en el bosque. Era tarde, el hombre llevaba tiempo al volante y se sentía un poco cansado y distraído. Mientras su novia dormía en el asiento del acompañante, su mente recaló en su trabajo, una investigación sobre el ADN.

Como él mismo explicó: «Los neumáticos de mi pequeño Honda plateado nos llevaban por las montañas. Mis manos sentían la carretera y las curvas. Mi mente regresó al laboratorio. Visualicé cadenas de ADN enrolladas y flotantes. Imágenes azules y rosadas de moléculas eléctricas se interpusieron en algún punto entre la carretera de montaña y mis ojos».[2]

Sus pensamientos iban y venían como un cachorro al que acabaran de desatar; reflexionaba, comparaba y conectaba fragmentos de información. De repente, se dio cuenta de algo. Salió a la cuneta en el punto en que el mojón indicaba que estaban en la milla 46,58 y empezó a conectar sus pensamientos. Algo en la ciencia cambiaría para siempre.

Ese hombre era el doctor Kary Banks Mullis, un bioquímico que, diez años después, ganaría el Premio Nobel de Química por haber inventado la reacción en cadena de la polimerasa,[3] un método para crear ADN sintético, que ha resultado crucial para una amplia gama de disciplinas, desde la obstetricia hasta la medicina forense. Fue en ese punto del viaje, hallándose desvelado a altas horas de la noche, cuando su mente hizo acopio de ideas y las conectó de maneras nuevas y extrañas. Más tarde, ordenaría y perfeccionaría lo que su mente errante había combinado. La magia de ese proceso –tanto el acopio de ideas como su clasificación– es el tema central que aborda este libro.

Como médico, psiquiatra y *coach* de ejecutivos, estoy al tanto de las esperanzas de cambio que albergan mis pacientes y clientes, así como de su anhelo de contar con estrategias para llevarlo a cabo. En cada consulta –ya sea en una sala de juntas o en el diván, ya sea que concierna a la fluidez y la eficiencia en el trabajo o al liderazgo, el aprendizaje, la crianza de los hijos, el matrimonio o la pérdida de peso–, todo el mundo quiere averiguar cómo superar obstáculos y lograr objetivos. La mayoría de las personas con las que hablo están convencidas de que un mayor enfoque –tal vez en forma de una mejor organización, unos planes más detallados o incluso una titulación superior– será la solución a sus problemas. Utilizan herramientas encaminadas al enfoque (horarios, listas de tareas, recordatorios en el calendario y auriculares para el bloqueo del ruido), aunque a menudo acaban por constatar que, en lo que se refiere a incrementar su calidad de vida o su productividad, no son tan efectivas como les aseguraron que serían.

Algunos se han interesado en la meditación y el *mindfulness*; han leído que el desarrollo de los «músculos mentales» del «aquí y ahora» es muy saludable y puede estimular la productividad en gran medida. De modo que tratan de incorporar estas técnicas a su vida diaria, aunque no siempre logran hacerlo con éxito. Otros acuden a mí con la vaga sensación de que se distraen con facilidad, de que procrastinan continuamente, de que padecen un trastorno por déficit de atención e hiperactividad (TDAH) o de que dejan siempre las cosas sin terminar. Muchos esperan incluso que les dé un diagnóstico formal y les prescriba medicamentos que les permitan mantener la concentración. Creen que su incapacidad de concentrarse y mantenerse enfocados en lo que están haciendo es lo que se interpone en su camino.

A menudo, pareciera que lo que necesitan es enfocarse, mantener la concentración —aunque en este sentido a veces se abusa de los fármacos destinados a ese efecto—. De hecho, la concentración puede ser un factor *importantísimo* para conseguir el cambio deseado. Te mantiene enfocado en el objetivo hasta que el trabajo está terminado, y eso te permite coordinar tu pensamiento, tus emociones y tus movimientos en relación con la tarea y completarla. Los niños necesitan una buena cantidad de concentración para permanecer sentados a lo largo de la jornada escolar. Los líderes la requieren para unificar a sus seguidores en torno a una misión u objetivo. Las empresas la utilizan para consolidar y aumentar su participación en el mercado. ¡Prueba a enhebrar un hilo en una aguja, seguir las instrucciones de una receta o ensamblar las piezas de un mueble sin estar concentrado!

A largo plazo, la concentración te permite enfocarte de forma selectiva en un área de interés y llegar a ser bueno en ella, lo que habitualmente redunda en tu provecho. A menos que seas un genio polímata como Miguel Ángel (¿medicarían a alguien como él hoy en día?), tener un amplio abanico de intereses puede hacerte aprendiz de todo, maestro de nada. La especialización enfocada te permite adquirir una comprensión y un conocimiento más profundos de tu área de interés, y posibilita que tu práctica y tu experiencia en relación con ella sean también más profundas. Con el tiempo, te lleva a confiar en tus habilidades y hace que los demás confíen en ti. Si tuviesen que ponerte un baipás cardíaco, ¿no elegirías a un cirujano que hubiese puesto mil baipases en lugar de otro que hubiese puesto trescientos baipases, hubiese hecho trescientas resecciones intestinales y hubiese practicado cuatrocientas intervenciones quirúrgicas cerebrales? Y en el ámbito de los negocios, la empresa que se centra en una necesidad específica suele ser la que da con el mejor nicho de mercado.

Desde el punto de vista neurológico, la concentración desempeña un papel esencial a la hora de mantener la capacidad de conectar información. Este proceso tiene un valor enorme, prácticamente incalculable. Mientras estás llevando a cabo una tarea, tu cerebro está ocupado transmitiendo información a tu memoria a corto plazo, que se encuentra en una región llamada corteza prefrontal dorsolateral. Me gusta llamar a esta región *la taza de la memoria*, porque recoge la información a la que necesitamos acceder mientras estamos haciendo algo. La concentración es uno de los factores clave (junto con la emoción y la intuición) que nos permiten determinar qué es lo que debemos considerar relevante, lo cual a su vez puede hacer que nos desenvolvamos mejor, con mayor rapidez, con mayor fluidez y de forma más inteligente en ese ámbito en el futuro.

Sin embargo, creo que, a causa de los «claros» beneficios que presenta, muchos de nosotros, sin darnos cuenta, hemos caído en el *culto* a la concentración. De modo que creemos que la capacidad de enfocarnos está por encima de todas las demás, estamos convencidos de que es la competencia central a la que debemos aspirar. En realidad, la concentración, aislada de las demás capacidades, trabaja en nuestra contra y nos resta poder.

Piensa en ello de esta manera: la concentración es la linterna de tu cerebro. Pero si bien un rayo brillante y estrecho de luz proyectado directamente delante de ti te resulta tremendamente provechoso si es ahí donde necesitas estar mirando, ¿qué ocurre con tu visión periférica y la luz que acaso precises para ver a media distancia si está oscuro? En los casos extremos, este tipo de «visión direccional» se convierte en un fenómeno que se conoce en psicología como *ceguera por falta de atención*, que consiste en que estamos ciegos a algunas cosas porque no podemos prestar atención a todo; el cerebro elige en qué enfocarse, a veces en detrimento de uno mismo.[4]

Por ejemplo, en 1995, un agente de policía de Boston pasó por delante de alguien que estaba siendo brutalmente golpeado mientras perseguía al sospechoso de otro delito. El oficial afirmó no haber visto el asalto, pero los miembros del jurado no creyeron que hubiese podido estar tan ciego. Lo declararon culpable de perjurio y obstrucción a la justicia y fue condenado a más de dos años de cárcel, además de tener que pagar una multa. Interesados en la posibilidad de que el oficial pudiese haber experimentado la ceguera por falta de atención (una sobrecarga del enfoque debida, en este caso, a su celo por atrapar a un sospechoso), unos investigadores simularon la escena y encontraron que muchos de los sujetos a los que les hicieron la prueba tampoco se habrían apercibido de la situación violenta con su visión periférica. De noche, solo el 35 % de los sujetos del experimento se dieron cuenta de que había una pelea; de día, la advirtieron el 56 %.[5]

Un ejemplo más divertido de cómo la concentración puede comprometer nuestra capacidad de captar información relevante y ocasionar la *atención selectiva* lo constituye el experimento del gorila invisible. Busca en Internet «gorila invisible» y tú mismo podrás tener la experiencia. Los participantes del estudio vieron una dinámica de juego en una pantalla, en que participaban un equipo cuyos miembros llevaban camisetas blancas y otro equipo cuyos miembros llevaban camisetas negras. Cada equipo tenía un balón de baloncesto y sus jugadores se lo iban pasando. Los investigadores pidieron a los sujetos del estudio que contasen cuántas veces se pasaban la pelota los miembros del equipo que vestía camisetas blancas. Mientras se desarrollaba el juego, una persona disfrazada de gorila pasaba por el lugar. Resultó que la mayoría de los participantes, enfocados en las camisetas blancas y preocupados por contar los pases, no vieron al individuo vestido de gorila.[6]

Si la concentración hace que dejemos de ver un gorila, ¿qué otras cosas estamos dejando de ver en la vida?

Tal vez estás tan concentrado desarrollando tu empresa que no ves que la competencia está cobrando impulso. O estás tan enamorado de alguien que no te das cuenta de los cambios de comportamiento que tiene esa persona hasta que rompe contigo («No vi las señales», relatas con tristeza). O, si eres psiquiatra, quizá estés tan absorto en tratar de descubrir la raíz emocional de la ansiedad de tu paciente que descuidas investigar si puede deberse a problemas suprarrenales. Como afirma cierto dicho: «Cuando tu única herramienta es un martillo, todo te parece un clavo» (podemos reconvertirlo en: «Quien tiene una especialidad médica solamente concibe ciertos diagnósticos»).

El exceso de concentración guarda relación con la visión direccional y la atención selectiva. Puede hacer que se nos pase por alto lo que realmente nos importa.[7] En la universidad, uno puede llegar a estar tan absorto en sus actividades académicas que tal vez «se olvide» de socializar o tener citas, y luego le resulta difícil encontrar potenciales compañeros de vida. Como terapeuta, veo muy a menudo este fenómeno, el cual cuenta también con una denominación científica: se llama *descarte del largo plazo*.[8] Es la tendencia del cerebro a minimizar la importancia de lo futuro porque está demasiado lejos. Muchos estudios muestran que el descarte del largo plazo es el modo predeterminado del cerebro. En mi opinión, es una de las mayores razones por las que acabamos por arrepentirnos de ciertos comportamientos (no somos capaces de entrar en la visión a largo plazo y salir de ella en la medida en que necesitamos hacerlo).

Otra consecuencia de la concentración excesiva es lo que los psicólogos llaman *pérdida de la actitud solícita*. En un estudio sobre este fenómeno,[9] se pidió a los sujetos que se enfocasen intensamente en un vídeo que mostraba a una mujer hablando. Se les dijo que ignorasen la esquina inferior de la pantalla, donde aparecían unas palabras cada diez segundos. Si se distraían, debían volver a enfocarse en la mujer de inmediato. Otros sujetos miraron el vídeo como lo harían normalmente, con una actitud más indiferente, y no se les dio la instrucción de que no mirasen las palabras. Más tarde, se pidió a todos los participantes que se ofreciesen voluntarios para ayudar a las víctimas de una tragedia reciente. Los investigadores encontraron que los individuos pertenecientes al grupo hiperenfocado estaban menos dispuestos a ofrecerse como voluntarios, eran menos generosos a la hora de prestar ayuda y tendían a tener una actitud menos solícita. ¿Por qué? Porque la hiperconcentración agota la corteza prefrontal, que es la que nos ayuda a tomar decisiones morales. En otras palabras, el exceso de concentración puede desproveer al cerebro de los recursos necesarios para equilibrar el cansancio dc la persona con su predisposición a ayudar a los demás.

La concentración también puede obstaculizar la innovación. En un artículo publicado en *Harvard Business Review*,[10] la profesora de Ciencias Empresariales Rosabeth Moss Kanter señala algunos de los problemas asociados con limitar el alcance de la innovación o mantenerse demasiado enfocado. Por ejemplo, la empresa Gillette tenía una unidad de cepillos de dientes (Oral B), una unidad de electrodomésticos (Braun) y una unidad de pilas (Duracell), pero no concibió fabricar un cepillo de dientes eléctrico. Y es que cada división estaba demasiado centrada en sus propios productos y sus propias prácticas. Sin embargo, nuestros cerebros cuentan con el cableado que los habilita para realizar este tipo de conexiones si les permitimos encontrar similitudes entre dominios aparentemente no relacionados.

En concreto, ¿cómo podemos hacer esto? ¿Cuál es el punto óptimo entre la concentración que nos da alas y la que anquilosa o agota nuestro pensamiento? ¿Cómo podemos obtener un equilibrio factible entre la perspectiva enfocada y una visión más panorámica del mundo? La respuesta radica en desarrollar la capacidad de lo que yo llamo *desenfocarse*.

He sintetizado mi propuesta en una especie de lema, que constituye subtítulo del libro que tienes entre tus manos. Cuando les planteo la idea del desenfoque a mis clientes y mis pacientes, a menudo obtengo, como reacción automática, cierta resistencia: piensan que el hecho de desenfocarse significa que deben dejar de ser tan exigentes consigo mismos o andar por ahí sin rumbo fijo. No quieren pasar a ser (o seguir siendo) individuos incompetentes; quieren ser productivos y capaces de solucionar los problemas. De modo que, cuando les menciono el lema con el que he abierto este párrafo, tienen una reacción similar: no muestran ningún entusiasmo. Creen que los experimentadores tienden a no terminar lo que empiezan. Creen que quienes saltan de una actividad a otra sumergen un dedo en una determinada empresa, pero no se mojan realmente. Creen que garabatear es un simple juego de niños. Y creen que el intento es importante (como les decimos a nuestros hijos) pero que el éxito se ve recompensado más a menudo (desafortunadamente, aún más cuando somos adultos).

Lo entiendo: esto de desenfocarse *suena* como algo negativo. Pero olvidémonos de la semántica por un momento y regresemos a la metáfora de la linterna. El enfoque y el desenfoque hacen referencia a *dos configuraciones diferentes*. El enfoque es el haz estrecho que ilumina el camino que tenemos inmediatamente delante. El desenfoque es el haz que llega a lo lejos y que se extiende también a lo ancho, permitiéndonos la visión periférica. Ambos tipos de haces, por sí mismos, solamente son útiles hasta cierto punto. La combinación de los dos te permitirá mantener las «pilas» cargadas durante más tiempo, y también serás más capaz de encontrar el camino en medio de la oscuridad.

Muchos descubrimientos importantes han nacido en el ámbito de lo que parecen ser trayectorias profesionales desenfocadas. Si, por ejemplo, tratases de emular la trayectoria vital del doctor Mullis hasta el momento de su descubrimiento, podrías, lógicamente, rendir bien en la escuela, obtener un doctorado en Bioquímica y luego abordar la cuestión de la duplicación del ADN de forma sistemática. Pero hay poco en la historia del doctor Mullis que sugiera que fue así como llegó a su *momento eureka*. De hecho, el viaje hacia su objetivo estuvo marcado por los desvíos; no siguió un camino estrecho, en línea recta.

Tras obtener su doctorado,[11] dejó la ciencia para escribir ficción. Luego dejó de escribir para hacerse bioquímico. Después de esto, dejó la biociencia y gestionó una panadería durante dos años. Cuando regresó a la ciencia, no estaba centrado en nada. En una etapa anterior de su trayectoria profesional, antes de abordar la duplicación del ADN, intentó diseñar cohetes. Y gran parte de su vida ha sido una montaña rusa emocional. Actualmente está casado con su cuarta esposa. Estas son las partes de la historia que dejamos de lado; sin embargo, son probablemente tan importantes para explicar sus ideas y su desarrollo intelectual como lo es su trabajo en el campo de la bioquímica. No podrías imitar estos factores; pero dentro de ti hay una «historia desenfocada» esperando ser contada, si aún no lo ha sido.

Cada experiencia contribuye al desarrollo del cerebro. Las desviaciones respecto al camino recto y estrecho pueden dar lugar a ideas inesperadas, al planteamiento de nuevas perspectivas sobre el mismo tema y a la forja del carácter necesario para obtener la fortaleza que nos permita perseguir nuestras pasiones. No se puede decir lo que habría sucedido si el doctor Mullis se hubiese formado antes como bioquímico, si hubiese permanecido en su primer matrimonio y si no hubiese trabajado nunca en una panadería. Pero pocas personas que hayan triunfado en algo, si es que hay alguna, han seguido un camino lineal hacia la consecución de sus metas, aunque parezca que lo hayan logrado así visto en retrospectiva.

Ni siquiera parece que sea deseable tener una trayectoria profesional tan enfocada. Como señala Lynda Gratton, profesora de la Escuela de Negocios de Londres, en su libro *La vida de 100 años*, en esta era caracterizada por la longevidad tenemos que repensar cómo construir nuestras vidas. La capacidad de mantenerse enfocado en el objetivo puede ser una manera rápida y simplista de explicar cómo llega la gente a sus metas. En muchos casos, esta explicación constituye una potente y convincente... ficción.

Aprender a desenfocarte *y* a enfocarte hará que seas un individuo más eficiente, productivo y ágil como pensador y solucionador de problemas. Entrar en un ritmo nuevo y consciente en relación con ambos procesos es la clave para la productividad, la creatividad, el ingenio o la felicidad que buscas. De hecho, una de las consecuencias paradójicas de aprender a desenfocarnos es que ello nos permite agudizar el enfoque cuando lo necesitamos. Esto es lo que hace que ambos aspectos constituyan las dos caras de la misma moneda mental. (Por cierto, si has llegado a este libro buscando ver validada tu falta de enfoque —si la gente te critica por esta tendencia—, probablemente será como música para tus oídos escuchar que el desenfoque constituye una habilidad valiosa. En este caso, lo que debes aprender es a afinarlo y dominarlo en lugar de permitir que siga campando a sus anchas).

Piensa en una orquesta. Cada miembro tiene que practicar (enfocarse) para dominar su propia partitura. Pero en el momento del concierto, todos los músicos deben ser capaces de articular su pericia y su sonido con el conjunto (desenfocarse). Tienen que concentrarse lo suficiente para ejecutar su música y seguir la partitura a la vez que permanecen lo bastante desenfocados como para interactuar entre sí y escucharse unos a otros (y para mirar al director de orquesta de forma intermitente). Ser capaz de soltar el enfoque estricto y mezclar el propio sonido con el de los demás constituye toda una habilidad.

Ocurre lo mismo en el ámbito del deporte. Para ser un gran jugador de tenis, por ejemplo (y alcanzar una buena forma física), es necesario practicar una serie de habilidades específicas basadas en el enfoque: la manera de agarrar y mover la raqueta en función de cada tipo de golpe, la posición de los pies en relación con el cuerpo, la altura a la que hay que lanzar la pelota para efectuar el servicio, la fuerza con la que hay que golpearla para que vaya al lugar pretendido... Y hay que jugar repetidamente para desarrollar el sentido de la colocación de la pelota. Se necesitan muchas horas de práctica enfocada para programar todo esto, pero toda esta dedicación acaba por crear una impronta en el cerebro. Si el jugador confía en el resultado, en el momento del partido solamente necesita observar la pelota y dejar que su cuerpo haga lo que ha aprendido a hacer; permite que el desenfoque tome el control. En este estado mental, el cuerpo lleva a cabo una gran cantidad de pequeños ajustes que son necesarios para lograr que la pelota vaya adonde el jugador quiere sin que este tenga que pensar activamente en todo el proceso.

En el sentido más básico y amplio, desenfocarse es el proceso de relajar el cerebro para que pueda estar listo, recargado y coordinado cuando lo necesitemos y para que pueda ofrecernos ideas innovadoras cuando se lo requiramos. Esto no es pensamiento mágico, sino neurología demostrada. El desenfoque reduce la activación de la amígdala[12] e induce calma, activa la corteza frontopolar[13] y estimula la innovación, incrementa la actividad de la ínsula anterior[14] y fortalece el sentido del yo. Limita el poder de la parte del cerebro llamada precúneo, que es el «ego observador» que hace que seamos autoconscientes. (Esta es, esencialmente, la capacidad que tienen de «quitarse de en medio» el músico o el jugador de tenis de los que he estado hablando). El desenfoque restaura la actividad de la corteza prefrontal[15] para que podamos reenergizar nuestro pensamiento y experimentar menos agotamiento mental. Mejora la memoria a largo plazo[16] y el rescate de las experiencias relevantes. Y tal vez su efecto más consistente y profundo es que incrementa la actividad de la red neuronal por defecto (RND),[17] un conjunto de regiones cerebrales que están activas durante el reposo y que por lo general se desactivan cuando llevamos a cabo tareas que requieren concentración. También podemos llamar a la RND el *circuito del desenfoque*. Si esta red no se desactivase durante la ejecución de las tareas que precisan que nos concentremos, nuestra capacidad de enfocarnos se vería interrumpida.

Esto, trágicamente, es lo que sucede en el caso de enfermedades como el alzhéimer.[18] Los pacientes que padecen esta afección tienen una RND que no está sincronizada[19] –sus diversos componentes «disparan aleatoriamente en la oscuridad», metafóricamente hablando–. La reducción de la conectividad presente en la red del desenfoque[20] también se ha relacionado con otros trastornos neurológicos y psiquiátricos, como el autismo, la demencia frontotemporal, la esclerosis múltiple y estados vegetativos en que las personas padecen un daño cerebral grave y pueden estar parcialmente despiertas pero no ser conscientes. Los estudios indican que si nos construimos una «reserva cognitiva» por medio de ejercitar el cerebro con actividades que requieran enfocarse y otras que requieran lo contrario, contaremos con un respaldo si algo va mal.[21] En pocas palabras, el desenfoque puede proteger tu cerebro pensante en el curso de tu vida.[22] Si cambias tu estilo de vida y ejercitas el cerebro para sacar partido al desenfoque, es probable que veas resultados antes de lo que piensas.

En mi opinión no hay nada, absolutamente nada, más hermoso que el cerebro desenfocado en acción.

Los escáneres cerebrales pueden captar fotográficamente el flujo de la sangre hacia los circuitos y las regiones del cerebro implicados, y el flujo sanguíneo entre dichos circuitos y regiones. Esta es la señal indudable de que los miles de millones de neuronas cerebrales están trabajando con ahínco. Piensa en las neuronas como en bailarines modernos que se mueven y se acercan de maneras inesperadas, que se empujan unos a otros y cambian de dirección de repente. Sin embargo, en lugar de tener solamente dos brazos y dos piernas, estos bailarines esbeltos y bien proporcionados tienen millones de extremidades, lo cual multiplica exponencialmente las formas en que pueden conectarse e interactuar. Cada nuevo pensamiento o cada nueva acción libera una explosión de electricidad más deslumbrante que la exhibición de fuegos artificiales más espectacular. Y esta descarga moviliza y transporta información a través de los circuitos cerebrales. Los cambios que tienen lugar en el flujo sanguíneo iluminan las imágenes en un espectáculo parecido al que ofrece una noche llena de estrellas centelleantes. La escena es absolutamente cautivadora.

Dispuestos en gran medida según su función, algunos circuitos cerebrales *perciben* la información, otros la *recuperan* y otros *conciben* nuevas posibilidades. Aunque estas funciones sean independientes, se unen cuando ejercemos el pensamiento —cuando estamos siendo creativos, aprendiendo, realizando muchas tareas o actividades a la vez o resolviendo problemas—. Estas funciones hacen que los «brazos» y las «piernas» neuronales se estiren y se entrelacen entre sí ágilmente y con gracia. A veces, los bailarines del cerebro se turnan a la hora de llevar a cabo sus funciones, conservar la energía y apoyarse unos a otros. Cada nuevo momento de percepción, respuesta y acción cambia las comunicaciones y conexiones neuronales (la coreografía). Tanto si estás enfocado (por ejemplo, estudiando para un examen) como si no lo estás (por ejemplo, si te encuentras imaginando la nota que quieres que te pongan), el ritmo del enfoque y el desenfoque determina cómo, dónde y cuándo se elevan o descienden, descansan o corren, se conectan o se separan los bailarines de tu cerebro. Y determina qué conjunto de neuronas ocupan el centro del escenario.

En esta danza cerebral mágica y mística, la lógica también tiene cabida. Aquí aprendemos cómo hornear el pan, lidiar con el rechazo de un amante, perseguir un interés que ha atrapado nuestra imaginación, creer en Dios o poner en marcha el negocio de nuestros sueños. Misteriosamente, el director de este espectáculo mágico sigue siendo desconocido o estando ausente. Pero tenemos cierto control sobre la afluencia de la sangre a las distintas zonas; en este aspecto, somos los coreógrafos.

Cuando aprendas a pasar de estar enfocado a estar desenfocado y viceversa, cambiará algo profundo en tu manera de gestionar el estrés y el riesgo y en tu forma de entender la vida. Encontrarás partes formidables de ti mismo que nunca supiste que tenías. Incluso dejarás de odiar a tu mente desenfocada. Aprender esto requerirá que seas *decidido y hábil* a la hora de desenfocarte y que incluyas esta estrategia en tus actividades diarias. Es posible que ya lo estés haciendo accidentalmente (tropiezas con alguna idea creativa, quizá sin pretenderlo), pero este libro te enseñará a controlar activamente el proceso, o al menos a manejarlo.

Los que prueban aunque sea unos pocos de estos métodos en los talleres que imparto, o en el contexto de mi práctica terapéutica o como *coach*, a menudo se sienten aliviados de repente o tienen un *momento eureka*. Casi todos se encuentran con que su mente se evade de vez en cuando a lo largo del día. ¿No sería maravilloso que supieras aprovechar esta tendencia con algún fin positivo? ¡Por supuesto que sí!

EL RITMO DEL CEREBRO

El pensamiento es el trabajo del intelecto, el ensueño es su recreo. Sustituir el pensamiento con el ensueño es confundir el veneno con el alimento.

Victor Hugo

Antes de mi segundo año en la facultad de medicina yo era un estudiante que sacaba sobresalientes, pero durante ese año, en el contexto de una carga de trabajo cada vez mayor, mis calificaciones se desplomaron de repente.

Aunque me quemase las pestañas estudiando hasta la medianoche, no podía avanzar. Permanecía sentado durante horas delante de los libros de anatomía humana, tratando de memorizar dónde se unían los músculos y por qué partes del cuerpo discurrían los nervios y los vasos sanguíneos. En más de una ocasión, me dormí presa del agotamiento, y me despertaba con la cabeza enterrada entre un montón de huesos.

Nadie podría haber pasado más tiempo que yo estudiando y trabajando, pero cuanto más me enfocaba, peor rendía. Por aquel entonces no sabía que estaba manejando mi cerebro como un adolescente que estuviese conduciendo un coche por primera vez, arrancando a una velocidad vertiginosa y luego haciendo chirriar los neumáticos en una frenada abrupta. El resultado: un desgaste excesivo de las pastillas de freno y el cambio de marchas.

Me resistía a ver lo que estaba sucediendo. Y ni siquiera registré que estaba físicamente agotado hasta que por fin lo advertí, durante las vacaciones posteriores al segundo año de carrera. Fue entonces cuando decidí efectuar algunos cambios.

Desesperado, decidí empezar a trabajar más inteligentemente en lugar de esforzarme tanto. Vi mis fallos como un código que tenía que romper, por lo que introduje algunos cambios en mis hábitos y en mi estilo de vida. A pesar de que iba en contra de mi ética de trabajo, me permití descansos cortos cada cuarenta y cinco minutos mientras estudiaba. Hice un esfuerzo para pasar más tiempo con mis amigos, apartado de mis estudios. Me comprometí a dormir bien antes de afrontar largos períodos ante los libros. Y como siempre había oído comentarios maravillosos acerca del poder reparador de la meditación, empecé a meditar durante veinte minutos dos veces al día.

Mis notas mejoraron. Mi nivel de energía subió. Finalmente, volví a ser de los primeros de la clase. No tenía ni idea de cómo habían operado exactamente los cambios que introduje en mi estilo de vida, pero estaba contento con las consecuencias, así que apliqué estas estrategias a todos los ámbitos de mi estancia en la facultad de Medicina, con excelentes resultados.

Pero en realidad no aprendí la lección que debía haber incorporado a raíz de ese episodio. Más adelante, recibí un puñetazo metafórico al principio de mis prácticas en la especialidad de Psiquiatría, mientras volvía a quemarme las pestañas. Deseoso de sumergirme en mis casos, pasaba horas con los pacientes en

el hospital. Y cuando llegaba a casa, me quitaba la ropa de trabajo, cenaba y devoraba libros y revistas psiquiátricos. Después de
mi primera rotación clínica, esperaba ansioso mi sesión de in-
tercambio de impresiones con mi supervisor.

Pero el encuentro fue muy diferente de lo que había previsto. «Realmente, eres un médico muy entregado –dijo–. Te debe
de resultar un poco frustrante el hecho de contar con una base
de conocimientos mucho mayor que tus compañeros. Es probable que no puedas mantener las conversaciones que querrías,
¿cierto?».

En realidad, no tenía esa sensación, pero *pensé* que me estaba ofreciendo una retroalimentación positiva y la acogí encanta-
do. Luego hizo un comentario que no olvidaré durante el resto
de mi vida: «Nos preocupa un poco que pases tanto tiempo en las
unidades de hospitalización. Si sigues así, me temo que tendrás
una tonelada de información en la cabeza, pero que no obtendrás una formación superior. Y supongo que es para eso para lo
que quisiste estudiar en Harvard...».

La suposición era irónica y escalofriante, cuando menos.
Me di cuenta de que había vuelto a caer en mis viejos malos hábitos. Estaba atrapado por unos supuestos equivocados respecto
a la ambición, por lo que, de nuevo, era víctima del agotamiento
físico y mental.

El supervisor me explicó que tomar descansos para permitir que los pensamientos se solidifiquen es uno de los aspectos
más importantes de la verdadera formación. Me «recetó» que
caminase por el bosque en cualquier momento del día, que pa-
sase más tiempo en los bancos de los parques con mis colegas y
que incluso acudiese a terapia para ver si podía desarrollar pautas
que me ayudasen a descomprimir mis jornadas.

Actualmente, después de estudiar cómo manejan el enfoque y el desenfoque nuestros cerebros,[1] entiendo lo que mi supervisor ya sabía: mi *ritmo cognitivo* no contenía matices.

Cuando oímos hablar de ritmo, lo más probable es que lo primero que nos venga a la mente sea la música –por ejemplo, los movimientos de baile de Michael Jackson o Elvis Presley, o los sorprendentes *riffs* de un guitarrista como Jimi Hendrix, Kurt Cobain o Keith Richards–. En todos estos casos, hay una serie de notas o de movimientos que se repiten con regularidad; hay un ritmo característico que contiene momentos de encendido y apagado. Toca *Voodoo Child*, *Come as You Are* o *Jumpin' Jack Flash* y conectarás instantáneamente con un ritmo extraordinario.

Pero el ritmo no es solamente un concepto musical. También es esencial para el cuerpo. Es determinante en la dinámica de expansión y contracción del corazón. Tenemos que inhalar y exhalar con gran regularidad. Y no podemos escapar del ritmo circadiano de los ciclos de sueño y vigilia. El ritmo cognitivo es la capacidad de combinar el enfoque y el desenfoque (los momentos de encendido y apagado) de la manera más efectiva.

Cada día, debemos estar preparados para la tromba de la vida y responder en consecuencia: constantemente debemos arrancar, frenar, salvar los obstáculos y cambiar de dirección. Como descubrí en la facultad de medicina, si el único utensilio que tenemos en la caja de herramientas del pensamiento es el enfoque, no tardaremos en cansarnos. El cerebro se apagará prematuramente.[2] Es mucho mejor aprender de forma proactiva a evitar que el cerebro se bloquee. Además, aunque no seamos conscientes de ello, los estudios muestran que pasamos casi la mitad del día embarcados en miniviajes mentales, alejados de la tarea que tenemos entre manos.[3] Este tipo de fluctuación espontánea no constituye un uso de la capacidad intelectual más efectivo que la desconexión que tiene lugar cuando estamos completamente agotados.

Así como no es lo mismo que una bombilla queme un fusible que atenuar la intensidad de la luz para ahorrar energía, hay una enorme diferencia entre quedarse sin energía mental y poner el cerebro en uno de sus «modos de ahorro». En este último caso, y metafóricamente hablando, podemos hacer que la luz del cerebro vuelva a brillar cuando lo necesitemos o deseemos. En cambio, en el primer caso, no somos capaces de seguir hasta que nos hayamos recuperado.

SURFEAR LAS ONDAS DEL CEREBRO

Aunque el voltaje de una célula cerebral en estado de reposo es menor que el de una pila AA, la electricidad que pasa a través de la membrana celular genera una fuerza ingente:[4] cerca de catorce millones de voltios por metro —más de cuatro veces la fuerza necesaria para que se produzcan relámpagos durante una tormenta—. ¡Multiplica esto por cien mil millones de neuronas[5] y sabrás cuál es la magnitud de tu capacidad cerebral! Es impresionante, como mínimo.

Desde el momento del nacimiento, el cerebro está lanzando constantemente estos impulsos eléctricos a través de su complejo territorio. Dichos impulsos se manifiestan como ondas, y cada pensamiento, sentimiento y comportamiento se corresponde con una combinación distinta de estas ondas. La atención no constituye una excepción. Es útil pensar en las ondas de la atención como en notas musicales: las notas graves de un trombón, las notas agudas de una flauta y todas las que hay entre ellas. Incluso en el nivel basal, la atención del cerebro fluctúa,[6] en busca de la armonía entre las distintas notas, con una velocidad, una potencia y una precisión asombrosas. Los médicos pueden detectar estas «notas» con la ayuda de un electroencefalograma (EEG), de la misma manera que pueden captar el ritmo del corazón por medio de un electrocardiograma. Cuando observamos todas las ondas que podemos generar los seres humanos, estas aparecen en un continuo que va de una mayor frecuencia a una menor frecuencia,[7] es decir, oscilan entre una mayor rapidez y una mayor lentitud.

Las ondas beta son las correspondientes a la concentración. Si nos hiciesen un EEG cuando prestamos una atención total a cualquier actividad que estemos realizando, se verían estas ondas. Bajando por la «escala musical», a partir de las ondas beta nos encontramos con las alfa, las zeta y las delta. Cada uno de estos tipos de ondas es más lento que el anterior y todos ellos reflejan estados de falta de concentración, que van desde la relajación pura hasta la meditación y el sueño profundo. Hay otro tipo de ondas, las gamma, que son peculiares.[8] Aunque son más rápidas que las beta,[9] se manifiestan tanto si estamos enfocados como si no lo estamos, lo cual sugiere que el estado de concentración y el de dispersión no están tan desvinculados como podríamos pensar.

Cada una de estas «configuraciones» de ondas se correlaciona con una determinada función cerebral. Rendir al máximo nivel en cualquier ámbito[10] (como ama de casa, profesor, ejecutivo, jugador de ajedrez, investigador, etc.) requiere que sepamos cuándo y cómo pasar de una configuración a otra. Y, lo más importante, requiere que entendamos que estas ondas trabajan juntas para generar los estados cerebrales más adecuados con el objetivo de que podamos ejecutar lo que sea que estemos realizando.

LA SINCRONIZACIÓN DE LOS CIRCUITOS

Hay personas que tienen una lucidez asombrosa. Nos impresionan con su productividad aparentemente incansable y con la claridad mental que manifiestan. Georg Philipp Telemann, por ejemplo, compuso doscientas oberturas en un período de dos años[11] y Benjamin Franklin inventó el pararrayos, un catéter flexible, las lentes bifocales y muchos otros artilugios.[12] Eran maestros de la corteza frontoparietal,[13] o lo que yo llamo el *circuito del enfoque*. Continuamente aplicados en sus tareas, este tipo de individuos cuentan con la capacidad de enfocarse siempre que lo desean.

El circuito del enfoque forma parte de una *red ejecutiva central*[14] y nos permite mantenernos enfocados en lo que estemos haciendo, aunque tal vez no de una forma tan extrema como en el caso de Telemann o Franklin. Tanto si estamos siguiendo las instrucciones de una receta como si estamos realizando una actividad compleja, rellenando los formularios de los impuestos o escuchando atentamente el GPS mientras avanzamos por un territorio desconocido, las redes del enfoque son como una linterna que ilumina el camino que tenemos justo delante.

Sin embargo, esta facultad por sí sola es lamentablemente insuficiente, y la lucidez extrema, sin más, puede manifestarse como superficial. Podemos compararlo con un pianista que toque todas las notas sin equivocarse pero sin corazón. Por supuesto, si alguna vez has tocado o escuchado la música de Telemann, sabrás que se basaba en gran medida en aspectos que no eran el enfoque para llevar a cabo sus creaciones. Dicho esto, la superficialidad característica del enfoque se manifiesta en aquellas personas que, contrariamente a Telemann, se basan *exclusivamente* en la concentración en muchas otras áreas de la vida: el jefe burocrático, el ejecutivo que solamente contempla las ganancias, el compañero de trabajo cuyos informes son precisos pero carecen de profundidad... Sus declaraciones son claras, pero quisiéramos que expusieran más matices. Para retomar la metáfora del GPS, queremos saber qué nos aguarda en el viaje. Queremos saber al menos qué nos depara el futuro a medio plazo, o ser capaces de prever con qué vamos a encontrarnos durante la próxima hora, en lugar de ver únicamente el tramo de carretera que tenemos justo delante.

Los matices y la profundidad requieren que extendamos el haz de la linterna del enfoque para poder ver también los objetos y los detalles importantes que hay en la periferia. El circuito cerebral que permite esta ampliación de la visión es la *red neuronal por defecto* (RND),[15] a la que me refiero como el *circuito del desenfoque*. Antes de que la ciencia entendiera su verdadera función, se pensaba que la RND era el circuito del «no hacer casi nada».[16] Pero con el tiempo hemos llegado a ver que es uno de los entramados que consumen más energía cerebral.[17] Además, está profusamente conectada con el circuito del enfoque,[18] en una especie de desbordamiento e integración de ondas cerebrales. El enfoque y el desenfoque son como una buena salsa: es difícil saber si la carne está condimentando la salsa o si la salsa está condimentando la carne. Sencillamente, operan juntos.

En el cerebro, una mezcla de ondas entra y sale de cada circuito,[19] si bien prepondera más un tipo de onda, según la actividad mental del momento. Por ejemplo, en el pico del desenfoque, pueden aparecer las ondas alfa en la RND, pero también pueden aparecer ondas delta en ciertas zonas correspondientes a la falta de enfoque y pueden mezclarse con las ondas beta, porque el circuito del enfoque y el del desenfoque están «dialogando» entre sí de manera constante. De forma similar, en el circuito del enfoque pueden aparecer más ondas beta que delta, para orientar la atención enfocada; pero rara vez está presente un solo tipo de onda. Es por eso por lo que hablar de que existen dos tipos de circuito, el del enfoque y el del desenfoque, es plantear una falsa dicotomía. Ambos están operando al mismo tiempo y están diseñados para trabajar juntos. Somos nosotros quienes interrumpimos esta conexión natural presente en nuestros cerebros[20] cuando nos concentramos en exceso.

El músico que está conectado a una tragedia pasada mientras canta una canción triste nos toca más la fibra sensible. No es solamente la ejecución técnica lo que da lugar a una actuación asombrosa, sino también la convergencia de la técnica y la precisión de la fusión del pasado y el futuro, y la fusión de uno mismo con los demás. Los circuitos del desenfoque aportan la riqueza de esta complejidad y autenticidad.[21] Y también pueden ser ejercitados.[22]

Fritz Reiner, director de orquesta del siglo XX de origen húngaro,[23] fue uno de los más grandes de todos los tiempos. Muchos atribuyen a su liderazgo el hecho de que la Orquesta Sinfónica de Chicago (OSC) llegase a ser una de las mejores del mundo. Y debía de ser entretenido observarlo en acción: usando todo su cuerpo, daba entrada a las cuerdas con las manos, hinchaba las mejillas cuando era el turno de los instrumentos de metal y, cuando una sección de la orquesta ubicada a su derecha tenía que parar mientras estaba mirando a la izquierda, sacaba un pie. Como testimonio de lo magnífica que era la OSC bajo su dirección, Arthur Fiedler, el director de la Orquesta Boston Pops, les dijo tras escuchar una ejecución que realizaron en Boston: «Ustedes no son hombres. Son dioses».[24]

Reiner fue un director de orquesta increíble, pero la mayoría de las informaciones que nos han llegado revelan que también tenía un comportamiento tiránico. No toleraba las imperfecciones, y cuando estaba ensayando con la orquesta, no permitía que nadie se mostrase negligente. Cuando uno tocaba para él, tenía que hacerlo a la perfección. Los músicos debían estar atentos a todos sus gestos. Si alguno tenía un desliz, se veía ante un problema. Y en los momentos en que no estaban tocando, tenían que escuchar al resto de la orquesta sin distraerse.

Un músico que tocase para Reiner o que toque para cualquier otro director exigente, como te puedes imaginar, se enfrentaba y se enfrenta a un desafío cognitivo: debe estar conectado lo suficiente a nivel interno como para tocar con profundidad, desde el corazón, mientras que, simultáneamente, debe permanecer exquisitamente sensible a lo que están tocando los demás y a lo que el director requiere de él. Un músico que se pierda en su propia interpretación corre el riesgo de no percibir las indicaciones y de no escuchar realmente lo que están tocando los demás. Y, por otra parte, un músico que se centre demasiado en lo que están haciendo los otros intérpretes o en lo que está indicando el director es probable que toque con menos corazón y menos emoción. De alguna manera, el cerebro tiene que gestionar el delicado equilibrio que debe tener lugar entre el enfoque y el desenfoque.

Pero en nuestras vidas diarias a veces olvidamos esto y nos comportamos como un músico que estuviese prestando atención a Fritz Reiner solamente y no a los otros músicos. Podemos estar tan absorbidos en una tarea que no percibamos nada más. Los líderes, los padres y los jugadores de los equipos deportivos se enfrentan al mismo reto: estar «en la zona» y, a la vez, ser conscientes de lo que los rodea. Es decir, deben acordarse de enfocarse y desenfocarse al mismo tiempo.

LAS MUCHAS NOTAS DE NUESTRA RND[25]

Cuando entendemos la calidad y el alcance de las conexiones de la RND en el cerebro, el «trabajo conjunto» del enfoque y el desenfoque se hace más evidente. La RND presenta estas características:

- **Actúa como un filtro de distracción.** Paradójicamente, los circuitos del desenfoque desempeñan un papel activo y crucial a la hora de mantenernos enfocados. Actúan casi como esponjas; absorben las distracciones para mantenernos concentrados en una actividad a corto plazo.[26]
- **Crea flexibilidad mental.** Los circuitos del desenfoque actúan como pivotes; nos ayudan a retirar la atención de una tarea para ponerla en otra. Si implicamos lo suficiente los circuitos del desenfoque, nuestro pensamiento se vuelve muy flexible.[27]
- **Nos conecta más profundamente con nosotros mismos y con los demás.** Los circuitos del desenfoque nos conectan con elementos de nuestra propia historia, que están almacenados en distintas partes del cerebro. Ellos son los principales escritores de nuestra autobiografía. Todos nuestros rasgos personales y todas nuestras introspecciones pueden pasar a formar parte del momento porque nuestros circuitos del desenfoque pueden activarlos al mismo tiempo. Estos circuitos pueden acceder a los recuerdos almacenados desde mucho tiempo atrás, y permiten así que nuestra historia inspire cada

momento de enfoque. En este sentido, nos transportan hacia nosotros mismos.[28]

El desenfoque profundo también activa los circuitos de la «conexión social».[29] Es por eso por lo que los formadores en desarrollo del liderazgo nos dicen que la cualidad esencial del líder es haber llegado a ser él mismo. Es por eso por lo que los profesores de canto nos animan a que encontremos nuestra propia voz. Y es por eso por lo que cualquier gran educador nos exhorta a descubrir nuestra originalidad. La autoconexión profunda hace que el cerebro conecte con cuestiones que están más allá del momento y de uno mismo.

- **Integra el pasado, el presente y el futuro.** Los tres están «aconteciendo» ahora mismo en el cerebro. El pasado está almacenado como recuerdos. El presente se experimenta a través de los cinco sentidos. Y el futuro está representado por la planificación y la imaginación. Nuestra RND puede reunir los tres tiempos y ayudarnos a comprender la historia que se está desarrollando; conecta los puntos de la línea de tiempo de nuestras vidas.[30]
- **Nos ayuda a expresar nuestra creatividad.** Debido a que los circuitos del desenfoque unen esas áreas tan vastas del cerebro, pueden ayudarnos a efectuar asociaciones únicas y a ser originales. Junto con esto, también podemos ser más espontáneos.[31]
- **Nos ayuda a desenterrar recuerdos subliminales.** La RND también puede ayudarnos a integrar recuerdos que se encuentran fuera del ámbito del enfoque. Piensa en el cocinero experimentado cuyas comidas son inexplicablemente deliciosas porque encarnan algo más que el seguimiento escrupuloso de una receta. Después de haber visto cocinar a su abuela de niño, el chef adulto ha incorporado algo que ningún libro

podría enseñar. Puede tener que ver con el ritmo con el que agita la salsa o con los movimientos precisos de sus dedos a la hora de esparcir el queso sobre la cazuela o la quesadilla. Estos son los tipos de emociones que la RND puede rescatar.[32] Un caso ilustrativo lo constituye mi receta favorita de albóndigas a la italiana. Busca en Internet «Anthony's meatballs» (albóndigas de Anthony) y verás por ti mismo cómo se evocan una serie de recuerdos subliminales en el proceso de creación. Además de la lista de ingredientes y las instrucciones paso a paso para medirlos, mezclarlos y cocinarlos, ise incluye el *link* a una «música de fondo italiana» para establecer el estado de ánimo adecuado! El resultado es una cena mágica y exponencialmente más deliciosa que aquella a la que podría dar lugar el seguimiento literal de una receta.

LOS DESTRUCTORES DEL RITMO

Por más útil que sea para tu cerebro y para tu vida el hecho de desenfocarte (o aprovechar tu RND), algunos sistemas y valores predeterminados que ya están incorporados en tu vida pueden desafiar tu ritmo cognitivo. Ten cuidado con estos destructores del ritmo y úsalos como señales para pulsar el botón de reinicio del cerebro, una habilidad que aprenderás a perfeccionar a lo largo de la lectura de este libro:

Hábitos. Al cerebro le gusta mantener el *statu quo*.[33] Es más cómodo seguir con los comportamientos habituales, los que nos resultan familiares. Tratar de llevar a cabo un cambio de hábitos o de actitud que sea significativo genera un tipo de estrés en la mente, una *disonancia cognitiva*, que es visible en los escáneres cerebrales.[34] El cerebro está intentando conciliar dos aspectos en estos casos: quiere cambiar, pero no puede hacerlo sin experimentar malestar psicológico.

Tomemos, por ejemplo, el hábito de enfocarnos. Aunque todas las investigaciones llevadas a cabo en el ámbito de la biología cerebral apuntan al valor que tiene desenfocarse, si estás acostumbrado a concentrarte para ser productivo, tu cerebro rechazará o evitará cambiar de comportamiento. Sencillamente, tu cerebro racional, que tiene el hábito de enfocarse, no contempla la posibilidad de hacer lo contrario.

Incluso después de realizar algunas prácticas de desenfoque, la respuesta predeterminada de tu cerebro será regresar a la anterior forma de proceder, continuar con el comportamiento al que está habituado. Esto es lo que le permitirá calmarse. Debes pagar un precio para cambiar, y tienes que estar dispuesto a pagarlo. Esto se denomina el *coste del cambio*.[35]

El coste del cambio es el miedo, la incertidumbre y la falta de familiaridad. Al cerebro no le gustan estas cosas; son «caras». Tienes que estar convencido de que el hecho de reenergizar tu cerebro vale la pena y convencerlo de que la estructura que presenta actualmente tu vida no está resultando efectiva (como hice yo cuando cambié mis hábitos de estudio).

Una alternativa es quedarte estancado donde estás (alternativa A). Es, por ejemplo, la mentalidad navideña de comprar hasta la extenuación. La otra es cambiar (alternativa B): consiste, por ejemplo, en hacer una pausa para comer o tomar un café, o en repartir las compras a lo largo de varios días. Cuanto más evidentes sean las ventajas de B sobre A, más probable será que el cerebro acceda a adaptarse. También llamada *difusión de alternativas* (DDA),[36] esta diferencia obvia entre A y B debe ser reconocida. Cuando lo es, la DDA resuelve la disonancia cognitiva.

Esta resolución puede verse incluso en los escáneres cerebrales: la sangre fluye lejos del centro del conflicto y regresa a las zonas que ayudarán a la persona a cumplir con las tareas diarias.

Incertidumbre. La incertidumbre es generalmente un valor negativo para el cerebro, no solo en sí misma, sino también porque tiende a hacernos creer que se nos viene el mundo encima.

Cuando somos víctimas de la incertidumbre, todas las metas nos parecen objetivos móviles. Presas del pánico, puede ser que regresemos al enfoque, con la esperanza de poder detectar los peligros que se presenten y «dar en el blanco» de dichos objetivos. Pero hay más que decir acerca de la incertidumbre.

En el 2010, el profesor de Radiología Issidoros Sarinopoulos y sus colegas examinaron cómo afecta al cerebro la incertidumbre.[37] Les mostraron a los sujetos del estudio expresiones emocionales, algunas neutras y otras que denotaban terror. Justo antes de las imágenes neutras, se les mostró una *O*, y justo antes de las imágenes negativas, una *X*. En algunas ocasiones se les mostró un interrogante (?) antes de la imagen; en estos casos, no sabían qué tipo de expresión iban a ver.

Cuando los participantes vieron los interrogantes, se sintieron más asustados que cuando vieron las *X*. Seguidamente les preguntaron: «¿Qué tipo de cara crees que vas a ver a continuación?». Fallaron mayoritariamente; el 75 % dijeron que se les iba a presentar un rostro aterrado, cuando no fue el caso. Sus cerebros, presas de la incertidumbre, esperaron encontrarse con lo peor. El centro del conflicto y el centro de la aversión de los sujetos (la corteza cingulada anterior y la ínsula, respectivamente) estaban sobreactivados.

En pocas palabras, la incertidumbre sacude el cerebro y distorsiona la forma en que vemos el mundo. Pero una vez que reconocemos este hecho, comprobamos que ladra mejor que muerde. Lo primero que debemos hacer para corregir la distorsión a la que da lugar debe ser desenfocarnos.

Adicción a la concentración. A veces, la concentración nos lanza un hechizo mágico,[38] porque podemos hacer muchas cosas gracias a ella. Además, en ocasiones es mucho más cómodo, desde el punto de vista psicológico, afrontar el día a día como siempre hemos hecho, de la única manera que sabemos encararlo:[39] por medio de la concentración. Pero si bien es deseable evitar los contratiempos, también tenemos que asegurarnos de no allanar demasiado nuestro camino vital.

Debes saber que el enfoque puede afectar al cerebro tanto como cualquier adicción. Nos conduce al cansancio, a la estrechez de miras, al agotamiento y a la falta de claridad mental. Cuando nos desenfocamos, por otro lado, el cerebro tiene tiempo para recuperarse, y cuando volvemos a enfocarnos nos sentimos revitalizados y renovados.

Recaídas en el enfoque. Imagina que acabas de regresar de unas vacaciones en las que has descansado, te has revitalizado y has estado mentalmente desenfocado. Pero ahora te enfrentas a una gran cantidad de trabajo y al estrés que te produce el hecho de tener que terminarlo todo. De modo que recaes en el hiperenfoque; retomas tu hábito prevacacional de levantarte temprano, trabajar hasta tarde y no hacer descansos para almorzar. Este tipo de vuelta al enfoque es habitual, y a menudo resulta muy útil, pues, ciertamente, nos ponemos al día con el trabajo atrasado. No obstante, después de ese necesario maratón de concentración volvemos a estar agotados. ¿De qué nos sirvieron las vacaciones?

En lugar de incurrir en este comportamiento, incluso cuando estés de nuevo en el ruedo, acuérdate de desenfocarte además de enfocarte. Esto te permitirá cumplir con tus objetivos sin agotarte en el proceso.

LOS PRIMEROS INDICIOS DE BLOQUEO CEREBRAL

Nadie se mantiene en un ritmo cognitivo saludable todo el tiempo. Y uno acaba por saber cuándo ha estado operando ajeno a este ritmo. (Por ejemplo, yo tuve un duro despertar en la facultad de medicina, cuando mis calificaciones y mi energía cayeron precipitadamente, y de nuevo al principio de mi especialidad, cuando mi tutor me señaló mi estrechez mental). Pero si sabemos cuáles son los primeros signos del bloqueo cerebral, podemos efectuar cambios *antes* de colapsarnos. Son los siguientes:

- **No tener tanta energía como antes.** Si te sientes más cansado que de costumbre, puede ser que estés empezando a perder tu ritmo cognitivo;[40] y si te has sentido así durante unos días en el último mes, acaso vaya siendo hora de que examines cómo te estás manejando. Es un buen momento para que elijas una de las estrategias conducentes al desenfoque.
- **No llegar hasta el final.** Muchas personas se esfuerzan mucho para conseguir lo que quieren, pero o bien se quedan estancadas o bien no pueden rematar la faena; fallan justo al final.[41] Desde el jugador de tenis que pierde varios puntos de partido hasta el negociador que llega a la última ronda pero

luego no puede cerrar el trato, pasando por el político cuya campaña pierde fuerza (y seguidores), llegar hasta el final requiere mantener un nivel de energía hasta haber culminado el emprendimiento o la tarea. Cuando empieces a sentir que, de forma repetida, no llegas a ganar la lotería por un número, puede ser el momento de que compruebes tu ritmo.

- **No alcanzar las metas.** De manera similar, no alcanzas tus metas porque tu mente, cansada de enfocarse, no solo no logra el objetivo, sino que ni tan siquiera está cerca de alcanzarlo.[42] En este caso, estás buscando en la dirección equivocada. Es hora de que restablezcas el ritmo y revises tus metas.

- **Repetir los mismos errores.**[43] Todo el mundo comete errores, y muchos son útiles si podemos aprender de ellos. Pero incurrir en el mismo error una y otra vez no es una «estrategia» eficaz. Si en tu vida hay demasiadas tachaduras, rectificaciones, tropiezos o errores de planificación, en este punto debes establecer el ritmo de tu cerebro.

- **Sentirse fácilmente abrumado.** En nuestro acelerado mundo en el que nos vemos tan estimulados por las tecnologías, es comprensible que nos encontremos ocasionalmente abrumados y digamos algo así como «he tenido un día muy duro y necesito olvidarme de todo esta noche». Pero si encuentras que te abrumas con facilidad, con rapidez o repetidamente, es hora de que reflexiones.[44] Tu cerebro es un órgano maravilloso que puedes utilizar para mejorar tu vida y las vidas de las personas que te importan. ¡No lo alimentes con porquería o esperes que funcione con el equivalente nutricional de la comida basura! Si te sientes abrumado, puede ser que haya llegado el momento de que restablezcas el ritmo del enfoque y el desenfoque de tu cerebro.

- **Asentarse.** Cuando somos jóvenes, estamos llenos de sueños, esperanzas y ambiciones. Pero a medida que envejecemos, estos sueños parecen desvanecerse. ¡Esto es tan habitual que hay quienes dicen que asentarse es un signo de madurez del comportamiento![45] Esto puede ser cierto en ocasiones, pero la mayoría de las veces estar asentado es un signo de fatiga emocional. No puedes afrontar otro desafío porque no gozas del ritmo cerebral que necesitas para hacerlo. Pero el desenfoque puede ayudar a tu cerebro a recuperar el ritmo.

- **Encontrarnos alejados de nuestras esperanzas, sueños y metas.** Piensa en tu vida por un momento. ¿Hasta qué punto se corresponde con los sueños y las expectativas que tenías? ¿Estás trabajando por objetivos que aún te importan? Si estás desencantado con el punto en que te encuentras, o si de pronto te das cuenta de que estás acelerando hacia un destino que ya no te atrae mucho, puede ser que tengas que soltar tu enfoque actual.[46] Es hora de que te desenfoques con el fin de emprender una nueva búsqueda.

LAS MUCHAS MANERAS DE DESENFOCARSE

Piensa en cómo te sientes cuando estás en una hamaca en un caluroso día de verano. Con los ojos entornados y la mente a la deriva, tu cerebro tiene el tiempo y la capacidad de rescatar recuerdos olvidados desde hace mucho tiempo. En ese estado puede convertirse en un «buscador de recuerdos» y proporcionarte un valioso atisbo del pasado que puede evitar que cometas dos veces el mismo error.

O recuerda las revelaciones que tienes a veces cuando estás en la ducha. En este caso no estás necesariamente en un estado de ensueño; solo te hallas en un lugar diferente. Tu mente está desvinculada de las tareas que antes ocupaban su atención. Y de repente, ¡eureka!, ya lo tienes. De forma inesperada, pasas a ver muy claro algo que hacía una semana que estabas intentando resolver.

En otros estados de desenfoque, puede ser que estés haciendo algo menos exigente de lo habitual, como tejer u ocuparte del jardín. No te encuentras ni medio dormido ni en el estado mental que tienes en la ducha, sino que estás en piloto automático, haciendo tareas. Cuando te hallas en este estado, tu cerebro obtiene un merecido descanso, pero también une las piezas del puzle de la memoria para aumentar la precisión de las predicciones futuras.

Tumbarte en una hamaca, ducharte, tejer y ocuparte del jardín son, todas ellas, actividades que puedes llevar a cabo para desenfocarte y relajarte. Pero hay modos más formales, útiles y posiblemente sorprendentes de desenfocarse. Te presento a continuación los métodos que aprenderás a utilizar, en los contextos oportunos, en este libro:

La ensoñación. Cuando hablas con alguien acerca de tus propios pensamientos a medida que surgen, sin censurarlos (pensamientos acerca de algo fantasioso, imaginario o hipotético), te implicas con la ensoñación, que constituye una forma de desenfoque utilizada ampliamente en el ámbito del psicoanálisis,[47] aunque se puede usar también en la vida cotidiana. En un contexto más serio y práctico, los ingenieros y los empresarios acuden a ella cuando invitan a otras personas (colegas, inversores, discípulos) a participar en su pensamiento estratégico en una etapa temprana y de bajo impacto de la invención. Como grupo, esos individuos solamente están pensando en voz alta, pero el hecho de incorporar algunas de las ideas que surjan en los inicios puede hacer que ese ingeniero o empresario cuente con más apoyo y aceptación por parte de esas mismas personas cuando sea el momento de actuar.

El mismo principio es aplicable cuando estamos tratando de hacer un cambio en nuestra relación de pareja o cuando queremos cambiar los muebles de sitio en casa. Cuanto más invitamos a otra persona a pensar con nosotros en una etapa temprana, más ideas se generan y más probabilidades hay de que los demás estén de acuerdo con el resultado final, especialmente si incorporamos algunas de sus sugerencias en nuestro plan. Cambiar los muebles de sitio un millón de veces es muy pesado, así que ¿por qué no invitar a otras personas a ofrecer sus puntos de vista e ideas desde el principio, antes de efectuar ningún movimiento? En una relación de pareja, donde normalmente hay mucho más en juego, se puede usar la ensoñación para imaginar un futuro mejor o diferente juntos sin que ambos se atrincheren en sus respectivos planes y opten por ir en direcciones distintas (es entonces cuando la gente se separa). Sea cual sea el escenario, se trata de utilizar un desenfoque colectivo para dar con soluciones en las que quizá uno no repararía si se enfocase solo.

La divagación. Una forma más evidente de desenfoque, dejar vagar la mente, es una gran manera de desenterrar recuerdos tanto conscientes como subliminales que enriquecen las propias acciones.[48] Esto se puede hacer en una tumbona en la playa o delante de una chimenea. Otro formato son las lluvias de ideas, en el ámbito laboral. El caso es que, en algún momento de la vida, se pueden ejercitar los circuitos del desenfoque por medio de permitir que la mente divague durante cada vez más lapsos de tiempo, cortos y largos. A diferencia del *mindfulness*, que consiste en centrarse en la respiración a la vez que se retira la atención de la cháchara mental, la divagación requiere no estar implicado en ninguna tarea y no enfocarse en nada en particular.[49]

La imaginación. Cuando imaginamos algo, estamos interrumpiendo nuestra incredulidad acerca de la realidad de su posibilidad. ¡Esto es desenfocarse a lo grande! Considerar posibilidades cada vez más disparatadas en relación con el futuro o con maneras de lidiar con una situación es una forma divertida de usar la imaginación que también se llama *prospección*. Independientemente del nombre que le demos, se ha demostrado que el hecho de proyectarse hacia el futuro (imaginar) activa la RND y mejora la capacidad de concebir nuevos resultados para viejos problemas o situaciones.[50] En mi práctica terapéutica me encuentro con que las personas que están atrapadas (ya sea en una relación o en sus negocios) utilizan la «realidad» para escapar de sus trampas, cuando la imaginación es a menudo una mejor manera de hallar soluciones.

Soñar despierto. Esta es una herramienta muy importante. Por supuesto, la ensoñación diurna de una persona es la pesadilla de otra. Por ejemplo, es posible que tengas un cerebro analítico, centrado en las tareas, que pueda más o menos activar el piloto automático y pasar a soñar despierto mientras estás reparando algún aparato. Para mí, esto sería una pesadilla —necesito toda la concentración de la que pueda hacer acopio si pretendo arreglar algo—.

El caso es que puedes elegir la actividad en cuyo contexto te dispongas a soñar despierto. ¿Qué es aquello que es probable que puedas hacer con poco esfuerzo? ¿Pintar por números? ¿Reorganizar tu ropero? La clave es que lo que hagas no te resulte estresante ni requiera que te esfuerces.[51] En este libro descubrirás cómo soñar despierto de tal forma que sea para ti una actividad positiva y constructiva en lugar de una pérdida de tiempo.

Hablar con uno mismo. En el contexto de muchas estrategias, te voy a recomendar que hables con tu cerebro. De entrada, tal vez te parecerá un poco disparatado, puesto que la mayoría de nosotros, cuando vemos a alguien que habla solo, creemos que ha perdido la cabeza. Pero los estudios recientes apuntan cada vez más a la utilidad del autodiálogo,[52] especialmente como estrategia de reducción del estrés. Dirigirte a ti mismo en segunda persona (como «tú» o por tu nombre) es más eficaz que el mero hecho de hablar contigo mismo. Es probable que hayas visto hacer esto a deportistas profesionales: Serena Williams a veces grita: «¡Vamos, Serena!» en lugar de limitarse a decir: «¡Vamos!». Y el gran jugador de baloncesto LeBron James es famoso por hablarse a sí mismo de esta manera. Tal vez te parezca inverosímil al principio, pero si puedes decirle a tu cerebro que levante tu mano derecha, ¿por qué no deberías ser capaz de decirle que aborde una situación de forma distinta? De hecho, puedes hacerlo. ¡Y funciona!

Una gran cantidad de estudios científicos apunta a lo valioso que es reformular los pensamientos que uno se dice a sí mismo, aunque no se expresen en voz alta.[53] Estas reformulaciones pueden ser muy evidentes (por ejemplo, la declaración «soy un inútil» puede convertirse en «necesito adquirir ciertas habilidades») o más sutiles. Por ejemplo, si te preguntas: «¿Por qué me pasa siempre esto?», probablemente estarás lanzando a tu cerebro a una búsqueda imposible para encontrar la respuesta, con lo cual no estarás empleando bien tu tiempo inconsciente. Prueba a reformular la pregunta de esta manera: «¿Cómo lo hacen las personas que tienen mis desventajas para superarlas y llegar a cumplir sus objetivos?». Este es un planteamiento mucho más útil para la mente consciente y el inconsciente.

Siempre y cuando hagas tus formulaciones en positivo, te mantendrás en el camino del éxito. Pero si intentas evitar algún comportamiento por medio de decirte a ti mismo «no lo hagas», perderás terreno. El psicólogo Daniel Wegner[54] estudió este fenómeno y encontró que cuando estamos bajo una situación de estrés y nos damos la instrucción de «no hacer» algo, nuestros cerebros hacen exactamente lo contrario.[55] ¡Así que deja de amonestarte!

También podemos usar el diálogo con nosotros mismos para detenernos y reevaluar lo que estamos haciendo —para corregir el curso de nuestras acciones cuando es necesario—. A veces lo hacemos de forma natural, pero si lo convertimos en un hábito, contaremos con un recordatorio automático de interrumpir nuestro enfoque en la actividad del momento y revisarnos.

Usar el cuerpo. Podemos utilizar el cuerpo para activar el ritmo cognitivo.[56] Hay ciertas actividades que activan nuestro enfoque y otras que son propicias para el desenfoque. Como ocurre con el soñar despierto, la naturaleza de estas actividades es distinta en función de la persona. Un determinado individuo puede preferir caminar por un lugar desconocido para activar el desenfoque.[57] Otro puede preferir caminar por un lugar que le resulte muy familiar (por ejemplo, puede adentrarse a diario por un parque en la misma dirección y por los mismos senderos) ya que solamente puede «perderse» en un entorno con el que esté familiarizado. ¡Y el cuerpo también se puede utilizar de determinadas maneras para estimular la creatividad!

La meditación. Hay muchas formas de meditación: la transcendental (en la que se usa un mantra o palabra como punto de enfoque y lugar en el que volver a situar la atención cuando se distrae); la *mindfulness* (en la que se usa la respiración como punto de enfoque y al que volver a llevar la atención); la meditación caminando (en la que la persona se centra en su caminar mientras se adentra en un sendero); la monitorización abierta (en la que no hay ningún punto de enfoque; el sujeto se limita a cerrar los ojos); la meditación de la bondad amorosa (en la que el individuo genera sentimientos de amor y bondad con los ojos cerrados); la meditación centrada en un objeto de devoción (por ejemplo, un dios o un ámbito de interés), y la autoindagación simple (que consiste, por ejemplo, en preguntarse «¿quién soy?» con frecuencia). Independientemente de la técnica que utilicemos, cuando meditamos podemos salir de nuestro estancamiento, aprender mejor, ser más creativos, realizar múltiples tareas a la vez como un malabarista y acceder a una parte de nuestra propia grandeza a la que no puede acceder por sí misma la mente enfocada.[58]

Y ahora, la gran pregunta es: ¿por dónde empezar?

EJERCITARSE EN EL RITMO: LAS BASES

Cuando empezamos a aprender ritmo en el ámbito de la música, primero nos limitamos a dar golpecitos uniformemente; después, damos los golpecitos de dos en dos, acentuando el primero; a continuación damos los golpecitos de tres en tres, poniendo mayor énfasis en el primero, y así sucesivamente. Poco a poco, vamos incluyendo dos o tres golpecitos dentro de la pulsación principal, y a medida que avanzamos, la complejidad rítmica se va haciendo mucho mayor. Más adelante, aprendemos a improvisar y hacer adornos; de forma casi imperceptible, acortamos una pulsación y lo compensamos por medio de prolongar otra sin perder el ritmo de base.

Ocurre algo análogo con el ritmo del pensamiento. Debemos empezar por aplicar los principios básicos, para acabar marchando al ritmo de nuestro tamborilero interior. Al principio, sin embargo, debemos mantenernos fieles a nuestras promesas, y es posible que necesitemos un poco de ayuda por el camino. He aquí algunas estrategias a las que te recomiendo acudir:

Utiliza una alarma. Seamos realistas: es poco probable que vayas a reservar automáticamente tiempo para desenfocarte en tu día a día. Una alarma puede hacer las veces de entrenador para ti, ya que puede recordarte que hagas lo que debes hacer. Empieza con un planteamiento poco ambicioso y fija la alarma para que indique el inicio de un período de actividad basada en el desenfoque cada día. Predisponte a hacer caso a la alarma sea como sea. El período de inactividad puede consistir en muchas cosas: puedes recostarte en la silla de tu escritorio y permitir que tu mente deambule por una tarea poco exigente durante diez minutos (te parecerá mucho tiempo al principio), ir a dar un paseo, hacer una pequeña siesta... En cualquiera de los casos, debes decidir dejar lo que estés haciendo en cuanto oigas la alarma y pasar a realizar la actividad basada en el desenfoque.

Crea un *desenfocario*. Ya pasas cerca de la mitad del día efectuando miniviajes mentales lejos de la tarea que tienes entre manos. ¿Por qué no tomar el control de lo que tu mente está decidida a hacer de todos modos? ¿Por qué no aprovechar tu poder mental? Un *desenfocario* (término que he inventado para designar un «horario y calendario de desenfoque») te ayudará a regular y hacer un mejor uso de estas pérdidas de atención.

Casi por definición, los horarios te animan a llenar cada momento, cada hora del día, con actividades que requieren enfoque. ¿Con qué frecuencia has dicho: «Tengo la agenda muy apretada»? Paradójicamente, un *desenfocario* no es tan abierto y flexible. Mientras que en una agenda llenas las franjas horarias en función de tus necesidades y cambias las horas de algunas citas, un *desenfocario* hace que reserves indefectiblemente unos períodos de tiempo fuera del ámbito del trabajo y las tareas diarias.

Dicho esto, sé que los desafíos de la vida cambian día a día. No te obsesiones con las reglas del *desenfocario* (¡paradójicamente, estarías enfocándote para practicar el desenfoque!).

Puesto que los días de cada uno son diferentes, no hay unos momentos determinados de la jornada en los que debas enfocarte y desenfocarte, y depende de ti la cantidad de períodos de desenfoque que programes al día. No hay datos sólidos al respecto, pero creo que lo más efectivo es tomarse quince minutos de descanso por cada cuarenta y cinco minutos de concentración. Tu primer período de enfoque puede ser más largo que el resto; puede prolongarse durante unos setenta y cinco minutos antes de que lo interrumpas para practicar cierto desenfoque. Pero a partir de ahí procura desenfocarte durante quince minutos por cada cuarenta y cinco que permanezcas concentrado. Cuando elabores tu *desenfocario*, haz constar estos lapsos de quince minutos; o bien, si gestionas tu tiempo con un calendario en línea, establece un recordatorio para estos quince minutos, todos los días. En tus períodos de desenfoque, no hace falta que abandones el escritorio; puedes realizar actividades tales como escuchar música, hacer un crucigrama o jugar a un videojuego. Lo fundamental es que te resulte una actividad poco exigente. Levantarte y moverte mientras permaneces desenfocado (dar una vuelta a la manzana o pasear por una zona verde cercana *sin tu teléfono*) es aún mejor, ya que no puedes engañarte a ti mismo y reanudar el trabajo antes de regresar a tu escritorio.

Además de estos descansos cortos que debes introducir en el día a día, resérvate un espacio de tiempo para hacer algo que rompa la monotonía de la semana (tal vez puedas ir al cine una noche, solo o con tus amigos). Este período de desenfoque más largo admite una flexibilidad un poco mayor (quizá no puedas salir u organizar un encuentro el mismo día de la semana todas las veces). Pero asegúrate de *planear* una actividad distinta del trabajo y de tu rutina diaria una vez por semana. Es posible que tengas que salir del trabajo un poco antes el día en cuestión, pero las horas laborales en los días que siguen te resultarán más productivas, porque tu cerebro habrá gozado de cierto descanso.

Tu *desenfocario* también debe contener períodos de desenfoque más largos: unas vacaciones, un retiro o unas «permacaciones» (en las que permaneces en tu lugar de residencia, no viajas pero tampoco trabajas) tres o cuatro veces al año durante una semana en cada ocasión. Si no puedes disponer de tanto tiempo de vacaciones en el trabajo, asegúrate de reflejar en tu *desenfocario* los días o las semanas en que no te corresponda trabajar. ¡No dejes tu tiempo vacacional en el aire! Planifícalo para que constituya una prioridad para ti y no algo que sigas posponiendo. Además, intenta estar descansado y emocionado cuando empieces tu período vacacional; no estés hecho polvo y agotado por haber tratado de avanzar trabajo antes de irte. ¿Cómo? ¡Comprométete a hacer los breves descansos de cada hora!

También te recomendaría que previeses un comodín temporal, al que podemos bautizar como *flexitiempo*, en tu calendario semanal, de dos horas de duración. Se trata de un tiempo en el que puedas decidir lo que quieres hacer *cuando llegue ese momento*. Puedes trabajar o descansar; depende de ti. No conciertes citas profesionales en estas dos horas ni contraigas compromisos con nadie. Es un tiempo destinado a que hagas con él lo que quieras. ¡Está bloqueado!

JUNTEMOS LAS PIEZAS PARA VIVIR CON RITMO

Comprender que existe el ritmo cognitivo es el primer paso para mejorarlo. Del mismo modo, el hecho de tomar conciencia de los momentos de tu vida en los que seguramente te falta este ritmo (cuando te sientes agotado o de mal humor, o cuando no llegas a culminar un emprendimiento a pesar de estar cerca de lograrlo) te ayudará a sintonizar con tu creciente necesidad de desenfocarte. Y el hecho de establecer alarmas o llevar un *desenfocario* te ayudará a perseverar en tu práctica, pues ambas herramientas te ofrecerán recordatorios tangibles. Pero una vez que hayas interiorizado estos conceptos y estrategias, ¡lo principal que deberás hacer es quitarte de en medio! El ritmo nunca se alcanza siguiendo unas reglas.

Para mantenerte en el camino y no abandonar el ritmo, te resultará útil abordar los desafíos a través de las lentes de cuatro identidades: el músico de *jazz*, el bailarín, el futurólogo y el inventor. ¡Al menos una de estas identidades habita en ti!

55

EL MÚSICO DE *JAZZ*

Para permanecer fiel a tu mejor ritmo cognitivo, debes ser capaz de confiar en ti mismo y estar dispuesto a salirte de tu ritmo y regresar a él. Esto puede requerir distintas estrategias en función del día. Y puede ser que te preguntes si hay unas reglas que seguir. Pero para llegar a tener un ritmo cognitivo impecable es preferible que desarrolles la capacidad de responder en lugar de limitarte a proceder según unas normas.

Los músicos de *jazz* son maestros a la hora de responder. Las mismas regiones cerebrales que nos permiten tener una conversación sincronizada con alguien también permiten a los músicos de *jazz* anticipar lo que van a tocar a continuación. En el 2014, la investigadora del cerebro Ana Luisa Pinho y sus colegas demostraron que los circuitos cerebrales del enfoque están apagados en estos casos, mientras que los circuitos del desenfoque están encendidos, de modo que el cerebro puede establecer asociaciones rápidas con el objetivo de ayudar a predecir la siguiente nota.[59]

Puedes aprender del músico de *jazz* para implementar el ritmo cognitivo. Todo comienza con la autoconfianza y la voluntad consciente de improvisar.

Si piensas que no eres un improvisador, reconsidera esta opinión. Cuando eras un niño pequeño, tuviste que aprender a gatear; a continuación, a caminar; después, a correr. Y actualmente no solo puedes caminar sin ser consciente del movimiento de tus piernas, sino que puedes andar por una acera llena de transeúntes y evitar chocar con los caminantes que vienen en sentido contrario sin que ello te suponga un esfuerzo. Si parece que vienen directamente hacia ti, automáticamente te apartas o desvías tus pasos para evitar interponerte en su camino. Esto es improvisación en el nivel más básico. Del mismo modo, a medida que cultives tu capacidad —y, por medio del desenfocario, el hábito– de desenfocarte, podrás irte deshaciendo de los recordatorios. Cuando hayas interiorizado la necesidad de desenfocarte, acudirás al desenfoque con mayor naturalidad.

EL BAILARÍN

En el 2015, cuando la psicóloga clínica Anika Maraz y sus colegas interrogaron a cuatrocientos cuarenta y siete bailarines de salsa y bailes de salón, encontraron que bailaban obedeciendo a una diversidad de motivaciones: mejorar la condición física, mejorar el estado de ánimo, intimar, socializar, entrar en trance, lograr la maestría, adquirir mayor autoconfianza y evadirse.[60] Cuando aprendas a incluir el desenfoque en tu vida diaria, harás que todas estas experiencias formen parte de tu vida. Cuando esté activa y afinada, tu RND aumentará tu capacidad cognitiva, potenciará tu felicidad, incrementará tu sensibilidad hacia ti mismo y los demás, hará que te resulte útil soñar despierto y mejorará tu capacidad de aprendizaje y tu productividad, todo ello mientras cambia tu estado de conciencia de modo que pasas a estar en la zona. ¡Te convertirás en un bailarín mental!

Es por eso por lo que debes dejar de pensar en exceso y practicar más el soltar, mientras piensas en ti como en alguien que pasa bailando por la vida. El baile es una actividad muy exigente, no solo desde el punto de vista físico. Requiere un equilibrio entre el enfoque y el desenfoque y la capacidad de acceder a las propias emociones, así como de detectar el ritmo y expresarlo. El baile integra el movimiento y el pensamiento, a la vez que nos impele a controlar la postura, aprender secuencias y utilizar la imaginación. El baile y el aprendizaje de estas habilidades, si bien exigen atención, también requieren desenfocarse. ¿Puedes imaginar a alguien bailando concentrado en los movimientos «correctos», exclusivamente? El buen baile, como el buen ritmo cognitivo, tiene lugar cuando dejamos de pensar en exceso, nos soltamos, encontramos el ritmo y conectamos con él por medio de anticipar la siguiente pulsación.

EL FUTURÓLOGO

En 1900, el comisario del Instituto Smithsonian, John El-freth Watkins, predijo con exactitud que un día tendríamos redes inalámbricas de teléfonos móviles, televisión, aparatos de resonancia magnética, guerras aéreas y camiones llenos de alimentos en las ciudades de todos los Estados Unidos. También predijo algunas cosas que aún no han sucedido (¡como que las letras *C*, *X* y *Q* serían eliminadas del alfabeto inglés!).[61] Cuando personas como Watkins lanzan predicciones acertadas, están utilizando una forma de pensamiento conocida como *adivinación inteligente*. Puede ser que no acierten siempre, pero cuando se atreven a formular vaticinios de vez en cuando, utilizan la RND y el desenfoque para explorar el futuro.[62]

Si estuvieses de vacaciones en Miami por primera vez y no vieses más que un sol radiante en el cielo, y a continuación escuchases por la televisión, en el parte meteorológico, que iban a producirse tormentas eléctricas intermitentes, tal vez descartarías la posibilidad. Sin embargo, si después, estando en la playa, girases tu fatigada cabeza y vieses una masa de nubes grises que se acerca lentamente, es probable que atases cabos, recogieses tus bártulos y te alejases de la playa; tal vez regresarías a tu hotel. En este caso, habrías sido un futurólogo inteligente, y tu mente borrosa, desenfocada y relajada bajo el sol pudo ser precisamente lo que necesitabas para ver la conexión entre el informe meteorológico y esas nubes. ¡Ni siquiera necesitas unas pistas explícitas para ser un buen adivino!

En 2012, la neurocientífica Julia Mossbridge y sus colegas informaron sobre los resultados de un metaanálisis de veintiséis estudios llevados a cabo sobre la «adivinación» en siete laboratorios independientes.[63] Descubrieron que el cuerpo humano puede detectar estímulos que van a presentarse entre uno y diez segundos después. Por ejemplo, si voy a mostrarte una fotografía de una escena violenta o de un paisaje neutro, tus parámetros fisiológicos cambiarán con precisión —reflejarán ansiedad si la imagen que vas a ver es violenta, o calma si es serena—. En este sentido, eres capaz de adivinar correctamente, la mayor parte de las veces, lo que vas a ver antes de que tus ojos lo perciban.

Este fenómeno, llamado *actividad anticipatoria predictiva*, puede reflejar la capacidad inconsciente del cerebro de conocer el futuro. Se cree que hay una parte de la RND, la corteza frontopolar, que desempeña un papel activo en esta capacidad de predicción,[64] pero el razonamiento preciso que hay detrás de esta sorprendente realidad no se conoce. Tal vez entre en juego algún tipo de reflejo inconsciente —quizá nuestros cerebros sientan lo que está por venir porque puede ser que haya circuitos cerebrales que actúen como espejos sin que nosotros ni siquiera lo sepamos—.[65] Y hay otras teorías, basadas en la física cuántica.[66] El punto clave es que no siempre tienes que esperar saber algo por medio de tus percepciones. Sabes más de lo que acaso estés dispuesto a admitir.

La paradoja es que cuanto más te desenfoques y te entregues a esta anticipación, más probable será que aciertes. Además, dar este salto tiene un efecto de bola de nieve. Numerosos estudios han demostrado una correlación directa entre la ejercitación musical y las habilidades relacionadas con el pensamiento. A los niños que aprenden a interpretar música se les dan mejor estos aspectos: la memoria verbal, la precisión en la pronunciación de un segundo idioma, la comprensión lectora y las funciones ejecutivas; además, tienen un discurso más fluido.[67]

¿Por qué sucede esto en nuestros cerebros? Ocurre que el enfoque sin más da vida al sistema de atención cerebral y activa la corteza frontoparietal (la linterna del cerebro), pero también apaga la RND. Es el desenfoque junto con el enfoque lo que nos conecta con el ritmo, el baile y la música. También es lo que nos permite caminar con naturalidad, detenernos antes de saltar a los brazos de alguien y tener relaciones sexuales. (¿Te imaginas si dirigieses con el pensamiento todo el proceso del orgasmo?).

EL INVENTOR

Aunque creo que las estrategias que se presentan en este libro van a resultarte muy útiles, tengo que admitir mi escepticismo cuando los autores compartimentan los contenidos de una forma tan ordenada. Es importante recordar (y me gusta hacerlo) que no hay dos personas iguales, y que es difícil formular generalizaciones efectivas. Por eso, lo que ofrezco no son normas. Deja que mis recomendaciones sean un mapa que te ayude a navegar por tu propia complejidad. No hay una manera ni un momento correctos en los que hacer nada, excepto los que sientas adecuados para ti. Solamente obtendrás lo máximo de los conocimientos que comparto si los aplicas y acomodas a tu propio caso. Toma las ideas, las estrategias y la información que ofrezco y adáptalas a tu propio cerebro: ¡experimenta! Puedo proporcionar conocimientos en la medida en que he aprendido sobre el cerebro y la psicología humana, pero solamente tú puedes ser el experto en tu propia vida.

Desenfocarse es una forma inteligente de soltar. Permite que nuestro pensamiento sea flexible, nos posibilita rendirnos en momentos cruciales, nos proporciona una zona libre de fricciones dentro de la cual podemos pasar a la siguiente etapa del pensamiento y nos ayuda a conectar más con nuestra propia esencia.

Puede parecer ilógica la recomendación de que descanses, te detengas, sueñes despierto, bajes el ritmo o abandones temporalmente un proyecto justo cuando la presión está aumentando. Puedes sentirte como si estuvieses abandonando o como si estuvieses perdiendo el tiempo. Pero cuando pasas de *enfocarte – enfocarte – enfocarte – fatigarte* a *enfocarte – experimentar – enfocarte – descansar – enfocarte – cultivar una afición – enfocarte – probar*, por ejemplo, dejas la fatiga fuera de la ecuación y, en su lugar, utilizas los momentos de desenfoque (experimentar, cultivar una afición, probar) para reenergizar el cerebro. Además, *enfocarse – tejer – enfocarse – descansar – enfocarse – columpiarse en la hamaca* es diferente de *enfocarse – meditar – enfocarse – ducharse – enfocarse – dormir*. A lo largo del libro, aprenderás a utilizar estas distintas formas de desenfoque en contexto.

Si quieres ser más creativo, no quedarte estancado, aprender más eficazmente, manejarte bien con la multitarea o descubrir tu propia grandeza, emplear el ritmo cognitivo te ayudará a desarrollar competencias que son relevantes en un mundo donde es necesario que nuestros cerebros experimenten cambios constantes si queremos prosperar.

Si te sientes descolocado, atrapado en la rutina, aturdido, abrumado o abatido, eso quiere decir que el ritmo de la vida te está llamando a que te unas a él. Aprende distintas formas de desenfocarte en función de la naturaleza de tus desafíos y quedarás fascinado por las maravillas de tu propio intelecto. ¡Este viaje empieza ahora!

INVOCAR LA CREATIVIDAD

Empecé modificando algunas viejas melodías que conocía. Entonces, solo para probar algo diferente, comencé a poner algo de música al ritmo que usaba para agitar los batidos de helado en el Poodle Dog. Fui jugueteando con la melodía cada vez más, hasta que por fin, mira por dónde, hube acabado mi primera pieza musical.

Duke Ellington

Si pusiese tierra, azúcar, un cordel y sirope de chocolate en una bolsa grande y te la diese, ¿qué harías con todo esto? Seguramente, esa bolsa llena de elementos extraños no te inspiraría a tomar fotografías, y mucho menos a aplicarlos de manera original y evocadora en un lienzo fotográfico. Lo más probable sería que tiraras la bolsa a la basura, con todos sus contenidos. Sin embargo, ese es el tipo de cosas que el renombrado artista brasileño Vik Muniz piensa en hacer una y otra vez.[1] En una ocasión, embadurnó con mantequilla de cacahuete y jalea, de una manera pictórica, dos primeros planos de la *Mona Lisa*.[2] En la vida cotidiana, la mantequilla de cacahuete, la jalea y Da Vinci raramente van juntos. Pero Muniz deja de lado el pensamiento tradicional acerca de cómo emparejar las cosas y, al hacerlo, suscita conflictos potenciales entre la mente y la materia (¡uno no esperaría que la *Mona Lisa* estuviera hecha de mantequilla de cacahuete y jalea!),[3] muestra lo inesperado y construye puentes mentales entre conceptos que de otro modo nunca estarían asociados. Sus insólitas combinaciones captan nuestra atención y nos estimulan a dejar más libre nuestra imaginación. Es por eso por lo que a mucha gente le encanta su obra —algunos bromean con que los inspira a hacer arte con la comida que han derramado sus hijos, o con la suciedad de las pisadas que alguien dejó en su alfombra nueva—. Tanto si su arte es de tu agrado como si no, la mayoría estaríamos de acuerdo en considerar que es espectacular, provocativo y sorprendentemente creativo.

Incluso si consideras que no eres tan creativo como Vik Muniz, es importante que reconozcas que la creatividad adopta muchas formas. Se requiere creatividad para manejar diplomáticamente los conflictos, para elaborar una comida deliciosa desde cero, para convencer a tu obstinado hijo adolescente de que vea las cosas a tu manera y para combinar la ropa con estilo.

Sin embargo, tal vez pienses que los sujetos creativos constituyen una raza aparte, y que la creatividad es algo que se tiene o no se tiene (y tú no la tienes, por supuesto). Y si resulta que *sí* piensas que eres un individuo creativo, puede ser que no entiendas realmente las formas en que tu mente se abre camino hacia la inspiración. Independientemente de lo creativo que piense que es cada uno, la mayoría de la gente está de acuerdo en considerar que la creatividad es algo inalcanzable, no una capacidad que se pueda invocar o cuya adquisición se pueda acelerar.

Existe el mito popular de que la creatividad es un fenómeno que tiene su origen en el lado derecho del cerebro, por lo que algunas personas afirman que en ellas no predomina ese hemisferio. Pero hay estudios recientes que indican que la creatividad está vinculada con la activación de una red cerebral extensa, y que ningún hemisferio es el predominante en este aspecto.

Por ejemplo, cuando la investigadora del cerebro Melissa Ellamil y sus colegas examinaron los cerebros de varias personas que estaban diseñando ilustraciones de portadas de libros, encontraron que ambos hemisferios colaboraban para estimular la creatividad.[4] Cuando esos diseñadores estaban generando ideas, el lóbulo temporal medial de ambos lados de sus cerebros, conocido por almacenar hechos y recuerdos, jugaba un papel importante. Y cuando estaban evaluando ideas, era como si sus cerebros convocaran una asamblea municipal: una red extensa tenía voz. Aunque esta red estaba compuesta por dos partes, no eran la izquierda y la derecha. Se trataba más bien de las redes del enfoque y las del desenfoque presentes en ambos lados del cerebro, las cuales aportaban la perspectiva analítica frente a la perspectiva emocional o instintiva, respectivamente.

En otras palabras, cuando somos creativos, no necesitamos deshacernos del cerebro lógico. El análisis, la asociación y la inferencia trabajan codo con codo para asegurar que el proceso creativo fluya adecuadamente. Este capítulo te mostrará cómo activar el desenfoque para unirlo al enfoque con el fin de pasar a ser una persona creativa. Y te enseñará cómo ignorar las afirmaciones de tu cerebro en el sentido de que no estás genéticamente dotado de creatividad, de que tienes el hemisferio derecho atrofiado o de que no cuentas con la capacidad de descubrir la misteriosa senda que conduce a tu parte más creativa. El asunto de la creatividad es mucho menos misterioso de lo que piensas.

Tener ideas creativas nos hace sentir bien, y a menudo recibimos elogios por ello. En el 2014, Adobe Systems contrató a Edelman Berland, una empresa de visión y análisis, para preguntar a más de mil profesionales con estudios universitarios si el pensamiento creativo era fundamental para la resolución de problemas.[5] De forma bastante predecible, el 85% respondió que sí. De hecho, nueve de cada diez personas pusieron la creatividad entre los principales factores que creían que impulsaban los aumentos salariales. Sin embargo, aun cuando ponderamos la creatividad como un atributo esencial, muchos nos sentimos incómodos con ella en el nivel inconsciente.

Se utiliza el test de asociación implícita (TAI) para medir y comprobar esta incomodidad inconsciente. En un estudio reciente, la profesora de Administración de Empresas Jennifer Mueller y sus colegas usaron el TAI para descubrir prejuicios ocultos sobre la creatividad en situaciones de incertidumbre.[6] Se indicó a los participantes que emparejaran una palabra positiva como *sol* o una palabra negativa como *vómito* con una relacionada con la creatividad, como *novela*, o relacionada con la funcionalidad, como *útil*. Debían pulsar una tecla de ordenador para efectuar los emparejamientos, y se tuvo en cuenta la velocidad de la respuesta en el cálculo. Mueller encontró que cuando los participantes tenían dudas, asociaban automáticamente la creatividad con palabras negativas. Nuestra aversión inconsciente a la novedad y la incertidumbre bajo estas condiciones parece instintiva, en parte porque lo desconocido es un obstáculo formidable para que la mente opere a su manera. Es por eso por lo que puede ser que te resistas a la creatividad y la razón por la cual puede parecerte que tus capacidades creativas están agotadas.

DEL PENSAMIENTO CONCRETO AL PENSAMIENTO FLUIDO

Nuestra sociedad alaba a la persona que vive como un libro abierto, que apunta directamente a la diana, que tiene un comportamiento predecible. El eslogan *Lo que ves es lo que hay* se aplica a menudo como una insignia de honor. Estos comportamientos basados en lo concreto son de hecho positivos, especialmente a la hora de negociar el precio de un coche nuevo o de cerrar un trato complicado. El pensamiento concreto no tiene nada de malo cuando lo necesitamos para imponer el orden en nuestras vidas.

Pero el exceso de orden puede conducir al desorden. En cierto sentido, el *orden* implica rigidez frente a fluidez. Los pensamientos son almacenados prematuramente en lugar de darle tiempo al cerebro a que cree nuevas asociaciones entre ellos.

El pensamiento concreto es una especie de veneno para la creatividad. Implica a los circuitos cerebrales del enfoque, pero cuando nos limitamos a enfocarnos —cuando nuestro ritmo cognitivo se basa en un solo tipo de «pulsación»—, nos desconectamos inevitablemente de nuestra RND, el hogar del pensamiento abstracto.[7] ¿El resultado? En lugar de encontrar una solución creativa a un problema, solo vemos la opción A y la B. En lugar de ver los grises, solamente vemos el blanco y el negro. Si eres alguien que piensa en términos de blanco y negro, aprender a ver el gris requerirá que cuestiones algunos de tus hábitos de pensamiento.

Abrazar el caos

Las personas creativas reconocen que el desorden y el caos son los precursores de un nuevo orden, una nueva explosión de pensamiento creativo, una nueva solución a un viejo problema. La creatividad requiere que la información se reorganice rápidamente en el cerebro, en el plano inconsciente.[8] Deben establecerse nuevas asociaciones con el fin de que aparezcan nuevas soluciones para el problema en cuestión. Esto puede producirse si la RND está encendida, pero para que esto sea posible hay que desenfocarse del caos y darle tiempo al cerebro para que halle respuestas. En efecto, hay que rendirse al caos. En lugar de sentirnos molestos con él, nos soltamos. En lugar de resistirnos a esta dinámica, nos unimos a ella.

Por supuesto, no podemos vivir eternamente en el país de las ideas flotantes, pero cuando cultivamos el temperamento de vivir en el borde del caos durante un tiempo cada vez más largo, permitimos que el cerebro se vuelva más creativo. De hecho, la capacidad de rendirse al caos y no verse abrumado por él es un signo distintivo de la mente creativa.[9] El estudio de la biología cerebral de la creatividad ha demostrado que el cerebro creativo se halla a menudo en un estado de tensión entre el caos y el control.[10] Estamos menos inhibidos, pero no tan desinhibidos como para caer en el otro extremo; efectuamos muchas conexiones, pero no tantas como para perder el hilo del pensamiento; descartamos las soluciones lineales, pero permanecemos con el problema que debe ser resuelto y, en general, tendemos más a operar dentro del caos controlado que dentro del orden.

El proceso científico en sí es más caótico que ordenado. Richard Feynman, ganador del Premio Nobel de Física en 1965, señaló con cierta ironía: «La filosofía de la ciencia es tan útil para los científicos como lo es la ornitología para los pájaros».[11] No hay una sola manera de hacer las cosas; en realidad, normalmente hay demasiadas, hay que surfear un conjunto caótico de hechos.

La investigación de Kevin Dunbar sobre la forma de trabajar de los científicos es reveladora en este sentido.[12] A principios de la década de 1990, analizó las formas de manejarse de los científicos de cuatro laboratorios de la Universidad de Stanford y encontró que, aunque estos siguieran los procedimientos establecidos, más del 75 % de sus hallazgos eran inesperados y contradecían sus elaboradas teorías. Los modelos científicos allanan el camino de la exploración (como espero que hagan los modelos de este libro), pero a menudo no conducen a las respuestas por sí mismos.

Supongamos que eres un científico que está llevando a cabo un experimento. Este falla, y te encuentras perdido. Las preguntas están en el aire. «¿Qué ha salido mal?», piensas. ¿Ha sido el método? ¿El proceso intermedio? ¿La forma en que analizaste los datos? Pueden haber fallado tantos elementos que tal vez te desesperes en el intento de averiguar lo que sucedió. En este punto del caos, no necesitas tus conocimientos previos, sino nuevas perspectivas: tus circuitos del enfoque y del desenfoque deben intervenir para generar ideas y evaluarlas. Tienes que entregarte a este proceso sin caer en el caos. Aprender a hacer esto es un arte, un acto de equilibrio delicado, pero estamos configurados para ello. Vik Muniz sabe posicionarse en este punto, y los artistas que realizan tatuajes con formas libres también saben hacerlo. Y tú lo haces siempre que encuentras una combinación de ropa original, inventas un chiste o aprendes caligrafía.

Charles Limb es un médico y músico que investiga cómo opera la creatividad en el cerebro. En el 2008, él y otro médico y colega, Allen Braun, estudiaron a seis músicos usando imágenes por resonancia magnética funcional mientras tocaban piezas de piano que habían memorizado y otras que eran fruto de la improvisación.[13] Encontraron que la improvisación espontánea estaba asociada con la desactivación generalizada de la corteza prefrontal lateral (el «cerebro pensante», consciente). Para que podamos ser espontáneos, esta parte del cerebro no puede interponerse. Además, la improvisación activaba el integrador cerebral más intuitivo, la corteza prefrontal medial. En otras palabras, descubrieron que era fundamental desenfocarse con el fin de improvisar.

Al principio, la idea de tratar de abrazar el caos puede parecer frustrantemente superficial y contraria a la intuición, similar a lo que sería levantar el pie del freno cuando el coche está yendo a toda velocidad fuera de control. Sin embargo, si comparas el hecho de no tener el control con conducir sobre una superficie helada, soltar el freno puede tener más sentido. Cuando lo haces, evitas caer en el caos.

En el día a día, esto implica practicar lo que denomino el *pensamiento de la demora y la entrega*. Imagina que en un día dado has dispuesto tu lista de tareas en un determinado orden. Si alguien o algo, inesperadamente, exige que le dediques tiempo ese día, sobreviene un cierto caos: tu lista de tareas pendientes deja de ser válida o, por lo menos, se ve interrumpida. Si acudes a la modalidad del pensamiento de la demora y la entrega, examinarás si puedes postergar uno o dos de los elementos de la lista para dar cabida al imprevisto. Si ves que puedes efectuar este ajuste, seguirás sintiendo que eres productivo y que tienes el control. Por supuesto, no siempre serás capaz de hacer esto, pero si practicas este tipo de pensamiento, te acostumbrarás a no oponerte al caos que se presente en tu camino.

Puedes insertar pequeños períodos de tiempo caóticos en tus jornadas (períodos en que aceptas o permites el caos). La ventaja que tiene hacer esto es que puede conducirte a tener minirrevelaciones. Por ejemplo, en el 2008, Kenneth Resnicow, experto en hábitos saludables, junto con Scott Page, experto en sistemas complejos, examinó por qué las personas tienen cambios de comportamiento repentinos (por ejemplo, dejan de consumir drogas, empiezan a hacer ejercicio o pasan a comer de forma más saludable).[14] Encontró que los cambios repentinos no son el resultado del aumento gradual del deseo de cambiar, sino que la motivación «llega» más bien como fruto de un proceso creativo o una comprensión súbita. Los cambios no se planifican; ocurre más bien que «puede ser que se unan inesperadamente fragmentos de conocimientos o actitudes que ya estaban ahí para dar lugar a una tormenta motivacional perfecta». Opera una motivación creativa; no la «intención» tal como la conocemos. Cuando quieres ir al gimnasio pero no puedes hacerlo, necesitas la motivación creativa, en forma de «tormenta motivacional». Cuando necesitas reducir el consumo de azúcar pero no puedes resistirte al pastel de manzana, necesitas la motivación creativa. Algunas personas afortunadas son capaces de resistir la tentación, pero en el caso del resto de nosotros, la motivación creativa es a menudo nuestra única esperanza.

Depende de ti ver el caos como una tormenta o como un manantial estimulante. El diálogo interior puede ayudarte a pasar de un punto de vista al otro. Puedes decirte, por ejemplo: «Voy a tratar este diluvio de peticiones como una cascada que cae sobre mí en un caluroso día de verano». Observar el caos, incluso ponderarlo, es a menudo una actitud muy superior a escapar de él.

Pongamos un ejemplo. En 1964, dos astrónomos de Nueva Jersey, Arno Penzias y Robert Wilson, se dispusieron a estudiar vastas regiones del universo desprovistas de estrellas brillantes, para poder mapearlas.[15] Decidieron hacer un examen detallado de la radiación en la Vía Láctea, pero necesitaban un receptor extraordinariamente sensible, que fuese capaz de captar los sonidos más leves que se produjesen en el vasto vacío. Adaptaron un viejo radiotelescopio y a continuación instalaron amplificadores y un sistema de calibración para que las señales procedentes del espacio sonasen un poco más fuertes.

Para su consternación, cada vez que apuntaban su telescopio al cielo, escuchaban un persistente ruido de fondo que perturbaba sus observaciones, una especie de sonido estático. Puedes imaginar lo frustrante que resultaba esto para los investigadores: era como estar mirando un partido apasionante en la televisión en medio de interferencias. ¿Cuál era la fuente de dichas interferencias? ¿Eran los ruidos de Manhattan, o incluso excrementos de paloma en la antena? Por más conjeturas que hicieron acerca del origen del sonido, no pudieron encontrarlo. Incapaces de eliminar el ruido, decidieron aceptar ese caos y tratar de obtener los datos que buscaban. Pero no podían distinguir los débiles ecos de radio en medio de las interferencias. Desecharon el experimento, aunque siguieron reflexionando sobre el posible origen del sonido.

En 1965, Penzias llamó a Robert Dicke, físico nuclear de la Universidad de Princeton, para preguntarle qué pensaba de ese ruido. Dicke, que había estado buscando pruebas del *Big Bang*, y que incluso había estado construyendo su propio telescopio, supo inmediatamente de qué se trataba: ¡era radiación que premanecía ahí, como remanente, desde que se originó el universo! Su interpretación dio lugar a investigaciones que permitieron a los astrónomos confirmar la teoría del *Big Bang*. Trasladémonos ahora a 1978: Penzias y Wilson ganan el Premio Nobel de Física por su asombroso descubrimiento «accidental». En medio del caos, la experimentación revela muchas veces un significado no previsto.

Muchas empresas reconocen que el caos controlado es necesario para la innovación. Prestan una gran atención a las necesidades cambiantes de los consumidores que usan sus productos; evitan elaborar planes detallados de entrada y permanecen flexibles. No les importa manejar muchas ideas nuevas, especialmente cuando pueden probarlas de forma rápida y económica. La afluencia de nuevas ideas genera un cierto caos, y la mayoría fracasan de inmediato, pero las que son prometedoras pasan a la siguiente etapa de desarrollo. Esta renovación continua y este caos controlado dan a muchas empresas el impulso que necesitan para seguir destacando en el mercado y seguir siendo competitivas.

Para comprender realmente este concepto, piensa en cómo los pilotos de avión pueden aprovechar el viento en cola para moverse con mayor rapidez, o cómo un marinero experto maniobra un velero en medio de un fuerte vendaval. Del mismo modo, podemos aprovechar el caos del cerebro. En lugar de apocarnos y bajar las velas, debemos rendirnos a los vientos del cambio y utilizarlos para darnos el impulso que necesitamos.

Rendirse a la inspiración

En gran medida, el desarrollo de la creatividad y la rendición creativa pasa por practicar el arte del soltar. Consiste en prescindir del mundo externo como referencia durante un tiempo y abocarse al flujo interno de la atención.

Cuando los artistas hablan de sus creaciones o del proceso creativo, a menudo señalan que no se guían exclusivamente por la claridad y la linealidad, sino que entre los períodos de claridad suelen entremezclarse ambigüedades significativas, incluso dudas. Esta ambigüedad puede resultar determinante. De hecho, en el caso de las personas creativas, *expresar* el conflicto, la ambigüedad o la vaguedad a menudo las conduce a *resolver* todo ello.

En nuestra búsqueda implacable de significado y comprensión, podemos, involuntariamente, desconectar de ciertas experiencias por tratar de apresurarnos a darles sentido o analizarlas. Y lo que es aún peor, a veces nos negamos determinadas experiencias porque no las entendemos o no las vemos como relevantes para nuestras vidas. Al hacer esto, el proceso creativo se ve comprometido, como mínimo.

Por lo general, la inspiración se manifiesta como un estallido de la mente,[16] como una explosión espontánea de creatividad cuyo punto de partida no se puede establecer con exactitud. De todos modos, presenta una arquitectura, una estructura en tres partes que podemos discernir, implementar y permitir.[17]

La inspiración comienza con una *apreciación estética* de algo a través de uno de los cinco sentidos. A algunas personas las inspira un amanecer. A otras, un paseo por la playa, tanto por la sensación que produce la arena entre los dedos como por el olor a sal y algas que flota en el aire. Otras se inspiran a partir de eventos mucho más detallados y específicos; por ejemplo, al ver una película como *Campeón (Secretariat)*, en la que el caballo protagonista gana la Triple Corona. Te harás un favor a ti mismo si «recopilas» o anotas estas experiencias y las tienes fácilmente disponibles dentro de una caja de ideas metafórica (o literal). Así no tendrás que estrujarte el cerebro cada vez que necesites inspiración para crear.

Tras haber activado el sentimiento de valoración e inspiración, debes permitir que tu mente divague en su presencia, en la fase conocida como *evocación pasiva*. Cuando te des tanto el tiempo como el permiso para sumergirte en el goce estético, una oleada de inspiración crecerá dentro de ti, como una enorme «burbuja de jabón». Te hipnotizará y te hará entrar en trance, y este es el poder que necesitas para entrar flotando en tu creatividad.

La tercera parte de la inspiración es tener el *deseo de actuar* a partir de ella, estar motivado. Cuando el desenfoque sople las burbujas de jabón de la inspiración en tu mente, debes tener ganas de acogerlas. Esta parte de la inspiración es simplemente el deseo de que ocurra algo nuevo. Tal vez sea difícil que el deseo se genere espontáneamente, pero puede fomentarse: encuentra una comunidad virtual de personas que compartan tu pasión y le insuflen vida. Busca, en tu barrio, un grupo que comparta tus intereses. Piensa en cómo tu deseo creativo está vinculado con tu bienestar y en cómo se relaciona con el significado que le das a tu vida y con tu propósito en esta. Estos grupos y pensamientos te ayudarán a mantenerte motivado.

El deseo también puede estimularse por medio de la novedad y la originalidad. Busca algo inusual que suscite tu interés. Pon en tu despacho objetos hermosos y que no se ven habitualmente. O intenta dibujar algo... (Una amiga mía decidió pintar patrones originales sobre los azulejos del vestíbulo de su casa). Y no te preocupes si «no lo haces bien». Picasso decía que pintaba los objetos como los pensaba y no como los veía. Pinta tus pensamientos y mira los resultados.

Practicar la abstracción

Un recurso natural para impulsar al cerebro a vivir en la escala de grises y ser más fluido es la *simbolización*.[18] Los símbolos convierten los problemas concretos en formas con las que es más fácil trabajar. Constituyen representaciones de algo.

Los símbolos están más presentes en tu vida de lo que puedas pensar inicialmente. Utilizamos símbolos matemáticos todo el tiempo ($+$, $=$). Y cada palabra es un símbolo, una forma abreviada de denotar algo. Los niños usan a menudo el pensamiento simbólico: juegan con la tierra como si estuviesen haciendo comida, se ponen una toalla como si se cubriesen con una capa de superhéroe o manejan un palo como si fuese una espada.

En la edad adulta, el pensamiento simbólico puede ayudarnos cuando estamos luchando por soltar una relación. Por ejemplo, una solución creativa puede ser colocar una fotografía de la expareja en una botella y a continuación lanzarla al océano; de esta manera soltamos simbólicamente a la persona y usamos nuestra reacción emocional para empezar a desprendernos de nuestra aflicción.

También podemos aplicar el símbolo de algo que sabemos a algo que no sabemos. Por ejemplo, es posible que no sepas cómo fomentar las colaboraciones intersectoriales dentro de una organización, pero si te encuentras en un callejón sin salida, puedes recurrir a símbolos de estas colaboraciones. En el ámbito del cerebro, el hemisferio derecho trabaja junto con el izquierdo, el enfoque trabaja junto con el desenfoque y el cerebro pensante y el emocional hablan entre sí. Si estas partes y estos aspectos del cerebro pueden trabajar juntos, ¿por qué no podrían hacerlo tus diseñadores y programadores? El uso de estos símbolos puede ayudarte a reconocer que tu cerebro detiene su «colaboración intersectorial» cuando el miedo es la emoción dominante, o cuando no está presente el ritmo cognitivo y se queda atrapado en el enfoque en lugar de moverse entre este y el desenfoque. Esta estrategia, a su vez, puede ayudarte a abordar los temores asociados con la colaboración interdepartamental y a ver cómo pueden comunicarse los equipos para que acudan más a las lluvias de ideas (el desenfoque) antes de ejecutar un determinado plan.

Los símbolos también son útiles cuando debemos lidiar con lo desconocido. Supongamos que quieres decidir dónde colocar un escritorio en una habitación. Si dibujas el escritorio en un bosquejo, puede ser que incluso te resistas al pensamiento de moverlo. Pero si lo representas como una *X*, de repente serás capaz de asociarlo con una pared o una chimenea y de ese modo podrás inferir cuál debe ser su ubicación. Dejarás de verte atrapado en los detalles y el flujo de tu pensamiento creativo aumentará. Los símbolos, también llamados *estructuras semánticas simplificadas*, pueden ayudarte a estimular tu creatividad.[19]

Las metáforas son comparaciones implícitas que dan vida a las ideas;[20] son la simbolización expresada en palabras. El hecho de utilizarlas puede ayudarte a apaciguar el caos de tu mente. Por ejemplo, *vivir en una montaña rusa* es mucho más fácil de entender que *vivir al borde del caos*. Pensar en la vida como en una caja de bombones variados —como algo impredecible pero no amedrentador— puede ser la mejor metáfora de todas.

Otra opción es pensar en una dificultad como en una pared que te has encontrado. Al pensar en las opciones que tienes para hacer frente a este obstáculo, extiende la metáfora de la pared: perfórala, escálala, rodéala o haz un agujero que pase por debajo de ella. El proceso creativo es necesariamente abstracto, pero la práctica de estas metáforas ayudará a tu cerebro a trabajar de una manera diferente. Activará tu RND y será más probable que encuentres soluciones creativas.

Cuanto mejor sea una metáfora, más activará las regiones del cerebro responsables de que nos abramos a la experiencia.[21] Las metáforas de mayor calidad son aquellas que son más insospechadas, nuevas e inteligentes. Estos criterios son subjetivos, pero puedes usarlos para ver si tu metáfora te sirve. Y ve reelaborando tus metáforas a modo de ejercicio creativo. En lugar de comparar los obstáculos a tu creatividad con *una pared*, puedes compararlos con *ir cuesta arriba*. Si ninguna de estas dos metáforas refleja con la suficiente precisión el caos de tu creatividad, puedes probar a comparar tu desafío con *controlar un auto de choque* o *esquiar por una pista negra*. Sin embargo, puede ser que la primera de estas metáforas te parezca demasiado frívola y la segunda demasiado peligrosa. En la búsqueda del equilibrio adecuado, tal vez acabes por pensar en el reto de la creatividad como en *tratar de elaborar el cóctel perfecto*: unos cuantos sabores, algunas catas y mezclas y ya lo tienes. Si optas por esta metáfora, puedes pensar en espaciar los momentos de cata para que el alcohol no te suba demasiado a la cabeza y en ser lo suficientemente atrevido con las mezclas para que tus creaciones sean únicas.

Distintas personas prefieren distintas metáforas, pero el hecho de jugar así con ellas estimulará tu cerebro creativo.

Cambiar de lentes

Cuando analizas una situación, aplicas el pensamiento divisor o el inclusivo.[22] El pensamiento creativo incluye ambos. El pensamiento divisor se centra fuertemente en los detalles, mientras que el inclusivo da un paso atrás para ver el cuadro completo y agrupa las cosas por las similitudes que presentan con el fin de entenderlas. Supongamos que eres un antropólogo que estudia la población de una isla remota. Al aplicar el pensamiento inclusivo, contemplas a la gente en su conjunto; obtienes una visión general de los habitantes. Al aplicar el pensamiento divisor, te enfocas en las diferencias y clasificas a los individuos en función de su edad, su sexo o la aldea en la que viven.

Piensa en la utilidad de este ejercicio, por ejemplo, en relación con los conceptos *mente* y *cuerpo*. Durante muchos años, los médicos y los científicos los vieron como partes separadas de la constitución humana. El pensamiento divisor preponderante era que no había una conexión discernible entre ambos. El intestino y su flora, por ejemplo, no tenían nada que ver con el cerebro ni con la salud psicológica o los estados de ánimo. Ver el intestino y el cerebro como independientes entre sí es útil cuando nos especializamos en uno u otro, pero verlos como conectados dentro del cuerpo (como hemos acabado por hacer) ha permitido el desarrollo de nuevas perspectivas fascinantes. Hoy en día podemos detectar señales que, procedentes de la flora intestinal, llegan al cerebro e influyen en la depresión o la ansiedad.[23] Y hay nuevos experimentos que sugieren que el párkinson, que anteriormente se pensaba que era un trastorno cerebral, puede propagarse desde el intestino hasta el cerebro a través del nervio vago, que los conecta.[24] ¡Las personas que tienen el nervio vago dañado presentan un 50 % menos de posibilidades de contraer la enfermedad!

Dicho esto, la dinámica mental divisora también tiene su valor. En el 2012, el psicólogo Tony McCaffrey describió la *técnica de las partes genéricas*, una forma de superar los obstáculos al pensamiento creativo por medio del pensamiento divisor.[25] Según explica, con esta estrategia preguntamos: «¿Puedo descomponer en partes más pequeñas el objeto que estoy observando? Mi descripción de este objeto ¿incluye la utilidad que tenga?».

En un problema clásico, McCaffrey dio a los sujetos dos anillas de acero, una caja de cerillas y una vela. Luego les pidió que crearan una figura en forma de ocho que permaneciera unida. La mayoría trataron de derretir la cera con el fin de usarla para juntar las anillas, pero estas, inevitablemente, se separaban. Sin embargo, por medio de la técnica de las partes genéricas damos el salto que resuelve el problema: una vela se compone de cera y una mecha, y esta última se puede utilizar como cordel para atar las anillas, una vez que hemos derretido la cera. Los sujetos que utilizaron la técnica de las partes genéricas resolvieron este tipo de problemas con mayor frecuencia que los que no habían sido formados en ella (un 67 % más a menudo).

Ir más allá de la normalidad

La *apertura a la experiencia* es un rasgo de la personalidad que ha sido ampliamente estudiado en las personas creativas.[26] Los individuos que lo tienen presentan una imaginación activa, prefieren la variedad y son intelectualmente curiosos. Son sensibles a la belleza y están atentos a sus sentimientos internos. Por el contrario, las personas «normales» son agradables, trabajan duramente y son emocionalmente estables.[27] Paradójicamente, cuando alguien es «normal», es probable que su cerebro sea menos creativo. Estos individuos están poco o nada abiertos a las nuevas experiencias.

En el caso de las personas que están abiertas a lo nuevo, la red neuronal por defecto funciona de manera más eficiente, de modo que se genera más orden que desorden en el cerebro.[28] En cierto sentido, cuando estamos abiertos a las experiencias nos dejamos llevar por el flujo en lugar de nadar contra la corriente, que es lo que hacemos cuando estamos en el modo «normal». Permanece abierto a las nuevas experiencias y será más probable que te abras camino de formas creativas a través de los altibajos de la vida.

¡Pero estar abierto a la experiencia no significa que tengas que lanzarte en paracaídas o nadar con tiburones! Estamos hablando sobre todo de saltos de fe cognitivos, de la disposición a aflojar la necesidad de controlar las cosas y los resultados. Por lo que revelan la mayoría de las fuentes, Vik Muniz tiene este temperamento. Tras un extraño accidente que sufrió a los veintidós años (le dispararon en la pierna cuando trataba de poner fin a una pelea callejera), el individuo que efectuó el disparo le pagó un soborno para evitar la denuncia, y eso le permitió trasladarse a los Estados Unidos, algo que deseaba desde hacía tiempo con el fin de labrarse un futuro creativo.[29] No sabía lo que haría o lo que encontraría, pero estaba dispuesto a descubrirlo. Dio un salto. Efectuar descubrimientos consiste en ver algo nuevo no solo como es en el momento, sino también como puede ser al cabo de un tiempo.

Escuchar la intuición

La intuición es la capacidad del cerebro de registrar cambios fisiológicos sutiles que no han alcanzado la conciencia.[30] Como tales, las corazonadas son sensaciones del cuerpo que aún no han llegado a ser pensamientos. Un conjunto de distintas regiones cerebrales conforman una «red de intuición» que toma esas sensaciones sutiles para convertirlas en una sensación visceral, en una comprensión que el cerebro pensante no ha interpretado.[31] Este sentimiento instintivo nos proporciona una información vital, y no debemos ignorarlo por el solo hecho de que no podamos explicarlo.

Una forma productiva de manejar la intuición —¡en lugar de descartarla!— es dar un paso atrás y reflexionar sobre la sensación visceral que se ha presentado: ¿qué es lo que te hace sentir una emoción en la boca del estómago? ¿Por qué te sientes nervioso? Puedes aventurar una o dos hipótesis; pero si estás totalmente perdido a la hora de explicar tus sentimientos instintivos, no te rindas. Si no abandonas tu curiosidad, tu cerebro se comportará como un detective, e irá buscando indicios que pueda unir de forma coherente para ofrecer una explicación a la corazonada. En la *prueba de hipótesis serial*, el cerebro utiliza la intuición para rendirse a la búsqueda interna de datos, y poco a poco va acumulando fragmentos de información.[32] Cuando hayas recabado suficientes pistas, tendrás una idea. Probablemente no te vendrá a la cabeza cuando la estés buscando con tu cerebro pensante, sino cuando hayas cruzado el umbral de datos que permita su formación. Irás experimentando revelaciones que te proporcionarán la orientación que necesitas para transitar por el borde del caos cerebral de forma creativa.

Otra forma de manejar la intuición es la *inferencia predictiva*.[33] En este caso, en lugar de buscar pruebas, el cerebro salta a una conclusión y busca después las evidencias. Esto se parece a saltar antes de mirar, o a tomar una decisión y someterla a prueba posteriormente. Una agencia de inteligencia, por ejemplo, recopila datos sobre los últimos puntos de entrada de terroristas y llega a un callejón sin salida. Pero los agentes no pueden cejar en su intento; tienen que deducir al menos cuándo y dónde puede tener lugar la siguiente entrada. Sin saber exactamente por qué, y sin que sus presentimientos estén justificados al principio, puede ser que nombren las fronteras X, Y y Z como sus tres puntos sospechosos principales, como algo por lo que empezar. A continuación, examinan si pueden apoyar con datos estas intuiciones. Si el modelo no funciona, al menos tienen nuevas pistas: ya saben por dónde *no* es probable que entren los terroristas. Así, pueden reformular las posibilidades y señalar las fronteras P, Q y R, por ejemplo. Cuando los indicios y las corazonadas encajan, ejecutan un plan de seguridad fronteriza. En muchas ocasiones, las agencias de inteligencia operan exactamente así: ¡procediendo a la inversa! Y, a veces, las personas toman así sus decisiones en el ámbito de las relaciones: primero eligen a partir de su sentimiento visceral y luego, a medida que avanza la relación, van infiriendo por qué efectuaron esa elección. Si recaban los indicios suficientes, tal vez acaben casándose; si no pueden encontrar ninguno, puede ser que se separen.

En este punto hemos llegado a alguna conclusión, pero experimentamos con la solución para ver si es correcta. A continuación, reformulamos nuestra conclusión y volvemos a experimentar con ella. Después de varias reformulaciones, llegamos a una conclusión satisfactoria. Esta es una manera eficaz de crear, que a menudo nos permite ahorrar tiempo.

Cuando añadimos estos dos procedimientos de gestión de la intuición a nuestra caja de herramientas mentales, el cerebro consciente pasa a dirigir su atención hacia dentro, y en busca de datos, va enfocándola hacia distintos puntos, como si de una linterna se tratase.

REVELACIONES MENTALES

Desenfocarnos nos ayuda a distanciarnos de nuestros hábitos y a tener nuevas ideas. No somos conscientes de cómo opera el cerebro a este respecto, pero cuando está listo, una idea o una solución creativa sale a la superficie (es decir, aparece en la mente consciente). De repente, fragmentos de conocimientos, palabras, imágenes o melodías aparecen como «revelaciones mentales», aparentemente al azar. Pero en la actualidad los investigadores pueden ver que tener una revelación mental activa la misma región del cerebro que se encuentra operativa cuando estamos abiertos a las nuevas experiencias.[34] Las revelaciones de las que estamos hablando tienen lugar a menudo en el contexto de actividades poco exigentes y que no requieren enfocarse, como lavar los platos o cortar el césped. Incluso cuando aparecen entremezcladas y en conflicto, muestran que el cerebro creativo está en acción.

LOS ESCARCEOS HACIA EL MOMENTO EUREKA

En la introducción presentaba el acto de saltar de una tarea a otra como una de las estrategias de desenfoque más importantes. Pero ese *escarceo* (entendido como el cultivo, durante más o menos tiempo, de un interés secundario) tiene mala reputación. Demasiado a menudo lo concebimos como sinónimo de un comportamiento superficial, carente de profundidad; consideramos que las personas que efectúan escarceos son diletantes. Cuando no estamos profundamente comprometidos con un tema, a menudo pensamos que estamos perdiendo el tiempo. Pero la profundidad es relativa, y cierto nivel y tipo de escarceo es claramente beneficioso para la creatividad y la vida.

Vik Muniz es un ejemplo vivo de los beneficios del escarceo.[35] Antes de salir de Brasil para ir a Nueva York, trabajó en el campo de la publicidad. Una vez en Nueva York, fue enmarcador de cuadros. En varios momentos experimentó con la escultura, el dibujo y la fotografía. Todas sus creaciones muestran la influencia de su recorrido. Su experiencia con la publicidad probablemente incrementó su conciencia de los objetos cotidianos y la fuerza de las marcas; su experiencia como enmarcador de las obras de otros probablemente lo condujo a apreciar el equilibrio. Ver el arte de Jeff Koons (famoso por sus enormes animales hechos de acero pero que parecen elaborados con globos) lo inspiró para mezclar distintos recursos y transformar los objetos cotidianos en obras de arte.

El desaparecido fundador y presidente de Apple, Steve Jobs, fue otro exponente del escarceo. En el famoso discurso que impartió en la ceremonia de graduación de la Universidad de Stanford en el 2005,[36] explicó que abandonó el Reed College para poder asistir solamente como oyente a las clases que le interesaban. Una de ellas era la clase de caligrafía y tipografía. En ese momento no tenía ni idea de cómo podría utilizar esos conocimientos, pero diez años más tarde, cuando estaba diseñando el primer ordenador Macintosh, aprovechó lo que había aprendido en esa clase. Si no hubiese asistido a ella, los Mac tal vez no habrían tenido nunca múltiples tipos de letra y fuentes proporcionalmente espaciadas. Aunque no sacó partido de ello inmediatamente, el hecho de curiosear en un tema que le interesaba le resultó tremendamente útil a largo plazo.

Y ¿qué cabe decir de genios creativos como Albert Einstein y Pablo Picasso? Pueden parecer mundos aparte desde el punto de vista de la creatividad, pero los cerebros de los científicos y de los artistas responden de forma semejante;[37] especialmente, se observa una actividad similar en las regiones donde se integran las sensaciones, las emociones y los pensamientos complejos. En el caso de ambos tipos de personas, la RND presenta mucha actividad, lo cual demuestra que no es solamente la profundidad de las ideas lo que importa, sino también las conexiones entre ellas. Es por eso por lo que vale la pena que realicemos incursiones en los temas que nos interesan: cada escarceo nos brinda una experiencia más a la que podemos recurrir, algo más con lo que podemos conectar; y ese puede ser justamente el eslabón perdido que estábamos buscando.

Aunque Einstein y Picasso nunca se conocieron, ambos se vieron fuertemente influidos por Henri Poincaré, matemático, físico y filósofo.[38] Hablaban de sus teorías en sus respectivos grupos de discusión; Einstein, con su grupo de estudio y Picasso, con los intelectuales de vanguardia. Einstein llevó las brillantes teorías matemáticas y científicas de Poincaré algunos pasos más allá, hasta llegar a concebir su teoría de la relatividad. Por su parte, Picasso se inspiró al escuchar los pensamientos de Poincaré sobre la existencia de una cuarta dimensión en la que se podía ver todo a la vez. Su cuadro *Las señoritas de Aviñón* representa una cara vista simultáneamente de frente y de lado: dos perspectivas al mismo tiempo, ¡la cuarta dimensión!

Tanto Einstein como Picasso realizaron incursiones en muchos temas. El primero estaba fuertemente influenciado por la teoría estética y cautivado por la obra de Freud. Al segundo le resultaban fascinantes la fotografía y la tecnología de los rayos X. Ninguno de ellos sentía que tuviese que ser un experto en estas áreas de interés secundarias. Ambos satisficieron su curiosidad, reflexionaron sobre sus respuestas y debatieron las ideas resultantes con sus respectivos grupos de discusión. Los resultados cambiaron el mundo.

Optar por tantear diferentes actividades o disciplinas puede ser una decisión profunda. Significa estar dispuesto a probar algo y volver a ser un estudiante. En este sentido, fomenta la apertura de la mente, y aunque sea un comportamiento desenfocado y alejado de la rutina diaria, es una manera de dar pequeños pasos hacia la *apertura a la experiencia*, la condición *sine qua non* de la creatividad. También es una magnífica manera de salir de la zona de confort. El escarceo eficaz se parece un poco a sumergirse en la parte más honda de la piscina durante unos segundos y después alejarse nadando de ese punto. Acaso sea una experiencia fugaz, pero también puede ser profunda, y a menudo es estimulante. Por unos momentos, podemos perdernos en ella.

DALE COLOR A TU VIDA

No te conformes con una definición estrecha de lo que son tus talentos e intereses. No te dejes encasillar por una descripción estática de tu temperamento. Anota varios aspectos que te describan —identifica tus diversos intereses—. Si puedes ver inmediatamente maneras de vincular esos intereses en tu vida, maravilloso. Si no ves de inmediato un modo de combinar tus competencias, utiliza los otros ejercicios de invocación de la creatividad que se ofrecen en este capítulo (efectuar escarceos, echarte una siesta, soñar despierto, caminar) para romper las barreras que has puesto entre ellas.

A menudo, un breve período de escarceo puede ser justamente el pegamento que uno está buscando para unir partes dispares de sí mismo. Correr un maratón, asistir a clases de música, realizar mezclas musicales o crear piezas de cerámica puede aportar a la vida color y satisfacción. Así pues, asómate a cualquier actividad que te interese, a ver adónde te lleva. Pero asegúrate de que eso resuena con quien tú eres, de que sientes que es relevante para ti.

El vínculo entre las aficiones y la creatividad

Tener un *hobby* es posiblemente la manera más socialmente aceptable de efectuar escarceos. Cultivar una afición en tu tiempo libre implica que sabes que es una actividad secundaria, que no debes emplear todo tu tiempo en ella. Pero si tienes un *hobby* (o más de uno), no lo subestimes demasiado. Por un lado, cultivar aficiones durante una o más horas todos los días puede protegerte contra la demencia más adelante en la vida. Y también te ayuda en el presente, como muestran dos estudios dirigidos por el psicólogo organizacional Kevin Eschleman y sus colegas.[39]

En el primer estudio, trescientas cuarenta y una personas pertenecientes a distintos entornos laborales (incluidos ámbitos de gerencia, educación, administración y contabilidad) respondieron a cuestionarios sobre su actividad creativa fuera del trabajo y también calificaron su desempeño laboral. Las personas que participaban en actividades más creativas mostraron tener en mayor consideración su propio trabajo.

En el segundo estudio, noventa y dos capitanes en activo de la Fuerza Aérea de los Estados Unidos respondieron una encuesta similar; además, otras personas calificaron a los encuestados en cuanto a su desempeño laboral. También en este caso, teniendo en cuenta tanto su propia evaluación como la evaluación externa, los que cultivaban aficiones más creativas mostraban un mayor rendimiento en el trabajo.

El importante estudio del profesor de Fisiología Robert Root-Bernstein dejó aún más claro el valor de las aficiones.[40] Entre 1958 y 1978, cuarenta científicos habían sido entrevistados cuatro veces con respecto a sus hábitos de trabajo, empleo del tiempo, aficiones, actitudes y otras cuestiones por el estilo. Contando con acceso a esta información, Root-Bernstein y sus colegas midieron el impacto del trabajo de los científicos por la cantidad de veces que eran citados. Los resultados fueron reveladores: las aficiones que implicaban el pensamiento visual, aprender a partir del hacer y no solo a partir del pensar y el arte y la música eran las actividades que mostraron ser más beneficiosas.

Curiosamente, algunos de los científicos que, según el estudio, eran menos productivos no llevaban a cabo actividades que redundasen en un mayor impacto en su labor profesional. En cambio, los más productivos consideraban que sus aficiones o pasatiempos tenían algún propósito; estaban trabajando en lo mismo desde un ángulo diferente.

MEZCLAR LOS PROPIOS INTERESES

Hay muchas personas que deciden que quieren vivir vidas más simples. Así que se deshacen de algunas posesiones o deciden vivir con menos lujos; simplifican sus vidas tanto como pueden. Esto no tiene nada de malo. Pero es terriblemente limitante *simplificarse uno mismo*. ¿Qué tal si no tuvieses que elegir entre tu amor por algo y tus competencias en otro campo? ¿Y si pudieses encontrar formas de casar tus diversos intereses y talentos? Consideremos el ejemplo positivo que nos ofrece Kirin Sinha.[41] En el 2012, era estudiante de último año en el Instituto Tecnológico de Massachusetts (MIT, por sus siglas en inglés) en las especialidades de Matemática Teórica, Ingeniería Eléctrica y Ciencias de la Computación, y también estudiaba música. En los formularios de la universidad, declaró que la ciencia era su interés mayor y la música su interés menor, pero ambas eran esenciales para su sentido del yo. Era científica y música, y no quería elegir un ámbito en detrimento del otro. Así que no lo hizo.

Sinha llevaba estudiando danza clásica india desde los tres años y creía que aprender danza estimulaba la autoconfianza y la determinación, rasgos que también son necesarios para manejarse bien en el campo de las matemáticas. Para conciliar sus áreas de interés y materializar su creencia de que ambas congeniaban, creó SHINE, un programa gratuito de danza y matemáticas dirigido a niñas de sexto y séptimo grado [el equivalente a sexto de primaria y primero de ESO] que tuviesen dificultades con las matemáticas. Las sesiones, de ocho semanas, eran conducidas por estudiantes del MIT con conocimientos de baile. Hoy en día, los programas siguen vigentes, y se han ampliado a las alumnas de octavo grado [el equivalente a segundo de ESO]. Las participantes aprenden *hip-hop*, *jazz* y otros estilos de baile. También aprenden a aplicar conceptos matemáticos derivados de esta actividad, pues escriben sus coreografías como fórmulas (tal vez x representa un giro, e y un movimiento de cadera). De ese modo, explica Sinha, «empiezan a entender, por ejemplo, que si hacen 3x + 2x están haciendo el mismo movimiento cinco veces seguidas».

LAS BONDADES DE LA DIVAGACIÓN

Los antiguos griegos consideraban que el nomadismo constituía una forma de involución; era lo opuesto a la estabilidad y la civilización por las que eran conocidos los atenienses.[42] Ulises, el rey de Ítaca, dijo: «Para los mortales, no hay nada más miserable que el vagar». Y el famoso Edipo, el mítico rey griego de Tebas, fue condenado a llevar una vida errante tras descubrirse que había asesinado a su padre y que era el amante de su madre.

Actualmente, unos dos mil quinientos años después, no imponemos a nadie el castigo de llevar una vida errante, pero tendemos a recriminarnos por vagar dentro de nuestras cabezas. En el 2008, los psicólogos Matthew Killingsworth y Daniel T. Gilbert investigaron con qué frecuencia divagan las mentes de los seres humanos y los sentimientos asociados con ello.[43] Desarrollaron una tecnología que introdujeron en teléfonos inteligentes para monitorizar los pensamientos, los sentimientos y las acciones de los sujetos de estudio en el transcurso del día. Encontraron que las personas pasamos el 46,9 % del tiempo pensando en algo distinto de lo que estamos haciendo y que esto nos hace sentirnos considerablemente infelices. Todos conocemos este sentimiento, ¿verdad?

La divagación involuntaria puede hacernos sentir que no tenemos el control y que somos improductivos. Y no queremos que nuestros pensamientos vaguen sin rumbo mientras estamos conduciendo por un lugar con el que no estamos familiarizados o cuando estamos elaborando la comida de Navidad. Pero muchas personas creativas atestiguan lo relevante que fue para sus descubrimientos la divagación o la ensoñación diurna.

El ganador del Premio Nobel de Literatura del 2006, Orhan Pamuk, lo expresó de esta manera:

¿Qué es una novela sino una historia que [...] responde a inspiraciones de lugares desconocidos y se basa en ellas, y se apodera de todos los ensueños que hemos inventado para nuestra diversión, los cuales reúne en un todo significativo?[44]

No es que el enfoque no tenga ningún papel en la creatividad. Está claro que tanto Picasso a la hora de pintar *Las señoritas de Aviñón* como un empresario que esté tratando de hacer que su empresa sea rentable necesitan cierto grado de concentración para llevar a cabo su trabajo creativo. Pero existe un espectro de posibilidades dentro de la concentración. Podemos estar intensamente concentrados y plenamente atentos (entregados al que es nuestro foco de atención) o podemos permitir que nuestra mente divague. El concepto operativo en este caso es el de *permitir*: la divagación y la ensoñación diurna resultan más productivas cuando las usamos de forma disciplinada.

Soñar despiertos a propósito

Por más agradable que pueda ser para ti quedarte mirando fijamente por la ventana en el trabajo, no es una manera ideal de aumentar tu creatividad (o tu productividad).

Empezar a soñar despiertos es un signo de fallo cognitivo o de agotamiento: el cerebro necesita un descanso y se toma uno sin preguntar. Es como caerse del borde de un acantilado. Pero cuando planeamos este tipo de ensoñación, tiene un efecto positivo y reparador. Es como zambullirse en un estanque que haya en el borde del acantilado. En el primer caso, no tenemos el control. En el segundo, no solo esperamos empezar a soñar despiertos, sino que lo planeamos. Llamado *ensoñación diurna volitiva*, este alejamiento intencionado y programado respecto de la tarea que tenemos entre manos nos ayuda a abrirnos más a la experiencia; se ha demostrado que nos vuelve más curiosos y sensibles, y hace que estemos más predispuestos a explorar nuestros sentimientos, ideas y sensaciones.[45]

En el 2012, el psicólogo cognitivo Benjamin Baird y sus colegas pusieron a prueba la capacidad que tenemos de encontrar aplicaciones inusuales para los ladrillos, los mondadientes y las perchas, entre otros utensilios.[46] El desafío requería que los sujetos del estudio fuesen rápidos y creativos a la hora de manifestar todos los usos que se les ocurriesen. Los investigadores hicieron el experimento con cuatro grupos de personas en varios períodos de dos minutos; después, se indicó a tres de los cuatro grupos que hiciesen una pausa de doce minutos. Durante este intervalo, un grupo realizó una tarea exigente, otro una tarea poco exigente —durante la cual los sujetos no permanecieron enfocados, sino que permitieron que sus mentes vagaran—, el tercer grupo descansó y el cuarto no hizo la pausa. ¿Adivinas cuál fue el grupo que mostró una mayor creatividad? Aquel en el que se fomentó la divagación mental por medio de la actividad poco exigente fue el que lo hizo mejor.

Algunas personas planean soñar despiertas mientras se dedican a algo que no es difícil para ellas ni les exige enfocarse (tejer, plantar flores, contemplar obras de arte en un museo o ver pasar a la gente). Si la tarea que eliges te resulta dificultosa, ello no va a permitir que tu mente divague de forma eficaz; tendrás que mantenerte implicado y concentrado para llevarla a cabo. Programar un tiempo para «mirar por la ventana» también puede ser efectivo para ti, pero elige deliberadamente el tema de tu ensoñación. Si, por ejemplo, necesitas prepararte para dar un discurso, dedica cinco minutos a recrear la situación: no pienses solamente en el discurso; imagina también el aspecto que presentará el auditorio, cómo te aplaudirá el público puesto en pie y cómo te sentirás al recibir la ovación. Programa una alarma para no pasarte de los cinco minutos.

El arte de la pausa estratégica

Si dedicas un poco de atención a tus ensoñaciones diurnas, te darás cuenta de que presentan un orden discernible en todas las ocasiones. Según la escritora neurocientífica Rebecca McMillan, la ensoñación diurna transcurre por tres etapas sutiles.[47] La primera etapa es el momento en el que *decidimos* dejar de enfocarnos (por ejemplo, soltamos el bolígrafo para empezar a hacer punto); luego viene el momento de la *desvinculación*, justo antes de entrar en el desenfoque (somos conscientes de que estamos a punto de dejar vagar la mente); y a continuación llega el momento en el que realmente soltamos la tarea en la que estábamos concentrados y pasamos a desenfocarnos, hasta que la mente queda flotando en la ligereza de la ensoñación. (Nos damos todo el permiso para dejar vagar la mente, sabedores de que el sonido de la alarma nos traerá de vuelta a la realidad; confiamos en esto y no nos dejamos llevar por el pánico cuando advertimos de pronto que nuestra mente está divagando). Maria Popova, fundadora del blog *Brainpickings*, llama *arte de la pausa* al dominio de la dinámica de estas etapas.[48]

Supongamos que llevas casi una hora trabajando en un artículo y que llegas al punto en que eres incapaz de continuar. Suelta el bolígrafo o aléjate del ordenador. A continuación, elige una actividad que te resulte poco exigente: tejer, hacer labores de jardinería, limarte las uñas... Entrégate a ella y utiliza el diálogo interno para soltar tu culpa y frustración en relación con tu falta de progresos con el artículo. Recuérdate que estás haciendo una pausa para regresar en breve al escrito problemático; permítete regalarte este breve respiro. Si te descubres pensando en el artículo, haz que tu mente regrese al estado de divagación en el contexto de la tarea poco exigente. Cuando hayas realizado esta práctica algunas veces, empezarás a llevarla a cabo de forma automática.

EL BLOQUEO DEL ESCRITOR

Probablemente todos los escritores experimentan en algún momento el temido fenómeno conocido como *bloqueo del escritor*. A veces, este bloqueo es el resultado de experimentar un conflicto en relación con la expresión de ciertas ideas por escrito. El autor se encuentra indeciso ante las diversas opciones de la trama y se detiene por el miedo a elegir la opción «incorrecta». Puede ser que esté padeciendo un perfeccionismo paralizante (su editor interior no le permite poner en la página algo que sea menos que perfecto). ¡O puede ser que esté totalmente en blanco! El bloqueo del escritor está conectado con una disfunción que presenta una parte del lóbulo frontal, una región cerebral clave en la generación y la evaluación de ideas creativas.[49] Esta región es la misma que está dañada cuando no se puede articular el discurso después de sufrir un accidente cerebrovascular o cuando estamos deprimidos o ansiosos.

Si eres víctima del bloqueo del escritor, desenfócate de tus bucles de pensamiento.[50] Algunos escritores recurren a comenzar en medio de una oración para liberarse de la tiranía del pensamiento completo. Otros escriben primero el final si lo tienen claro, y después abordan el resto de la acción o del argumento. Todas estas técnicas intentan servirse del caos para desbloquear la mente. ¡No hay nada como la confusión para impulsar el cerebro creativo!

El cuerpo creativo

El pensamiento creativo puede activarse no solo por medio de la divagación mental, sino también por medio de la divagación corporal.

En el 2012, la profesora de Psicología Angela K. Leung y sus colegas exploraron el pensamiento creativo en relación con la posición y el movimiento del cuerpo.[51] Construyeron una caja de un metro y medio cúbico y pidieron a veinte personas que se sentaran en su interior. Otras veinte se sentaron fuera de la caja. Ambos grupos hicieron después el *test de asociaciones remotas*. En esta prueba se presentan tres palabras y se pide al sujeto que piense en una cuarta que presente alguna relación con las otras tres. Las personas sentadas fuera de la caja tendían a hacerlo significativamente mejor que las que estaban sentadas dentro.

Para confirmar que la posición del cuerpo en el espacio tiene su importancia, Leung y su equipo presentaron un test mental a tres grupos de personas. Los sujetos del primer grupo caminaron en rectángulos mientras hacían el test, los del segundo grupo lo abordaron mientras caminaban libremente y los del tercer grupo lo respondieron sentados. El grupo de los sujetos que caminaron libremente superó a los otros dos. Por otra parte, caminar al aire libre parece ser el mejor desencadenante de la creatividad: otro grupo de investigadores encontró que esta actividad mejoraba el rendimiento en un 80 % en los *test de usos alternativos* (que requieren evocar la información rápidamente) y en un 23 % en el test de asociaciones remotas.

¡Lo que hacen los brazos también es importante! Se ha descubierto que los movimientos fluidos de los brazos (el trazado de bucles paralelos) aumentan la capacidad de generar ideas creativas, de pensar con flexibilidad y de hacer asociaciones remotas en comparación con los movimientos bruscos de los brazos (el trazado de patrones en zigzag).[52] Las asociaciones remotas son un indicio de creatividad porque demuestran que la persona puede ver las conexiones existentes entre elementos distintos. Por ejemplo, si te preguntase qué palabra puede incluir los conceptos *muñeca*, *pintura* y *gato*, una respuesta podría ser *casa*.

Así pues, para resolver los problemas que tengas de índole creativa, sal a dar un paseo, no sigas necesariamente un sendero y prueba a realizar cualquier tipo de movimiento fluido con los brazos. Esta técnica no solamente es útil para escribir poesía o componer música, sino también para pensar en innovaciones empresariales, en maneras de resolver los problemas económicos que se puedan tener e incluso en formas de lidiar con dificultades aparentemente insuperables en el ámbito de las relaciones. Por ejemplo, si tu jefe está siempre encima de ti y esto te incomoda, tal vez necesites abordar la situación de forma creativa. Puede ser que te resulte más fácil dar con la solución si no sigues el camino trillado, es decir, si no vas de tu despacho al suyo, literalmente. Te podrá parecer un poco absurdo, pero el hecho de caminar por un sendero sinuoso, o el solo acto de balancear los brazos, puede hacer que obtengas unos resultados increíbles.

«DORMIR, TAL VEZ SOÑAR»

Aunque el ejercicio puede hacer que tu creatividad fluya, casi nada es superior al dormir si de activar la creatividad se trata.

Para exponerlo en pocas palabras, el sueño acude en dos fases.[53] En primer lugar, entramos en la fase NMOR (sueño sin movimientos oculares rápidos), a la cual sigue la fase MOR (sueño con movimientos oculares rápidos). Pasamos cíclicamente por estas dos fases en el transcurso del sueño, y los episodios

MOR tienen una duración progresivamente mayor. En la fase MOR soñamos más, y los músculos están más relajados.

Cuando estamos dormidos, el cerebro inconsciente ejerce su magia en la oscuridad.[54] Junta nuevas ideas, recombina las viejas y, cuando las condiciones son las adecuadas, nos ayuda a llegar a ese momento eureka que es el sello distintivo del clímax creativo. El soñar, que constituye la «actividad» desenfocada suprema, es la manera que tiene el cerebro de reorganizar los recuerdos;[55] los traslada de un lado a otro del «puente del sueño», que puede ser que no exista en la mente despierta.

Los psicoanalistas han estudiado profusamente los sueños. Carl Jung argumentó que permiten que se unan ideas del yo aparentemente irreconciliables.[56] Si nos acogemos a su planteamiento, esto significa que los sueños no solo recombinan las ideas de manera creativa, sino que también permiten que nuestro yo sea más coherente cuando estamos despiertos. Esto, a su vez, facilita la manifestación de nuestra creatividad, porque no estamos luchando con nuestras contradicciones. Según parece, Paul McCartney compuso la melodía de su popular *Yesterday* en un sueño.[57] La canción es bastante melancólica, por lo que no es difícil imaginar que su cerebro pudo mantenerla apartada durante el día.

Los sueños nos permiten imaginar lo inimaginable. Justo antes de articular su teoría de la relatividad, Albert Einstein soñó que se deslizaba por la empinada ladera de una montaña tan deprisa que se acercó a la velocidad de la luz.[58] También soñó que el tiempo era circular y que se quedaba quieto para que los amantes se abrazaran durante una eternidad. Cuando confluyen ideas como estas, obviamente no es fruto del enfoque. En los sueños, el cerebro desenfocado tiene todo el permiso para deambular por ahí y recoger ideas a su antojo. Cuando nos despertamos, puede ser que tengamos una nueva comprensión.

En el 2010, Matthew Walker, experto en sueño, de la Universidad de California, y su colega Robert Stickgold mostraron otro beneficio del sueño: la capacidad de resolver anagramas de forma más rápida y creativa.[59] Un anagrama es un juego de palabras en que las letras de un vocablo se reorganizan para formar otros vocablos o frases. Por ejemplo, las letras de Angela pueden reordenarse para formar la palabra *alegan*, y *Jim Morrison* puede reescribirse como *Mr. Mojo Risin* (una frase de una de las canciones de Morrison, aunque no sabemos si tenía o no un buen dormir). Walker y Stickgold compararon la flexibilidad del pensamiento de dieciséis sujetos por medio de hacerles componer anagramas tras despertarlos justo después de la fase MOR y NMOR a lo largo de una noche. Encontraron que si se los despertaba después de un período de sueño MOR, resolvían un 32 % más de anagramas que si se los despertaba después de los períodos NMOR. En el transcurso de la noche, sin embargo, el desempeño después del sueño NMOR mejoraba.

En términos prácticos, esto significa lo siguiente: si tienes menos tiempo para dormir y necesitas ser creativo, programa tu despertar para justo después del sueño MOR, o entre noventa y cien minutos después de quedarte dormido. Durante el intervalo de tiempo que transcurre entre que te acuestas y la manifestación de la fase MOR, tal vez seas menos creativo.

En cuanto a la cantidad de sueño que necesitamos, es algo discutible y no puede establecerse un criterio general, pero muchas personas creativas se echan la siesta de forma ocasional, o regularmente. Las siestas constituyen un recurso fantástico para hacer que el inconsciente recombine los pensamientos de una forma única.[60] Incrementan la actividad del hemisferio derecho, el cual lleva a cabo una limpieza cerebral con el fin de ayudar a que se manifieste la creatividad cuando despertamos. A diferencia del sueño propiamente dicho, la siesta se compone frecuentemente de un período NMOR más corto al que sigue sobre todo el sueño MOR.

En un estudio dirigido en el 2014 por el investigador Felipe Beijamini, a los participantes se les dio un difícil problema por resolver relacionado con un videojuego.[61] A un grupo se le permitió dormir la siesta durante noventa minutos, mientras que el otro grupo tuvo que permanecer despierto. Las personas que durmieron se mostraron casi el doble de capaces de resolver el problema que las pertenecientes al grupo que permaneció en estado de vigilia. Pero cuando los investigadores observaron los patrones de las ondas cerebrales, estos no mostraron que los sujetos hubiesen soñado; el solo hecho de adormecerse les bastó para recombinar información en el cerebro y convertir la esencia de esta información en abstracciones que les permitieron hallar la solución al problema.

Por otra parte, la psiquiatra Sara Mednick dirigió un estudio en el 2009 en el cual los investigadores usaron un test de analogías entre palabras para ver cómo se manejaban los sujetos después de una siesta.[62] Por ejemplo, si se les mostraba «patatas fritas: saladas; caramelos: _____», la respuesta era «dulces». Cuando se comparó el rendimiento de los sujetos que habían dormido una siesta de noventa minutos en la que entraron en el sueño MOR con el de los sujetos que la durmieron sin entrar en el sueño MOR y con el de los sujetos que no durmieron, los primeros mostraron un rendimiento un 40 % superior. ¡Fueron capaces de hacer las asociaciones a la velocidad de la luz!

Tal vez no se sabe aún con certeza si las siestas cortas sirven para estimular la creatividad, pero es mejor una siesta corta que nada de siesta. En un estudio que se llevó a cabo en el 2002 con dieciséis adultos jóvenes sanos,[63] los investigadores crearon cuatro condiciones: ninguna siesta, una siesta de treinta segundos, una de noventa segundos y una de diez minutos. El tiempo empezaba a contar desde el momento en que los participantes se quedaban dormidos, según lo que indicaba el electroencefalograma que se utilizó. La siesta de diez minutos fue la única que hizo que el estado de alerta y el rendimiento cognitivo de los sujetos mejorasen significativamente.

¿CUÁNTAS HORAS DE SUEÑO SON SUFICIENTES?

En el libro *Rituales cotidianos: cómo trabajan los artistas*, el autor Mason Currey reporta que el escritor japonés Haruki Murakami duerme unas sólidas siete horas, de las nueve de la noche a las cuatro de la mañana, de forma regular.[64] Benjamin Franklin y Maya Angelou también dormían siete horas, de las diez de la noche a las cinco de la mañana. Charles Darwin se supone que dormía menos, de las doce de la noche a las seis de la mañana, pero se echaba una siesta entre la una y las dos de la tarde. Si nos detuviésemos aquí, parecería que el siete es el número mágico. Pero otras personas creativas no dormían tanto. Franz Kafka dormía en dos momentos del día: de las seis a las ocho de la mañana y de las tres a las seis de la tarde. Voltaire necesitaba solamente cuatro horas de sueño; dormía de las doce de la noche a las cuatro de la mañana. Y según parece Thomas Edison tampoco necesitaba dormir mucho, solamente tres o cuatro horas por noche, si bien dormía siestas para recargar las pilas. Más recientemente, Jack Dorsey, fundador de Square y Twitter, dijo que trabaja unas veinte horas al día, lo cual, obviamente, le deja poco tiempo para dormir.

A partir de este abanico de tiempos de sueño, podemos ver que no hay una fórmula que pueda aplicarse a todo el mundo. Tienes que proceder según lo que te vaya bien a ti.

JUNTEMOS LAS PIEZAS DE LA CREATIVIDAD

Recuerda que, en nuestra incesante búsqueda de la comprensión, puede ser que desconectemos de las experiencias sin pretenderlo, al querer encontrarles el sentido con demasiada rapidez. Peor aún, puede ser que renunciemos a experiencias porque no las entendamos o porque no veamos que sean relevantes para nuestras vidas. Esta negación puede comprometer el proceso creativo.

La creatividad y la rendición creativa surgen del soltar. Como dije antes, cuando soltamos, prescindimos de la guía del mundo exterior durante un tiempo y nos volvemos hacia el flujo interno de la atención. Hay muchas maneras de hacer esto, como he descrito en este capítulo: la ensoñación diurna positiva y constructiva, pasear, hacer movimientos fluidos con los brazos, caminar en círculos, improvisar música, dormir la siesta o cultivar una afición. Así, nos apartamos de la rutina diaria y activamos la RND, las redes neuronales de los sueños, la intuición y la inspiración, a través de las cuales acude a nosotros un mundo mental nuevo y creativo.

Uno de los principales obstáculos en el camino hacia la creatividad es tener una identidad fija. Con el ánimo de adoptar una identidad alternativa con el fin de enfrentarte al desafío que es invocar la creatividad, considera la posibilidad de actuar desde una de estas dos identidades: el entrenador o el enmascarado.

EL ENTRENADOR

Los músculos se desarrollan cuando los aplicamos contra una resistencia. Del mismo modo, para construir la mente creativa, es necesario que identifiquemos nuestras resistencias psicológicas y actuemos en contra de ellas. No se trata meramente de ejercer una oposición; ¡no todos quienes viven en un ámbito contracultural se muestran creativos! Vivir a contracorriente consiste en ejercitar la mente para que trabaje contra sus propias resistencias psicológicas a la creatividad.

Cuando queremos ser creativos, el cerebro suele presentar batalla por cualquiera de estas cuatro razones: el miedo a lo desconocido, la intolerancia a la incertidumbre, la inquietud por la magnitud de la tarea o la ansiedad frente a la dificultad que va a entrañar. Puede ser que seas consciente de la razón que aplica en tu caso, y por lo tanto que la veas, o puede ser que esté en tu inconsciente, en cuyo caso puedes llegar a discernirla. Piensa en estos cuatro factores como en los aguafiestas de tu creatividad. ¿Cuál de ellos te está reteniendo? Si lo identificas, habrás ganado la mitad de la batalla. Desenfocarte por medio de las muchas estrategias que se ofrecen en este capítulo te ayudará a librarte del aguafiestas con regularidad.

La creatividad es transpiración («sudor») en la misma medida en que es inspiración.[65] Vik Muniz tiene la capacidad de crear y percibir conexiones inusuales, pero se esfuerza mucho para materializar esas inspiraciones. En cierto sentido, la inspiración es el resultado de la generación automática de ideas creativas, mientras que la transpiración refleja el trabajo duro del control del pensamiento. Para alcanzar el objetivo creativo, deben «equilibrarse»: el hemisferio cerebral derecho y el izquierdo, y la RND y la red de control ejecutivo, tienen que operar en sincronía.

Para que esta sincronía empiece a estar presente en tu cerebro, resérvate un tiempo (de quince a treinta minutos semanales) para realizar cualquiera de las actividades descritas anteriormente. Pasa por las distintas etapas de la ensoñación diurna planificada; si llevas a cabo esta práctica con la suficiente frecuencia, se volverá más automática. Cuando esto sea así, anota entre uno y tres nuevos pensamientos o sentimientos que se te hayan presentado durante la ensoñación que tengan que ver con tu autoconcepto. Después de un mes de realizar esta práctica, mira la totalidad de las ideas relacionadas contigo mismo que se han manifestado. Al cabo de seis meses, puede ser que estés listo para reflejar por escrito un nuevo conjunto de metas profesionales (o una actualización de las que ya tenías). Entreteje estos descubrimientos con tu devenir vital. Lee tus conclusiones tan a menudo como puedas.

Como en el caso de Duke Ellington (puedes ver su cita en la página 63), tu historia acabará por cristalizar como un producto acabado. Cuando esto tenga lugar, vuelve a empezar con el proceso.

EL ENMASCARADO

De vez en cuando, es útil implicarse en un *carnaval psicológico*; es decir, determinar una identidad diferente y sumergirse en ella.[66] Tal vez lo hiciste antaño (o aún lo haces) en el contexto del carnaval. Pero no tienes que decirle a nadie que has «adoptado otra identidad» ni tienes que ponerte un disfraz. Basta con que hagas todo lo que puedas para pensar, sentir y actuar de forma coherente con esa personalidad durante un período de tiempo.

Imagínate como cualquier identidad que desees experimentar: un programador, un empresario, un aficionado a la repostería, un profesor, un bibliotecario... Al sumergirte en ese papel, transgrede las reglas de lo normal; amplía tu forma de pensar y el concepto que tienes de ti mismo. Si quieres llevar un disfraz, ¡hazlo! Tanto si te vistes de forma diferente como si no, cuando ejerces este tipo de imaginación estimulas muchas de las regiones cerebrales involucradas en el proceso creativo, como la RND, la red de control cognitivo y las partes del cerebro correspondientes al «hacer». Con esta práctica ejercitas tu capacidad creativa, y con cada nuevo personaje en el que te metas, esta capacidad aumentará.

La identidad por la que optes no tiene por qué ser coherente con la lógica o con el mundo real. En el 2016, la psicóloga Rosa Aurora Chávez describió un tipo específico de imaginería muy común en la imaginación de las personas creativas, lo que ella denominó *imaginería primordial*.[67] Se trata de seres humanos que no se corresponden con los que existen en la realidad, o personajes robóticos a la vez que emocionales (identidades de ciencia ficción). Piensa en *Parque Jurásico*, *La guerra de las galaxias* o *E.T.* Los personajes de ficción nos inspiran para pensar de otra manera; conducen nuestras mentes a una realidad alternativa, y es así como hallamos ideas creativas.

No tienes por qué hacer todo lo indicado paso por paso. Son sugerencias; permite que transiten por tu mente y elige aquellas con las que te sientas identificado.

La tabla siguiente resume los principales cambios de mentalidad que corresponde efectuar con el fin de tener una personalidad creativa. Utilízala como una guía cuando quieras echar un vistazo rápido a los cambios que podrías incorporar.

MENTALIDAD BASADA EN EL ENFOQUE	CAMBIO A LA MENTALIDAD NO BASADA EN EL ENFOQUE
Te enfocas en tener la energía suficiente para trabajar a lo largo del día.	Duerme siestas de noventa minutos para incrementar tu creatividad.
Tienes una mente estrecha; solo piensas de una determinada manera.	Practica como aficionado disciplinas dispares con el fin de estimular conexiones no evidentes pero importantes.
Evitas soñar despierto.	Planifica momentos en los que te permitas soñar despierto en tu día a día, con una orientación positiva y constructiva.
Vas directo hacia el cumplimiento de tus objetivos.	Divaga en el contexto de paseos o caminatas diarios con el fin de estimular tu creatividad.
Todo lo que puedes hacer es ser tú mismo.	Tu personalidad puede cambiar. Ríndete a tu mente creativa cuestionando las reglas, tus prejuicios acerca de la creatividad y tu aferramiento a lo concreto.

EL APRENDIZAJE DINÁMICO EN UN MUNDO NUEVO Y DESAFIANTE

Nuestras virtudes y nuestros defectos son inseparables, como la fuerza y la materia. Cuando se separan, el hombre deja de existir.

Nikola Tesla

Las *noches del fracaso* son un fenómeno que empezó en México en el 2012, cuando unos amigos se reunieron una noche para beber tequila y charlar sobre sus negocios.[1] Se dieron cuenta de que nunca antes habían hablado de sus fracasos, pero la discusión les resultó útil y estimulante. Así que lanzaron un programa mensual para fomentar la discusión pública sobre el fracaso. Se trata de aprender de los errores de los demás en lugar de aprender de sus éxitos. En cada evento, tres o cuatro empresarios comparten brevemente sus historias de fracaso, en siete minutos, utilizando un máximo de diez imágenes. Después hay una sesión de preguntas y respuestas, y a continuación tiempo para interaccionar —los asistentes mantienen conversaciones en un ambiente más distendido, mientras se sirven cervezas—.

El programa ha resultado tan atractivo que actualmente se ha extendido a más de setenta ciudades repartidas entre veintiséis países de todo el mundo.

No cabía esperar un planteamiento tan abierto del tema del fracaso, y mucho menos que ello fuese a suscitar tanto interés. Después de todo, el fracaso es difícil de reconocer, y a menudo es embarazoso hacerlo. Sin embargo, es un fenómeno habitual: entre un 30 y un 95 % de las empresas emergentes fracasan (el porcentaje depende de si estamos hablando de la quiebra total o de no cumplir con las expectativas de beneficio).[2] Los participantes parecen sentirse estimulados y aliviados al saber que no están solos, y también es útil aprender de los errores de los demás. Esta es una de las características ilógicas del aprendizaje *dinámico*: responsabilizarse de los propios fallos y hablar de los errores, aprender de ellos y corregirlos en lugar de seguir un camino hipotéticamente «correcto». Hay muchos métodos de aprendizaje dinámico, pero ninguno que funcione de manera generalizada. Algunos expertos pueden hacerte creer que hay una manera «correcta» de aprender, a pesar del hecho de que no hay dos cerebros iguales. Las noches del fracaso contribuyeron a acabar con este mito.

Al hablar tanto del fracaso, se podría esperar que los participantes se deprimiesen. Pero este no es necesariamente el caso. Tal vez se sintieron tristes o frustrados (o se arruinaron) en el momento del desastre, pero los empresarios, sobre todo los estadounidenses, parecen resurgir de inmediato.[3]

Actualmente se piensa que el fracaso, más que ser la señal de que toca abandonarlo todo y echar a correr, es una oportunidad de aprendizaje, siempre y cuando lo aprovechemos para labrar el camino futuro, «fracasemos rápido» y reconozcamos que es mejor actuar que esperar para hacerlo perfecto.[4] Cuando adoptamos esta postura, evitamos el estancamiento intelectual y superamos el miedo al fracaso en gran medida.

En lenguaje más llano: sigue *haciendo* lo que estás haciendo hasta que lo hagas bien. Si fallas, mañana será otro día. Cualquier empresa de creación de *software* preferirá seguramente producir con rapidez un prototipo antes que mantener interminables conversaciones sobre un producto final ideal. Si pasas demasiado tiempo investigando el próximo nuevo producto para tu empresa, corres el riesgo de que los competidores te ganen mercado. Si fracasas en una relación, puede ser que algún optimista te diga: «Hay un montón de peces en el mar» o «Si al principio no tienes éxito, sigue intentándolo». Pero estos elogios del fracaso no nos parecen más que tópicos falsos y simplistas, a menos que estemos bien preparados y entrenados para pensar de una manera nueva y dinámica. ¡Es más fácil decirlo que hacerlo!

En el pasado, las personas pasaban mucho tiempo aprendiendo su arte u oficio antes de ponerlo en práctica. Pero cada vez está más claro que el camino hacia el éxito consiste en aplicar de forma rápida y dinámica los aprendizajes adquiridos. Los pioneros ya están empezando a ejercitar sus cerebros en este sentido; y en este capítulo aprenderás cómo hacerlo.

EL APRENDIZAJE DINÁMICO

Brightworks School y su campamento de verano, Tinkering School, se encuentran en el Distrito de la Misión, en San Francisco.[5] Ubicada en un almacén de más de dos mil setecientos metros cuadrados, fue fundada y está dirigida por el escritor, informático y genial educador Gever Tully. Habiendo sido, según sus propias palabras, un «estudiante pésimo», y sin duda como reacción frente a su experiencia en el entorno escolar tradicional,

Tully ha creado un tipo de escuela diferente (atípica, cuando menos). Brightworks tiene actualmente centros en Chicago, Los Ángeles, Austin y Búfalo. Aunque no es un colegio al que mis padres me hubiesen enviado nunca, lamentablemente.

Los alumnos de Brightworks no están divididos por cursos, sino que trabajan en grupos para poder interactuar con estudiantes de distintas edades. No hay clases de lectura o escritura formales, y todo el aprendizaje se facilita por medio del «hacer» y las interacciones. Se invita a los alumnos a profundizar en las preguntas que se plantean conjuntamente con un tema, luego a preparar algo a partir de las respuestas y finalmente a presentar al grupo el producto resultante. Si, por ejemplo, el tema del mes son los *clavos*, puede ser que una persona escriba un guion que de alguna manera tenga algo que ver con la palabra (o con uno de sus significados), mientras que tal vez otra construya una silla usando clavos y un martillo y otra más podría dejar caer globos llenos de pintura sobre clavos pegados a un lienzo para crear arte al estilo de Jackson Pollock. Los alumnos forman equipos, fijan los plazos y administran los proyectos contando con distintos grados de supervisión. Son los amos de sus propios universos.

Todo parece indicar que adoran esta forma de proceder y, tanto según criterios objetivos como subjetivos, es un éxito. Los estudiantes de Brightworks están, de media, dos cursos por encima de los niveles de lectura y escritura del país. El cien por cien de los padres de los alumnos que prueban esta escuela quieren que sigan yendo. Quienes visitan el colegio (por ejemplo, yo) ven estudiantes felices y que se manejan muy bien en equipo. Estos niños forman parte de una revolución en el terreno del aprendizaje. Son contrarios a recibir instrucciones por parte de una autoridad pero están dispuestos a trabajar en equipo, a recibir orientación y a aprender.

Esto no quiere decir que en las escuelas no haya lugar para la educación tradicional o que los criterios por los que medimos los progresos de los alumnos no tengan sentido. Después de todo, es difícil no asombrarse ante los ganadores de los concursos de deletreo, los genios de las matemáticas o los niños que tienen una memoria formidable para recordar fechas y datos. Y ¿qué cabe decir de los estudiantes de matrícula de honor (aquellos que obtienen las calificaciones más altas a lo largo de su carrera académica)? Ciertamente merecen que el público los ovacione puesto en pie el día de la graduación. Todos ellos parecen dominar los procesos de aprendizaje, y eso hace que las escuelas sean consideradas especiales y triunfadoras.

Pero ¿acaso sacar buenas notas lo es todo y constituye la finalidad última? La excelencia en los ámbitos de la ortografía, las matemáticas, la memoria y la escritura ¿significa realmente que el individuo es más inteligente? Ciertamente, la mayoría de los alumnos con matrícula de honor tienen unas capacidades intelectuales enormes (y no resto mérito a quienes son ovacionados por un público puesto en pie), y está claro que incluso a Brightworks le importan las comparaciones con las escuelas convencionales en cuanto al rendimiento en los exámenes. Pero siempre ha habido personas que *no* han sacado buenas notas en los exámenes que, sin embargo, han tenido talentos tremendamente valiosos y una profunda inteligencia.

Afortunadamente, las culturas y las economías modernas han empezado a reconocer este hecho. En la educación primaria hay una tendencia (que puede verse en Brightworks, desde luego) hacia la evaluación del dominio que se tiene de un tema a través de medios distintos de los resultados de los exámenes: presentación de proyectos, representaciones, exposiciones, valoración del trabajo de los alumnos y otras muestras de rendimiento, y los logros obtenidos en equipo (por oposición a los logros individuales). En el ámbito universitario también están empezando a introducirse cambios: Peter Galison, profesor de Historia de la Ciencia y la Física en Harvard, les pide a sus estudiantes que creen películas en lugar de hacer trabajos escritos. Siente que, así, la ciencia no son solo teorías que los alumnos aprenden de memoria, sino que cobra vida.[6] El Instituto Tecnológico de Massachusetts tiene la *tienda de las aficiones*, en la que se anima a los estudiantes a crear libremente:[7] han creado un cepillo de dientes inteligente que sabe cuándo el usuario se está cepillando con demasiada fuerza, un ukelele plegable y un robot esférico que rueda cuesta arriba y sube escaleras.

Y en todo tipo de entornos laborales, los empresarios buscan contratar o ascender a aquellos empleados que tienen habilidades que no pueden ser totalmente medidas por medios empíricos: la experiencia vital, la destreza a la hora de crear equipo, la capacidad de motivar a otros, una cabeza capaz de abordar eficazmente la multitarea, la habilidad de aprender de los errores y la «inteligencia emocional». El proceso de selección para contratación de Google, por ejemplo, no tiene en cuenta las calificaciones académicas:[8] es menos importante lo que la persona ha aprendido que su interés en seguir aprendiendo; y es menos relevante lo que uno sabe que la disposición que tiene a usar lo que sabe de forma flexible.

Para expresarlo de una forma sencilla: el aprendizaje solía centrarse en un período de estudio (nuestra educación) y lo que hacíamos a continuación era, más que nada, poner el piloto automático: recordábamos información especializada y específica y la aplicábamos a distintos retos y tareas en el momento oportuno. Por el contrario, la nueva educación es dinámica, fomenta la capacidad de cultivar la agilidad de pensamiento y la creatividad a la hora de resolver problemas; nos enseña a utilizar las habilidades del pensamiento crítico para averiguar lo que aún no sabemos pero necesitamos saber. La mayoría de las personas cambian de empleo varias veces, y esto hace que sea especialmente importante que los jóvenes aprendan habilidades que puedan aplicar en distintas disciplinas. Les conviene verse a sí mismos como pensadores competentes y sujetos que son capaces de aprender independientemente de la profesión que ejerzan.

Debemos decir adiós a las calificaciones fijas (sobresaliente, notable, suficiente, suspenso); a las definiciones estrechas relativas a la identidad laboral («Soy gerente de *marketing* en el área de los productos de consumo») y, sobre todo, a la fijación que tenemos con la especialización («Soy gerente de *marketing* en el área de los productos de salud y belleza destinados al consumidor final»). También debemos aceptar la idea de que el aprendizaje tiene lugar todo el tiempo fuera del aula tradicional (incluso no tradicional), lo cual incluye aprender a *no* tener citas con el mismo tipo de personaje impresentable una y otra vez, o *no* seguir manifestando hábitos contraproducentes. Cada vez que manifestamos el compromiso de comprendernos mejor a nosotros mismos y de entender mejor a las personas o las cosas, estamos aprendiendo.

Piensa en el viejo estilo de aprendizaje como en un tenedor que apunta a una información específica y la ensarta. Un tenedor opera con el enfoque; su proceder es resolutivo y lineal. ¡Y es un cubierto esencial! Pero cuando aprendemos de forma dinámica, también empleamos una cuchara. Las cucharas nos llevan a la mezcla de sabrosos jugos y pedacitos de alimento que hay en el fondo del tazón, a esos ingredientes que son tan importantes para la comida, incluso si no son claramente distinguibles. Todo aquello que no puede captar la penetración directa del enfoque corresponde que lo tome la cuchara (que lo capte el desenfoque): la solución creativa de los problemas (el pensamiento lateral), las inferencias a partir de asociaciones, la predicción del futuro y la rectificación del rumbo. (¡No es de extrañar que la RND sea una de las partes del cerebro que consumen más energía metabólica!).[9]

Para seguir con la metáfora de los cubiertos, piensa en el poder que tienen un tenedor y una cuchara cuando trabajan juntos. En el 2010, la psicóloga Jackie Andrade pidió a dos grupos de veinte personas que escucharan una cinta de dos minutos y medio.[10] Se les dijo que el contenido de la cinta les iba a parecer «bastante soso». En realidad, era tremendamente aburrido. Se trataba de una invitación a una fiesta de cumpleaños. En dicha invitación, la anfitriona divagaba: hablaba del gato enfermo de alguien, de su cocina redecorada, del tiempo atmosférico, de la casa nueva de no sé quién y de unas vacaciones en Edimburgo (Escocia) en las que llovió y visitaron museos. En total, mencionaba el nombre de ocho lugares y de ocho personas que iban a acudir a la fiesta.

Antes de dar inicio a la reproducción, a los miembros de uno de los grupos se les pidió que sombrearan algunos cuadrados y círculos pequeños en un papel mientras escuchaban, pero que no se preocuparan por realizar esta tarea con rapidez o precisión. A los miembros del otro grupo no se les dijo que dibujaran nada. No obstante, a *todos* los participantes les pidieron que anotaran los nombres de los lugares, así como los nombres de las personas que iban a acudir a la fiesta, mientras la cinta se reproducía, lo cual implicaba que los miembros del primer grupo debían alternar entre sus sombreados y sus listas.

Después se recogieron las hojas de papel y se preguntó a ambos grupos si podían recordar los lugares que mencionaba la voz, así como los nombres de las personas que iban a ir a la fiesta. Los resultados de esta prueba fueron reveladores. El hecho de sombrear (lo cual es una acción desenfocada, propia de la «cuchara») durante la reproducción de la cinta ayudó a ese grupo a recordar detalles específicos (lo cual es una tarea enfocada, propia del «tenedor»): esos participantes recordaron un 29 % más que los sujetos del grupo de control. Otra forma de contemplar estos hallazgos es considerar que el cerebro enfocado es como una esponja rígida, mientras que el que también se permite desenfocarse es más flexible y absorbente.

Las personas que hayan sido educadas según la vieja escuela (a partir del enfoque lineal) y que quieran ser contratadas por una empresa como Google deben empezar por dominar un ritmo cognitivo dinámico, que favorezca el aprendizaje: han de mezclar de forma deliberada el enfoque del haz estrecho con la luz de amplio alcance. Es decir, deben asumir el control de los retos y las circunstancias (lo cual corresponde al enfoque) mientras sueltan la necesidad de tener todas las respuestas (lo cual corresponde al desenfoque). Afortunadamente, nuestro cerebro tiene el ancho de banda que le permite efectuar este ajuste.

Después de todo, ahora vivimos en un mundo en el que nuestros teléfonos, que son como pequeños cerebros portátiles, nos han liberado del deber de recordar hechos, cifras, traducciones, cálculos, eventos de la vida, conversaciones e información de contacto. La tecnología sensorial moderna supera, en muchos casos, nuestras capacidades biológicas: existen unos sensores que detectan el deterioro de los alimentos antes de que pueda hacerlo nuestra nariz; el sistema informático de inteligencia artificial Watson, de IBM, supera la capacidad que tenemos los humanos de procesar datos, y las máquinas están ayudando cada vez más a los médicos con los diagnósticos (un ecocardiograma puede captar las anomalías presentes en alguna válvula cardíaca con mayor precisión que el estetoscopio que utilizan los doctores). En un futuro no muy lejano, es posible que ni siquiera debas enseñar a tus hijos a atarse los cordones de los zapatos: las zapatillas Nike de autoabrochado sentirán el pie del usuario y se apretarán o aflojarán automáticamente para encajar. En el momento de escribir estas líneas, los automóviles con piloto automático están causando furor en el mercado ¡y los robots destinados a realizar tareas domésticas están en el horizonte!

Mantenerse al día con toda esta tecnología (adaptarse a cada innovación e integrarla en la vida cotidiana o laboral, o incluso competir con ella en el trabajo) puede ser todo un desafío; incluso quizá nos resulte abrumador. Acaso las máquinas hayan asumido viejas funciones cerebrales, pero su existencia también nos ha dado la oportunidad de reconectarnos con nosotros mismos y con nuestra propia capacidad de aprendizaje. Al poder derivar determinados conjuntos de tareas a la tecnología, liberamos espacio en el cerebro, en sentido literal y figurado, para obtener nuevos aprendizajes y hacerlo de nuevas maneras. ¡Tenemos más materia gris y blanca disponible! Una vez que reconozcas que dispones de un nuevo espacio cerebral que desarrollar, podrás emprender tu nueva aventura de aprendizaje.

NUESTRO GENIO INNATO

Antes de que cierta manera de hacer algo se convirtiera en la norma, alguien tuvo que idearla. Te invito a que te conviertas en el tipo de persona que toma la iniciativa. Piensa en quién fue el primero que desarrolló un programa informático, mucho antes de que las universidades empezaran a formar programadores. Piensa en la persona que cantó antes de que se concibieran las lecciones de canto. El genio de esos individuos no tuvo su origen en lo que aprendieron en la escuela; de hecho, el tipo de conocimiento que pusieron sobre la mesa aún no existía. Solo contaban con los pensamientos que se les ocurrían. Esta capacidad la perdemos a causa de la educación.

Venimos a este mundo con el poder de marcar la diferencia por medio de nuestra originalidad, pero en algún punto del camino la perdemos en favor de los conocimientos que adquirimos en la escuela. Estos «conocimientos» asumen el control de nuestro pensamiento y se convierten en nuestro recurso siempre que necesitamos saber algo. Por más útil que podamos encontrar esto, nuestros conocimientos son mucho menos poderosos si no van acompañados por nuestra originalidad. La educación es mejor cuando ayuda a que la originalidad emerja, no cuando la suprime.

En una ocasión presenté un *software* nuevo a un grupo de *coaches* ejecutivos muy inteligentes y muy bien formados y les di una hora para que averiguasen cómo funcionaba. La mayoría se perdió poco después de empezar. Sus ideas preconcebidas les impidieron pensar que podían hacerlo sin disponer de un manual de instrucciones. Hemos acabado por vivir nuestras vidas según un manual; hemos olvidado que estamos genéticamente programados para resolver las cuestiones por nuestra cuenta.

En el 2012 se lanzó el proyecto «Un portátil por niño» (OLPC, por sus siglas en inglés), en el que se entregó a niños de zonas rurales de Etiopía cajas selladas que contenían tabletas precargadas con *software* educativo y una tarjeta de memoria que rastreaba cómo manejaban esa tecnología nueva para ellos.[11] Los gestores del proyecto pensaron que los niños se limitarían a jugar con las cajas de embalaje, ya que probablemente no tenían ni idea de qué eran capaces de hacer los ordenadores, pero se asombraron al ver los resultados.

En cuatro minutos, un niño abrió una caja, encontró el interruptor de encendido y apagado y encendió la tableta. Al cabo de cinco días, todos los niños se sentían cómodos con las aplicaciones. Al cabo de dos semanas, estaban cantando canciones del abecedario. Y al cabo de cinco *meses* habían entrado en el sistema operativo Android. El OLPC había intentado fijar los ajustes de escritorio por medio de un *software* destinado a evitar cualquier cambio, pero los niños lo sortearon. De alguna manera, a través de su propio ingenio, personalizaron sus escritorios para que cada uno presentase un aspecto diferente.

Somos capaces de unos logros increíbles si dejamos de comportarnos como autómatas y empezamos a confiar más en nosotros mismos. Tal vez el OLPC no ha provocado que suban las notas obtenidas en los exámenes, pero su ejemplo demuestra la genialidad innata que hay en cada uno de nosotros.

UNA RECETA PARA EL ÉXITO

El chef y restaurador Jonathan Waxman ha utilizado los valores que le inculcaron en una escuela de cocina tradicional para aportar al mundo de la gastronomía innovaciones notables.[12] Pero no alcanzó el éxito yendo en línea recta, sino que su trayectoria profesional presentó ondulaciones. Su aprendizaje es dinámico.

Nacido en 1950, Waxman creció cerca de Berkeley (California).[13] En el instituto era un trombonista consumado[14] y asistió a la Universidad de Nevada, en Reno, con una beca para cursar estudios musicales. Se especializó en ciencias políticas pero tocó el trombón, su primera pasión, en el curso de su carrera universitaria. Tras graduarse, tocó en orquestas de casino (es de destacar el hecho de que tocó con Sammy Davis Jr.)[15] y se unió a un grupo de *rock*, Lynx, para ganarse el sustento.

Con su cabellera rubia y su reputación como estrella del *rock*, no podía preverse que se adentrase en el muy disciplinado arte culinario.[16] Pero cuando Lynx se disolvió en 1972 en Hawái, Waxman tenía dos opciones «para pagar el viaje de vuelta al continente», como dijo él mismo en plan de broma: vender droga o trabajar en un restaurante. Eligió esto último y le encantó.

Cuando hubo ganado el dinero suficiente para regresar a California, no pasó a trabajar inmediatamente en el mundo de la cocina. Empezó vendiendo Ferraris de día y atendiendo un bar por las noches.[17] Pero pronto entró en contacto con la escuela de cocina Tante Marie, en San Francisco, lo que lo llevó a inscribirse en 1975 en la escuela culinaria La Varenne de París, donde obtuvo el *grand diplôme*.

De entrada, pasar de ser músico a ser chef puede parecer una especie de salto, a pesar de que ambas actividades requieren un temperamento artístico. Sin embargo, Waxman dijo en una ocasión: «Hay una fuerte correlación entre la música y la comida. Pasas mucho tiempo con los preparativos (cortando, picando y descuartizando) antes de cocinar propiamente (o antes de tocar)».[18] En ambas formas de arte lo que más le hacía disfrutar era ir probando cosas distintas, jugar con sonidos e ingredientes. Para subrayar la importancia de probar y jugar en la cocina, una vez comparó el proceso con la creación del clásico minivestido negro de Channel: «¿Cuántas veces tuvo que cortarlo para llegar a la perfección? —nos recordó—. Mil millones de veces, ¿verdad? Ocurre lo mismo con la comida».[19] Así es como se hacen las cosas bien y como pueden llegar a convertirse en iconos (¡al igual que su pollo asado de autor!).

Dos años más tarde, Waxman regresó a los Estados Unidos.[20] Primero trabajó en Domaine Chandon, ubicado en Napa Valley, donde puso a prueba su técnica francesa. Dos años más tarde se trasladó a Chez Panisse para trabajar con Alice Waters y luego pasó a ser el chef ejecutivo del restaurante Michael's, en Santa Mónica, donde fusionó los talentos que le habían enseñado en la escuela con la frescura de sus raíces californianas. Resultó de ello una cocina deliciosa y revolucionaria, hasta el punto de que Dorothy Hamilton, fundadora del Centro Culinario Internacional de Nueva York, se refirió a él como «el padre de la cocina norteamericana».[21]

Si hubieras conocido a Waxman en ese momento de su vida, habrías podido predecir que estaba destinado a una vida de éxito, y hasta cierto punto habrías tenido razón. Cuando se trasladó a Nueva York en 1983, llevó a la costa este su cocina única (basada en ingredientes californianos limpios y frescos, con un toque de sofisticación francesa) y en 1984 abrió el restaurante Jams en la Calle 79. Fue todo un éxito. El plato fuerte era un entrante de pollo a la parrilla con patatas fritas, pero el cebiche de pargo rojo, los pasteles de cangrejo con maíz y salsa de tomate y las diminutas tortitas servidas con salmón ahumado, nata y caviar amarillo de bacalao también causaron sensación.[22] La comida era tan sabrosa (¡a la par que cara!) que Andy Warhol comía en el Jams una o dos veces por semana.[23] Waxman recuerda entrar en su comedor y ver a Woody Allen y a los miembros de la realeza culinaria James Beard, Wolfgang Puck y Julia Child.[24] El músico había transferido sus habilidades creativas a la cocina, y parecía que el «Eric Clapton de los chefs» había triunfado.[25]

Pero la moneda no cayó de ese lado. Con el paso del tiempo, Waxman fue infectado por el virus de la fama: se compró un Ferrari y se hizo conocido por sus noches locas y los lujos que se permitía. Pero cuando la bolsa se vino abajo en 1987, sus costosos menús se volvieron menos deseables y no pudo mantener su estilo de vida.[26] Cerró el restaurante, vendió el Ferrari y regresó a California, donde se enamoró, se casó y tuvo tres hijos. Puso fin así a su idilio con el vino, las mujeres y el canto. Si lo hubieras conocido en ese momento de su vida, podrías haber pensado que también se había acabado su idilio con la cocina. Pasó unos cinco años sin un restaurante propio y pareció desvanecerse de la escena culinaria. Podemos suponer, sin embargo, que había ido almacenando ideas y estaba esperando el siguiente momento «oportuno» para volver a intentarlo.

En 1993 regresó a Nueva York. Viendo su pasado como una serie de lecciones valiosas de las que aprender, saltó de nuevo al tren de la creación gastronómica. Exploró la cocina más allá de la formación clásica que había recibido en Francia, trabajó como consultor en la Ark Restaurants Corporation y abrió el Bryant Park Grill y otros restaurantes, entre ellos el Washington Park y Table 29. En el 2004 abrió el Barbuto, actualmente famoso. La cocina de este restaurante ha sido descrita como «un poco francesa, [...] un poco italiana, con toques griegos» y dotada de una «sensibilidad californiana»,[27] de modo que el Barbuto ha recibido críticas y reseñas entusiastas: el pollo asado ha llegado a ser casi tan legendario como el del Jams, los espaguetis al limón con camarones dulces de Maine se han calificado de «impresionantes», los *buccatini* han recibido elogios por estar «perfectamente al dente» y el pudin de chocolate, cremoso y picante, ha sido aclamado como «la coda* perfecta para el pollo».

A pesar de que el restaurante también recibe golpes críticos (Waxman cambia el menú constantemente, en función de la época del año, y no todos los platos son bien acogidos por la crítica), sigue siendo un icono a los ojos de muchos que celebran el arte de cocinar. Como testimonio de su amor por la cocina y

---

* N. del T.: en música se denomina coda a la «adición brillante al período final de una pieza musical».

la música, abrió el restaurante Adele's en Nashville, actualmente un epicentro bullicioso del negocio musical.[28] Así es como se entreteje la vida cuando no nos mantenemos enfocados y probamos aquí y allá. Sin previo aviso, surgen profundas conexiones.

Waxman es el aprendiz dinámico por excelencia; una estrella del *rock* convertido en cocinero de formación clásica, convertido después en un improvisador que se hunde de cabeza en sus pasiones y se pierde, pero nunca se rinde. Alguien así tiene siempre un lugar adonde ir. Alguien como Waxman, incluso cuando se acerque el fracaso, encontrará de alguna manera lo que se necesita para sortear el peligro justo a tiempo.

Ya sea que esté cocinando una sopa o diseñando un satélite, el aprendiz dinámico no se enfoca en la perfección inmediata. Por supuesto, es mucho mejor que cuente con la suficiente información antes de empezar; pero una vez que ha hecho la primera versión de su obra o producto, la examina. A la hora de elaborar una sopa, confía en sus papilas gustativas e intuye que debe poner menos sal o más caldo en las ollas siguientes. En el caso de un satélite, es posible que descubra un error en el diseño, y acaso construirá la siguiente versión con una programación ligeramente distinta. Entre una versión y la siguiente, la mente recopila la experiencia de la versión anterior y concibe cambios más sutiles. En ambos ejemplos, es probable que no presente el producto terminado hasta haber hecho algunas modificaciones sobre sus primeros resultados.

En el paradigma del aprendizaje dinámico, los errores no son solamente parte del proceso, sino que resultan esenciales para avanzar. No es que la excelencia no sea el objetivo, sino que estamos especialmente decididos a no dejarnos abatir por los errores. Cuando nos desenfocamos para reelaborar algo, retocamos el resultado; efectuamos ajustes que nos permiten seguir siendo competitivos y competentes a medida que avanzamos. Cada error nos ofrece una pista para el siguiente paso, por más accidentado que sea el terreno del viaje del aprendizaje.

RÁPIDOS AL DESENFUNDAR, FUERTES EN ESENCIA

Parece que Jonathan Waxman ha procedido bajo la dirección de su propio genio. A pesar de las vicisitudes de su carrera, ha confiado en su ingenio innato para transitar por su camino. La pregunta es: ¿cómo le ha hablado el ingenio?

Así como tenemos un punto de equilibrio físico, un centro de gravedad que nos mantiene en pie y evita que nos caigamos, también contamos con un punto de equilibrio o centro de gravedad (CG) psicológico.[29] Nuestra originalidad (nuestra voz propia, verdadera) surge de este lugar, al igual que el mecanismo del autocontrol emocional.[30] En contextos de la vida real, acudimos a esta brújula interior cuando no estamos seguros acerca de adónde ir, cómo responder o qué hacer a continuación.[31] Las palabras de ánimo que nos damos a nosotros mismos nos mantienen a flote frente a los comentarios que nos abruman emocional o intelectualmente, procedentes de consejeros o profesores bien intencionados, inversores ansiosos o individuos que nos critican abiertamente.

En otras palabras, el centro de gravedad psicológico nos mantiene firmes y fieles a nosotros mismos a medida que avanzamos por el camino de aprendizaje llamado vida. Jonathan Waxman parece tener bien desarrollado este centro.[32] Creó su propio tipo de comida. Le gustaba, la apreciaba y la defendía. Antes de que los alimentos de la granja a la mesa se pusieran de moda, elogió su superioridad.[33] Cuando la gente se quejaba de sus costosos platos de pollo, justificaba el precio refiriéndose a la calidad fresca de la carne.[34] Y cuando abrió un restaurante Table 29 en Napa en 1991, supo que lo detestaba, escuchó su instinto y regresó a Nueva York.[35] De hecho, solo cuando estamos conectados con nosotros mismos, obrando fuera del aprendizaje tradicional y los límites educativos, podemos expresar plenamente nuestras mayores cualidades.

Otro ejemplo ilustrativo lo ofrecen mis clientes procedentes de un ámbito profesional muy diferente: los corredores de bolsa. Algunos inversores se manejan bien cuando el mercado está inestable y otros salen perdiendo en medio de las turbulencias económicas. A partir de sus diálogos internos (o lo que me dicen en terapia), he observado un patrón: los inversores que funcionan mejor eligen acciones que entienden bien. Se adhieren a su propio estilo de inversión, y cuanto más volátil se vuelve el mercado, más profundamente se adhieren a ese estilo. El hecho de tener activado su CG psicológico les proporciona la estabilidad que necesitan para evitar tomar malas decisiones en medio de los cambios que experimenta el mercado de valores. (En su superventas *Un paso por delante de Wall Street*, Peter Lynch, gestor de mucho éxito de los fondos Fidelity, recomienda una estrategia similar a los no profesionales: que inviertan solamente en empresas cuyos productos usen y piensen que son geniales. El factor clave es uno mismo; el propio criterio).[36]

Los inversores que no se manejan bien tienden a sentirse abrumados por la volatilidad del mercado. Cuando las cosas se ponen difíciles o pasan a estar confusas, se dejan influir por las opiniones de los demás, lo cual va en su propio detrimento. Van por donde sopla el viento, es decir, siguen la última tendencia en materia de inversión. A veces tienen suerte y la inversión que efectúan les sale a cuenta. Pero a menudo, y sobre todo a largo plazo, su falta de conexión con la idea o la tendencia de moda hace que obtengan rendimientos más bajos.

Cuando los grandes inversores van muy adentro de sí mismos para escuchar su instinto, no pierden la conexión con la realidad. Por el contrario, encuentran una brújula interior que les permite navegar por los mares del cambio e incorporan e integran profundamente todo lo que aprenden, de modo que obtienen una comprensión y una confianza mucho mayores a la hora de enfrentar la siguiente dificultad.

La lección que se desprende de todo esto es que si permanecemos en el modo de aprendizaje de la vieja escuela, basado en el enfoque (si estamos siguiendo las instrucciones del jefe o si nos limitamos a estudiar los hechos), es menos probable que escuchemos lo que tiene que decirnos el centro de gravedad psicológico. La mejor manera de aprovechar este, de escucharlo, es activar la RND.[37] Se ha demostrado que meditar, escuchar música y tomarse unas vacaciones mejora la capacidad del cerebro de pensar de forma original en conexión con el centro de gravedad psicológico y de ejercer un mayor control sobre las emociones.[38]

El ejercicio constituye tanto una excelente manera de afinar la activación de la RND como un ejemplo en sí mismo.[39] Casi todas las formas de ejercicio requieren la participación de los músculos abdominales. El calentamiento de esta área clave que se obtiene al tumbarse de espaldas y levantar las piernas de modo que queden perpendiculares al suelo o al hacer la postura de la plancha (también llamada tabla) implica a estos músculos, que protegen el centro de gravedad del cuerpo. Del mismo modo, debemos acudir al desenfoque para mantener el centro de gravedad psicológico activado.

Aunque muchas personas han aprendido a conectarse con su CG psicológico de forma automática, sin necesidad de pensarlo, debes comprometerte a cultivar este sentido del yo y «cazarte» a ti mismo siempre que estés operando fuera de él. El solo hecho de preguntarte si estás o no conectado con tu CG es una manera infalible de localizarlo. Prueba a hacerlo cuando te pierdas en una discusión o cuando debatas contigo mismo sin encontrar la solución. O cuando te encuentres ante una bifurcación en tu camino, es decir, cuando debas tomar una decisión de gran calado relativa a tu vida profesional o personal. En cualquiera de estos casos, pregúntate, dirigiéndote a ti mismo en segunda persona: «¿Estás operando desde tu CG o te estás viendo influido por la opinión o las necesidades de otro u otros individuos?». (Consulta el capítulo 1; en él te hablé acerca del diálogo con uno mismo en segunda persona). Resulta sorprendente constatar cómo esta pausa y este autocuestionamiento deliberados generan confianza y optimismo sea cual sea el camino que uno elija. Y recuerda que también reducen el estrés.

MANIOBRAS DEL CENTRO DE GRAVEDAD: LA REFLEXIÓN Y LAS RELACIONES

En el 2016, el psiquiatra e investigador del cerebro Christopher Davey y sus colegas examinaron cuáles son los circuitos cerebrales que están activos cuando practicamos la introspección,[40] lo cual constituye el primer paso hacia la autocomprensión y la escucha del CG psicológico. Pidieron a noventa y seis participantes que dijeran si podían aplicárseles o no determinados adjetivos. Estos no eran particularmente positivos o negativos y era probable que suscitasen una autorreflexión en los sujetos (se trataba de adjetivos tales como: *escéptico*, *perfeccionista* y *afortunado*).

Según revelaron los escáneres cerebrales, cuando los participantes reflexionaban sobre sí mismos, se activaba su RND. Aunque la ciencia puede decirnos qué regiones en concreto de la RND son responsables de distintas partes del proceso de autorreflexión, la conclusión principal es que dicho proceso se desarrolla a partir del desenfoque.

Conéctate a tu CG psicológico a través del desenfoque y de pronto podrás no solo comprenderte mejor a ti mismo, sino también comprender mejor a los demás. Tres circuitos de la RND se «iluminan» cuando estamos tratando de entender cómo siente otra persona, en qué nos diferenciamos de ella y cómo ve el mundo. En otras palabras, usamos las mismas partes del cerebro cuando escuchamos nuestro CG, tanto si estamos negociando como si estamos formando equipos o anticipando el próximo movimiento de alguien.

EL DIÁLOGO CON NOSOTROS MISMOS CUANDO FRACASAMOS

Cuando fracasamos en algo, tenemos que recomponernos y seguir adelante, aprovechando las valiosas lecciones que se desprendan de ese episodio. Es más fácil decirlo que hacerlo, sobre todo teniendo en cuenta que el cerebro está condicionado en gran medida a escuchar y recordar lo negativo, a responder a las crisis y no a las lecciones que contienen. De hecho, por cada Jonathan Waxman que es capaz de aprender de sus errores y seguir adelante, hay muchas personas que se dejan abatir por los errores que han cometido o los fracasos que han experimentado. Cejan en su empeño y se conforman con otra cosa. Tanto si se trata de algo de menor calado, como terminar un proyecto en la oficina o cocinar un plato nuevo, como si se trata de una decisión de gran envergadura, como elegir una profesión o comenzar una relación, solamente unos pocos afortunados son capaces de sentirse inspirados por sus errores y fracasos. El psicólogo Martin Seligman denomina *desamparo aprendido* al abatimiento que se experimenta a raíz de fallar repetidamente.[41] En 1988, la psicóloga Carol Dweck explicó que la magnitud del fracaso de una persona importa menos que su mentalidad al respecto.[42] Si pensamos que nuestros fracasos nos condenan y deben mantenernos frustrados para siempre (si tenemos una mentalidad fija), no volveremos a intentarlo. Pero si creemos que la inteligencia es maleable (si tenemos una mentalidad de crecimiento), saldremos a flote mucho antes.

Para demostrar que el cerebro está programado para recuperarse de los fracasos, los profesores de Ingeniería David Franklin y Daniel Wolpert identificaron los cinco mecanismos básicos que activa el cerebro en estos casos.[43] Estos mecanismos ayudan al cerebro a «reparar los resortes» que necesita para lidiar con el fracaso. El diálogo interno es el agente que activa todos estos mecanismos, y el resultado es que contamos con más energía y entusiasmo. Puesto que conocemos qué regiones cerebrales corresponden a cada mecanismo, sabemos qué es lo que debemos preguntarnos a nosotros mismos para «reparar los resortes». Con ese fin, he incluido una pregunta clave relacionada con cada uno de los mecanismos.

Este sistema de cinco pasos de «reparación de los resortes» cerebrales hace que pasemos de enfocarnos en el fracaso a abrirnos a la atención. El hecho de preguntarnos «¿qué actualizaciones necesita mi cerebro?» nos permite posicionarnos inteligentemente frente al fracaso. Cuando estamos aprendiendo bajo condiciones de estrés (por ejemplo, después de un tropiezo, cuando bajamos el ritmo, cuando nos encontramos confundidos o cuando topamos con un obstáculo), puede ser que forcemos demasiado uno de los «resortes». El hecho de formularnos las preguntas que se incluyen al final de cada uno de los puntos siguientes nos permitirá «reparar» los distintos resortes correspondientes a cada paso del proceso de aprendizaje del cerebro.

1. Luchar contra la retroalimentación

Obtenemos retroalimentación todo el tiempo, procedente de todo tipo de fuentes: la gente responde, las máquinas emiten pitidos y otros sonidos, nuevos correos electrónicos se amontonan en nuestra bandeja de entrada... La retroalimentación que obtenemos (o que nos damos a nosotros mismos) a raíz de un fracaso puede ser abrumadora y estresante. Desafortunadamente, a un cerebro estresado le cuesta decidir qué es lo importante; piensa que *todo* es importante, incluida la retroalimentación negativa inútil. Necesita nuestra ayuda; tenemos que marcar manualmente la información como relevante (útil) o irrelevante (inútil). Las personas a las que les gusta experimentar y los aprendices dinámicos son expertos en controlar la retroalimentación de esta manera.

Una forma de interactuar con la retroalimentación consiste en hacernos preguntas al respecto, en lugar de aceptarla tal cual. En Brightworks, por ejemplo, uno de los profesores me contó una historia sobre una alumna que se estaba esmerando en hacer una silla. Cada vez que pensaba que la había terminado y que había obtenido un mueble estable, la silla se desplomaba cuando se le ponía peso encima —el mismo objeto le ofrecía retroalimentación en cuanto al diseño y en cuanto a su pericia—. Consternada, miró al profesor con los ojos llorosos. Él no se detuvo en el hecho de que la silla se viniera abajo en cada intento, sino que se centró en el proceso. Le dijo: «Estás un paso más cerca, ya casi lo tienes. ¿Cuál puede ser la solución?».

Gracias a esta retroalimentación no estresante la niña reconoció que, más que hundiendo sillas, estaba haciendo progresos. Así, el «muelle» cerebral del afrontamiento de la retroalimentación negativa quedó reparado. La niña pasó a ignorar el drama de los desplomes y a examinar a qué se debían. Con esta actitud, acabó por construir una silla en la que cualquiera podía sentarse.

Esa niña tuvo la fortuna de contar con un profesor inteligente que la ayudó a luchar contra la retroalimentación negativa procedente del objeto. Pero puedes hacer fácilmente esto mismo por tu cuenta. Ante cada obstáculo con el que te encuentres, pregúntate: «¿Es relevante o irrelevante?». Ello te ayudará a separar la paja del trigo cuando tu cerebro tenga que manejar demasiada información. Muchas veces ni siquiera reconocerás qué es aquello que te hace sentir mal. Pero cuando te des cuenta de que tu cerebro está dramatizando inconscientemente una retroalimentación reciente, podrás etiquetarla de forma apropiada y dejarla a un lado.

Especialmente si estás intentando crear algo (ya sea una receta, una novela o una silla), trata de llevar un diario de *reencarrilamiento* —un cuaderno o un archivo electrónico en el que documentes los cambios que tienen lugar a lo largo del proceso—. Consulta este diario regularmente para apreciar los progresos que seguramente estás haciendo. Esta puede ser una gran manera de estimular tu avance, ya que te ayudará a recordar cada punto en el que se produjo un cambio. También te ayudará a ver las trampas de la retroalimentación antes de que vuelvas a caer en ellas.

Pregunta de autocuestionamiento: «¿Qué retroalimentación irrelevante estoy considerando relevante en este momento?».

QUIENES CREEN SALEN A FLOTE

En el 2006, la psicóloga de la Universidad de Columbia Jennifer Mangels y sus colegas estudiaron qué ocurre en los cerebros de las personas que tienen una mentalidad fija y en las que tienen una mentalidad de crecimiento cuando reciben retroalimentación.[44] Encontraron que en el primer caso el cerebro tiende a explayarse en la retroalimentación negativa, ya sea esperada o inesperada. Y lo que es aún peor, ignora las sugerencias correctivas que se le ofrecen mientras está intentando averiguar qué hacer.

En este estudio, los investigadores empezaron por determinar la mentalidad –fija o de crecimiento– de cuarenta y siete participantes. Después les hicieron una serie de preguntas de cultura general. Los sujetos escribieron sus respuestas y luego puntuaron la confianza que tenían en haber acertado. A continuación les dijeron si habían contestado bien y les dieron las respuestas correctas, todo esto mientras sus cerebros estaban conectados a máquinas que registraban sus ondas cerebrales. Ocho minutos más tarde se les pidió que regresaran para responder de nuevo, por sorpresa, todas las preguntas que habían respondido incorrectamente.

A pesar de haber mostrado un rendimiento similar en la prueba inicial, los sujetos cuya mentalidad era de crecimiento mejoraron mucho en la segunda prueba. ¡Creían que podían mejorar, así que lo hicieron! En el grupo de mentalidad fija, las respuestas de las ondas cerebrales a la retroalimentación negativa fueron mayores, lo cual indica que esos participantes habían borrado los errores con mayor rapidez; no se dieron la oportunidad de rectificar.

2. Eliminar las resistencias

¿Te resulta familiar la sensación de que no avanzas? Hagas lo que hagas, hay algo que te detiene, pero eres incapaz de definir de qué se trata. La miríada de obstáculos que pueden impedir nuestro avance puede dividirse en tres categorías: personas, lugares y objetos. Cuando averiguamos a qué categoría pertenece el obstáculo con el que estamos lidiando, podemos llevar a cabo la *refutación de la resistencia* (o el *control de impedancia*, en términos más formales). Este es el segundo mecanismo que describieron Franklin y Wolpert. Con el tiempo, a medida que discernimos qué se interpone en nuestro camino, los obstáculos se vuelven superables, porque pierden el poder de atemorizarnos.

Supongamos que estás tratando de aprender a usar una nueva plataforma de *software* de gestión en equipo, una tecnología que os permitirá, a ti y a otros empleados, informar sobre lo que estáis haciendo. Pero no hay manera de que puedas asimilar esa información. ¿Cuál es el verdadero problema? ¿Es muy complicada la tecnología en sí (el objeto), hay demasiado ruido o bullicio en la oficina para que puedas concentrarte (el lugar) o te ves intimidado y distraído por la rapidez con que todos parecen estar aprendiendo a utilizar el programa (las personas)? Imaginemos que reconoces que el obstáculo son las personas. Ahora que sabes cuál es realmente el problema, tu estrés y tu diálogo interno negativo empezarán a disiparse y podrás encaminarte hacia la solución.

Para empezar, destina conscientemente un período de tiempo más largo a familiarizarte con el nuevo *software* —concédete todo el día en lugar de los diez minutos que parece tomarse todo el mundo para familiarizarse con él—. Ahora da un paso más y divide el tiempo de aprendizaje que te has otorgado (el día) en fases: quizá antes de la reunión de personal de la mañana intentarás aprender a registrarte y navegar por las pestañas principales.

Antes del almuerzo, aprenderás a introducir tu información rápidamente y a discernir cómo enviarla a personas específicas. Después del almuerzo intentarás enviar un mensaje al grupo. Entre cada fase, resérvate un período de desenfoque para que tu mente sintetice y consolide la información que acabas de dominar. En los quince minutos de tiempo de consolidación puedes salir a tomar un café, leer la primera página del periódico o jugar al solitario en el ordenador. En este tiempo de inactividad desenfocada, tu resistencia a usar el *software* disminuirá, y recuperarás la energía y el optimismo que necesitas para aprender a usarlo. Si tiendes a procrastinar, estos momentos de desenfoque podrán parecerte una pérdida de tiempo, los procrastinadores tienden a querer recompensas inmediatas porque su cerebro no puede soportar la espera. Sin embargo, es exactamente este tipo de desenfoque deliberado el que te proporcionará tiempo para que puedas superar tu resistencia a aprender.

Pregunta de autocuestionamiento: «¿Qué personas, lugares u objetos me están frenando?».

3. Utilizar nuestra capacidad de predicción

Tu capacidad de predecir el futuro es probablemente mayor de lo que piensas. La *predicción sistemática*, como algunos la llaman, es la habilidad de estimar la probabilidad de que ocurra algo por medio de recopilar datos en el presente y aplicarlos al futuro.[45] Incluso si estás utilizando los algoritmos de predicción del aprendizaje automático en un negocio, en algún momento te resultará útil ser capaz de predecir dónde aplicar los algoritmos o dónde hay nuevos mercados. Los investigadores lo llaman *control de la predicción*. Es como adelantarse a los acontecimientos de forma inteligente.

En el 2009, el neurocientífico Moshe Bar escribió un valioso artículo en el que explicaba cómo funciona el cerebro proactivo.[46] Nos recuerda que, incluso si hemos hecho algo muchas veces, cada momento es en realidad una experiencia completamente nueva. Por ejemplo, cada vez que entras en tu coche, ves el asiento del conductor, y aunque ya lo hayas visto antes, este nuevo momento no ha existido nunca anteriormente. A pesar de que no te des cuenta del proceso que tiene lugar (te limitas a entrar y ponerte a conducir), el hecho de ver el asiento desencadena una increíble cascada de pensamientos.

Para empezar, sabes que eso es un asiento de conductor porque, por analogía, tu cerebro remite la entrada visual —lo que ves: el asiento— a una entidad conocida. Una vez que tu cerebro ha averiguado que eso es efectivamente un asiento, crea asociaciones para ti, a partir de tus recuerdos y la comprensión que tienes de la logística de la conducción —por ejemplo, esperas encontrar un posavasos o un volante cerca—. A partir de estas asociaciones, puedes predecir varios aspectos de tu viaje: sabes que podrás girar en la carretera y que tendrás un lugar en el que poner tu vaso.

El cerebro humano está constantemente ocupado en hacer analogías y, tras estas, asociaciones y predicciones. Pero cuando estamos aprendiendo algo nuevo —o difícil, especialmente si el aprendizaje no es lineal, basado en los hechos—, o cuando no estamos seguros de algo y necesitamos aclarar las cosas, la hipervigilancia y el hiperenfoque utilizan los recursos cerebrales para prestar atención solamente a lo que podemos ver. Se cierra el proceso de la predicción, y nos quedamos estancados o confundidos.

Si piensas en ello, nos desenfocamos todo el tiempo con el fin de efectuar predicciones. Utilizamos imágenes de satélite para predecir los patrones climáticos, las erupciones volcánicas, las lluvias que van a provocar deslizamientos de tierra o incluso los brotes de enfermedades infecciosas. En estos casos, nos desenfocamos para ver patrones de la superficie terrestre desde arriba.

Pero también podemos desenfocarnos para atisbar el futuro. Cuando nos atrevemos a formular una predicción, no estamos intentando acertar a ciegas. El acto de predecir se basa en sutiles pistas inconscientes que se unen para formar el vaticinio. Así, podemos predecir las malas inversiones, las consecuencias de bailar *pogo*** o incluso el éxito que va a tener una relación. Sencillamente, pregúntate cómo será el futuro, y después busca en tu cabeza pruebas que apoyen esa opinión.

Al empezar por predecir el futuro, le das al cerebro una diana a la que apuntar. Los empresarios, por ejemplo, suelen tener ante sí un objetivo audaz, el cual constituye una guía para que sus cerebros conciban estrategias en el plano consciente y el inconsciente. Al principio no tienes por qué ceñirte a la razón. Y a veces, cuando estés bloqueado, desenfócate para contemplar el objetivo principal. Tu cerebro averiguará el resto.

La vida consiste en una serie de experimentos satisfactorios que pueden ser modificados a medida que cada nuevo hallazgo arroja luz sobre los anteriores. Tu cerebro está programado para hacer esto si te atreves a ser el investigador principal (el futurólogo) de tu vida. Así pues, ve adelante, establece hipótesis y ponlas a prueba *después* de predecir lo que sucederá. Esto sacudirá tu cerebro y te permitirá saltar directamente sobre los obstáculos que tienes delante.

Pregunta de autocuestionamiento: «¿Qué puedo inferir de la información que tengo hasta ahora?».

---

* N. del T.: Se conoce como pogo (o *mosh*) a un tipo de baile que se caracteriza por los saltos y por desarrollarse a partir de choques y empujones entre quienes lo practican.

4. Equilibrar las ecuaciones cerebrales

Nos gusta pensar que somos conscientes de los pros y los contras de nuestros esfuerzos, pero de hecho nuestros cerebros no están programados para juzgarlos si son infructuosos; solamente vemos nuestros esfuerzos inútiles si nos preguntamos conscientemente: «¿Qué estoy recibiendo a cambio de lo que estoy invirtiendo?». Cuando estamos enfocados y decididos a hacer que una situación prospere, suponemos que ese enfoque y esa determinación justifican el esfuerzo, cuando en realidad pueden ocultar el hecho de que estamos haciendo mucho para no obtener casi nada. A menudo nos olvidamos de hacernos abiertamente esta pregunta y, por lo tanto, podemos permanecer en una relación u organización incluso si hace años que el vínculo ha degenerado. Nos basta con percibir un atisbo de esperanza en la situación para permanecer atados a lo que nos resulta familiar en lugar de cortar por lo sano y seguir adelante. Por supuesto, en otros casos el cerebro abandona el barco, como cuando no estamos psicológicamente tan implicados en algo. Pero ese tipo de reacción excesiva también puede ser un paso en falso.

En este caso el antídoto es, asimismo, el diálogo interno. Pregúntale a tu cerebro si tus esfuerzos valen la pena o si deberías cambiar de rumbo. No supongas que los pros y los contras son siempre evidentes. Pregúntate esto abiertamente en todos los casos, especialmente si ves que bajas el ritmo o no alcanzas tus metas.

Tanto si estás tratando de tener una nueva idea como de hacer que una relación o un negocio funcionen, nunca dejas de aprender. De vez en cuando, mientras actúas según tu estrategia inicial, pregúntate qué es lo que está funcionando y qué es lo que no lo está haciendo. Te sorprenderá descubrir hasta qué punto desperdicias tu energía personal, con qué frecuencia haces cosas por las que no obtienes nada a cambio.

El hecho de pensar abiertamente acerca de los pros y los contras de tu comportamiento te mantendrá alejado de las trampas de la mente, tales como: «Como ya he comprado esa comida poco saludable, debería comerla» o «Voy a quedarme a ver esta película horrible porque ya he visto la mitad». Entender los pros y los contras de las acciones continuadas puede ayudarte a tomar decisiones más fructíferas.

Si operas en términos del viejo paradigma del aprendizaje, puedes pasar tiempo memorizando información, quizá necesites recabar demasiados datos antes de lanzar una nueva idea o tal vez contrates a alguien que te salga barato al principio pero que te cueste toneladas de dinero más adelante. En cada una de estas situaciones, el hecho de preguntarte por los pros y los contras puede hacer que te ahorres mucho tiempo y dinero.

Pregunta de autocuestionamiento: «Si sigo haciendo lo que estoy haciendo, ¿vale la pena mi esfuerzo?».

5. Aprender por medio de sentir y hacer

Aprender imitando modelos y actuando se denomina *aprendizaje sensoriomotor*. Cada vez que llevamos a cabo una acción, avanzamos aprendiendo en tiempo real a través de la experiencia más que del pensamiento. En la facultad de medicina, por ejemplo, cuando teníamos escasez de personal y necesitábamos aprender nuevos procedimientos quirúrgicos, el aforismo habitual era: *mira uno, haz uno, enseña uno*. No perdíamos el tiempo leyendo u observando sin cesar. La acción era el camino hacia el aprendizaje. También era la única manera de asegurar que hacíamos progresos.

Cuando Jonathan Waxman inventó la cocina californiana con acento francés, aquello no fue fruto de una iluminación repentina. Trabajó en ello. Este chef aprende de sus errores. Ve las limitaciones como oportunidades y es famosa su afirmación de que la palabra *sabotaje* no existe para los chefs profesionales: trabajan con lo que tienen.[47] Y no está dispuesto a sujetarse a las viejas tradiciones, sino que, procediendo según su típico estilo experimental, juega con ellas. Tomó lo que había aprendido de la *nouvelle cuisine* –las raciones mínimas de cocina francesa– y adaptó la idea al paladar estadounidense: raciones ligeras en el contexto de los platos norteamericanos clásicos. Modificó el sándwich de beicon tradicional salteando camarones en la grasa fundida del beicon cocido y poniéndolos en la parte superior para conseguir la perfección.[48] La esencia de su forma de proceder es lo que él llama una actitud reaccionaria y revolucionaria:[49] no se limita a aceptar las cosas tal cual. Y también valora la acción.

Cuando Hunter Lewis (actualmente editor jefe de la revista *Cooking Light*) era periodista gastronómico, se acercó a Waxman para aprender sobre el arte culinario.[50] Este le pidió que trabajara en la cocina tan solo un día, pero al ver la torpeza con la que se manejaba, le sugirió una estancia más larga, para que pudiese perfeccionar sus habilidades. Lewis trabajó en la cocina de Waxman durante un año, con el fin de aprehender verdaderamente el arte de cocinar. Hay que reconocerle el mérito por aguantar tanto tiempo. Al final, Waxman quedó satisfecho porque al final del proceso Lewis ya contaba con la experiencia que necesitaba para ejercer bien su profesión.

El aprendizaje por medio de la acción reemplaza al aprendizaje por medio de pensar en exceso. Incluso el hecho de cometer errores puede ayudarnos a efectuar descubrimientos. También es una forma más práctica de aprender, porque se va visualizando el futuro a partir de repeticiones concretas en lugar de hacerlo a través de repeticiones en el ámbito del pensamiento.

Pregunta de autocuestionamiento: «¿Qué acción puede tener el efecto de dinamizar mi cerebro?».

JUNTEMOS LAS PIEZAS DEL AMOR AL APRENDIZAJE

He aquí la síntesis del aprendizaje dinámico. Las cuatro C son *cambiar* de dirección, ser *curioso*, tener *cuidado* con los consejos y, por último, aprender a *convivir* con las máquinas.

CAMBIA DE DIRECCIÓN

En el cerebro humano, la atención se halla sobre un eje metafórico. Cuando estamos concentrados en aprender dentro de un aula tradicional o cuando hemos fijado la mirada en un objetivo específico, estamos enfocados externamente. Estamos utilizando el «tenedor». Hay ciertamente un momento y un lugar para eso, pero no olvidemos la «cuchara». Al girar sobre el eje hacia dentro, al escuchar la propia intuición y el propio CG psicológico, volvemos a conectar con nuestro yo original y nuestro aprendizaje se extiende más allá de los hechos inmediatos. Este cambio de enfoque nos permite bañarnos en el mar de recuerdos, aspiraciones, valores, significados y propósitos que conforman la complejidad de cada uno de nosotros. ¡Y ahí radica la magia!

La atención se vuelca hacia dentro cuando la mente divaga espontáneamente. Pero también podemos planificar nuestro desenfoque intencionalmente, y se sabe que hay unas herramientas psicológicas que pueden ayudarnos a efectuar este cambio.

Una de ellas es la simulación mental, o imaginar cómo nos sentiríamos haciendo o siendo algo.[51] Puedes simular cómo te sentirías en tu empleo ideal, con una pareja ideal o en tu vida ideal. En este tipo de desenfoque también utilizas tu poder de predicción.

Esta fantasía no debe ser breve o casual. Resérvate tiempo para recrearte en ella. En primer lugar, piensa en lo que quieres aprender. Retomemos el ejemplo del aprendizaje del nuevo programa de *software* del que te hablaba en el apartado «Eliminar las resistencias» (página 132). Una forma de prepararte para eliminarlas es recrear lo que realmente deseas. Imagina cómo llegas a dominar el *software*: llamas a un colega para que te enseñe a manejarlo, te reservas una hora dos veces por semana para utilizarlo y visualizas en qué te gustaría colaborar realmente. No te limites a pensar en los pasos; recrea las escenas en tu mente como si realmente estuviesen teniendo lugar.

Tienes la posibilidad de manifestar en voz alta parte de esta simulación mental, o toda ella, hablándote a ti mismo o diciéndole lo que estás imaginando a alguien que esté dispuesto a escucharlo. También puedes elegir un momento en que estés solo para transitar mentalmente por tu objetivo de aprendizaje: cuando estés en la ducha, cuando saques al perro a pasear o cuando te sientas aburrido o no tengas nada que hacer. Cada vez que simulas una situación activamente, estimulas tu CG psicológico.

Cuando recreamos situaciones mentalmente, activamos la RND. Cuanto más específica es la visualización, más significativa es, y más se activa el CG psicológico.

Siempre que te pierdas en el curso del aprendizaje —tanto si estás siguiendo un manual de instrucciones para construir un armario como si estás elaborando una lista de correo electrónico para tu negocio—, recrea en tu mente el resultado que deseas. Sé lo más específico que puedas —visualiza el armario terminado o que los destinatarios están respondiendo–. Esto hará girar tu atención para implicar tu CG y tu poder de predicción en el asunto y te ayudará a motivarte a llegar a la línea de meta.

SÉ CURIOSO

Todos nacemos siendo curiosos. Cuando somos bebés, exploramos llevándonos todo a la boca; cuando somos niños, jugamos a ser personajes imaginarios, y cuando somos adolescentes, hacemos preguntas retadoras, que a menudo desafían los principios de nuestra cultura. A medida que maduramos, sin embargo, nuestra curiosidad da paso a una visión más concreta del mundo.

Pero el aprendizaje mejora claramente cuando tenemos curiosidad. En el 2014, el neurocientífico Matthias Gruber y sus colegas pidieron a diecinueve alumnos que examinaran más de cien preguntas de cultura general.[52] Los estudiantes tuvieron que puntuar lo seguros que estaban de saber las respuestas, así como su nivel de curiosidad general sobre los temas. Algunas de las preguntas los desconcertaron; sintieron curiosidad por algunas, pero no por todas.

A continuación los investigadores utilizaron imágenes por resonancia magnética funcional (IRMf) para ver el flujo sanguíneo del cerebro de todos los alumnos. Mientras permanecían tumbados en el escáner, se les mostró a todos el mismo conjunto de preguntas. Luego, tras un lapso de tiempo se les mostraban las respuestas. Mientras anticipaban cada una de ellas, aparecía la fotografía de un desconocido en la pantalla. Era un estímulo incidental, en el cual no se suponía que debían reparar especialmente. Esta secuencia se repitió ciento doce veces.

Después de la exploración con IRMf, a cada alumno se le dio un cuestionario sobre las respuestas a las preguntas y el recuerdo de las caras. Como era de esperar, los alumnos recordaron en mayor medida las respuestas correspondientes a las preguntas que habían suscitado su curiosidad (el 71 % de ellas, mientras que solamente recordaron el 54 % de las respuestas correspondientes a preguntas que no habían despertado su interés). La curiosidad acerca de las preguntas activó el sistema de recompensa del cerebro y probablemente facilitó el aprendizaje. Cuando las preguntas no suscitaban curiosidad, las respuestas se olvidaban fácilmente.

Pero el hallazgo más sorprendente fue que los estudiantes fueron más capaces de identificar los hechos secundarios (los rostros de los extraños, por ejemplo) cuando sentían curiosidad que cuando no la sentían. Este efecto persistió un día después. Se evidenció una mayor implicación de la memoria a largo plazo (el hipocampo) cuando los estudiantes experimentaron curiosidad, lo cual los ayudó a recordar los rostros. El mero sentido de la anticipación bastó para que su memoria se incrementara.

Cuando algo nos interesa, es más probable que lo recordemos. Cuando sentimos curiosidad, el cerebro se aplica para asegurarse de que no vamos a recordar solamente lo que nos interesa, sino también cualquier otra cosa que aparezca más o menos en el mismo momento. Muchos innovadores aprovechan esta ventaja adicional: recuerdan y conectan partes sorprendentes de sus descubrimientos porque están incentivados por la curiosidad. Y pueden manejar la tensión y las sorpresas con las que se encuentran como fruto de su curiosidad porque están conectados a su centro de gravedad psicológico.

TEN CUIDADO CON LOS CONSEJOS

Vivimos en un mundo de consejeros. Padres, profesores, expertos en autoayuda, gurús financieros, asesores de compras y cónyuges ofrecen voluntariamente sus puntos de vista y opiniones. Es probable que tú también lo hagas; al fin y al cabo, opinar y aconsejar es un comportamiento muy humano. Sin embargo, dar y recibir consejos no es algo tan inocuo como podríamos pensar.

Para empezar, hablemos del hecho de dar consejos. En el 2015, el psicólogo Dean Mobbs y sus colegas estudiaron el cerebro de varios asesores.[53] Encontraron que cuando las personas dan consejos que son aceptados y conducen a mejorar la vida de los demás, se activa el sistema de recompensa de sus cerebros. Sin embargo, los cerebros de estos mismos asesores no experimentaron la sensación de recompensa cuando los consejos que dieron fueron rechazados o cuando alguien más dio consejos a las personas a las que habían asesorado. Parece que queremos que sean nuestros propios consejos los que conduzcan al éxito a quienes los han recibido. Pero incluso a nivel inconsciente nos preocupa más que la gente acepte nuestros consejos que el hecho de que salgan ganando como resultado de ello. Por más bienintencionados que sean, deberías recibir los consejos de los demás con muchas precauciones.

Y ¿qué cabe decir del hecho de ser aconsejado? En el 2009, el neuroeconomista Jan Engelmann, de la Universidad Emory, y sus colegas utilizaron imágenes cerebrales para examinar lo que ocurre en los cerebros de quienes toman decisiones financieras.[54] Los participantes debían elegir entre rompecabezas financieros, en los que las opciones con posibilidades de ganar eran evidentes, y loterías, con diferentes opciones aleatorias. Tenían que calcular las probabilidades de éxito antes de tomar una decisión. En la mitad de los ensayos, un economista experto les dio consejos al respecto. Cuando los sujetos los recibieron, las regiones de sus cerebros implicadas en el proceso de valoración permanecieron inactivas. Pero cuando el experto *no* les dio sus consejos, las regiones del cerebro implicadas en la valoración participaron activamente en el proceso de averiguación.

Así pues, el asesoramiento por parte de los expertos sustituye a la valoración activa por parte del cerebro. Cuando damos consejos a alguien, la persona los escucha pasivamente pero no los procesa o absorbe activamente. Es decir, aceptar ciegamente un consejo no contribuye a estimular el pensamiento. Es lo contrario de lo que ocurre cuando descubrimos las cosas por nosotros mismos. Así que escucha los consejos de los demás, pero asegúrate por todos los medios de ponderarlos. Antepón tu propio proceso de descubrimiento.

Más que escuchar consejos, es preferible experimentar, como en el caso de la niña de Brightworks que construyó la silla, o como en el caso de Jonathan Waxman, que aprendió a través de la acción (y las meteduras de pata) en la cocina. Cuando controles la retroalimentación y te comprometas a «sentir y hacer» en lugar de pensar demasiado, aprenderás mucho más eficazmente.

APRENDE A CONVIVIR CON LAS MÁQUINAS

Las máquinas están ganando terreno en el ámbito laboral. Y no se trata solamente de los dispositivos móviles y de que los ordenadores sean cada vez más rápidos. Se están fabricando robots destinados a sustituir innumerables puestos de trabajo. Es probable que incluso el tuyo esté en riesgo de desaparecer. Esto afecta a lo que decidimos aprender y a la forma en que elegimos aprenderlo, y también a la manera en que nos definimos desde el punto de vista profesional.

Vinod Khosla, cofundador de Sun Microsystems, cree que las máquinas acabarán por reemplazar al 80 % de los médicos:[55] «El aprendizaje de las máquinas –señala– integra mucho mejor que el ser humano grandes cantidades de datos y proporciona diagnósticos mucho más precisos». Por supuesto, la gente puede preferir la calidez del contacto humano con el médico, pero tal vez esto no sea siempre así. En el 2016, el investigador australiano Matthew Winter encontró que las personas que se están preparando para someterse a una intervención quirúrgica de extracción de cálculos renales prefieren ver una animación en vídeo en la que un médico narra un procedimiento de preparación que tener un encuentro cara a cara en la consulta.[56] Esto tiene implicaciones en cuanto a la forma en que los médicos aprenden su profesión y piensan acerca de ella. Aquellos que están en período de formación quizá deberían dejar de poner el acento en los diagnósticos y, en lugar de ello, aprender a evaluar los errores de las máquinas o mejorar la capacidad de diagnóstico de estas. Y en lugar de enfocarse en su manera de comportarse con el paciente que está en cama, tal vez sea oportuno que aprendan a grabar mensajes claros con el objeto de preparar a los pacientes que van a someterse a una operación. Y un médico empresario que tenga la mentalidad del aprendizaje dinámico tal vez se dé cuenta de que compilar este tipo de vídeos puede llegar a constituir una oportunidad de negocio importante.

No es solo la clase médica la que se verá afectada. Investigadores de la Universidad de Oxford estiman que en las próximas dos décadas el 47 % de los empleos de los Estados Unidos estarán automatizados.[57] El Foro Económico Mundial predice que hacia el año 2020 los robots reemplazarán cinco millones de empleos.[58] Muchos trabajos de «oficina y administración» serán asumidos por máquinas, aunque otros sectores también se verán afectados. Por tanto, ¿qué harás cuando ya no exista el puesto de auxiliar administrativo, y de qué otras maneras podrás aplicar tus habilidades organizativas? Tendrás más posibilidades de cambiar de trabajo e inventar uno nuevo si no defines estrictamente tu identidad laboral y si eres más flexible al aprender, es decir, si conectas con tu ingenio y tu centro de gravedad psicológico.

También se verán afectados empleos del sector de los servicios. Tech-No-Logic ha creado un robot que puede cocinar: toma ingredientes de distintos recipientes y prepara la comida siguiendo las instrucciones de la receta elegida, alojada en una aplicación.[59] Momentum Machines ha diseñado un robot multitarea que puede hacer y voltear hamburguesas en diez segundos.[60] Pronto será capaz de reemplazar a todo el personal de McDonald's. Es por eso por lo que se habla tanto de la necesidad de incrementar las propias habilidades: porque las máquinas se harán cargo de los trabajos más fáciles. Será clave proceder al aprendizaje dinámico de nuevos roles laborales utilizando para ello todos los resortes del cerebro.

Aprender a vivir con las máquinas y a cultivarse junto a ellas requerirá un nuevo marco mental de aprendizaje, que nos permita competir con las máquinas en los ámbitos en los que sea relevante y también trabajar junto a ellas. Será determinante que sepamos acudir a nuestro ingenio (nuestra inteligencia original, nuestras habilidades no aprendidas), el cual deberemos aplicar en el contexto de la comunidad de máquinas que están cada vez más conectadas entre sí y con nosotros.

El empresario británico Kevin Ashton acuñó la expresión *Internet de las cosas* para describir la forma en que, en nuestro nuevo mundo feliz, las máquinas están cada vez más conectadas con nosotros.[61] Podemos controlar la puerta del garaje desde una ubicación remota y ver a los niños en casa mientras estamos en el trabajo. La distancia, que antes constituía un obstáculo para la conexión, ya no es relevante en nuestro mundo inalámbrico.

Más que nunca, debes darte cuenta de que nuestros cerebros forman parte del Internet de las cosas. Después de todo, están cableados con circuitos eléctricos, como cualquier otro dispositivo. Se pueden activar o se pueden poner a descansar. Con sus circuitos eléctricos y sus sistemas de información zumbadores, están configurados para conectarse con el mundo de los dispositivos y con los lugares de almacenamiento de información externa. Este solo hecho está cambiando nuestros cerebros y nuestra forma de pensar y actuar.

En el 2010, uno de los cofundadores de Google, Sergey Brin, dijo: «Queremos que Google sea el tercer hemisferio de tu cerebro».[62] ¡Ten la seguridad de que no ha inventado un nuevo tipo de matemáticas en las que *hemi* significa 'tres'! Quería decir que los humanos podían pensar en Google como en una manera de aliviar el estrés que supone almacenar tantos datos en el cerebro. Estaba sugiriendo que descargáramos el almacenamiento de la información en los sitios a los que Google nos llevaría y que liberásemos nuestras máquinas de pensamiento (nuestros cerebros) para otras cosas.

En otras palabras, utiliza el espacio que liberes en tu cabeza para usar los resortes del cerebro de manera más efectiva, o para conectarte con tu centro de gravedad psicológico y con tu ingenio. Toma la iniciativa y maneja esta dinámica conscientemente. Pregúntate qué es lo que puedes automatizar (cómo puedes trabajar en equipo con las máquinas), qué es lo que puedes dejar en manos de la tecnología (lo que puedes delegar en las máquinas) y de qué tipo de tecnología no hace falta que dependas tanto (cómo puedes administrar mejor el tiempo que pasas con las máquinas). Además, observa cómo están conectadas formando una comunidad. ¿Estás tan conectado con otras personas como lo están las máquinas entre sí?

Aplicando los principios del aprendizaje dinámico te adaptarás a la velocidad del cambio, corregirás el rumbo cuando sea necesario usando los resortes de tu cerebro y, sobre todo, utilizarás tu brújula y tu consistencia internas para activar tu ingenio innato. Las máquinas serán siempre mejores a la hora de ser máquinas, pero cuando se trata de ser humano, tú tienes todas las de ganar.

EL APRENDIZAJE DENTRO DE LA MENTALIDAD BASADA EN EL ENFOQUE	EL APRENDIZAJE DENTRO DE LA MENTALIDAD NO BASADA EN EL ENFOQUE
Si te pierdes durante el aprendizaje, te enfocas en señales externas para retomar el hilo.	Cuando te pierdas, vuélvete hacia tu brújula interior y pregúntate: «¿Quién soy?». Que tu principal guía sea tu propio ingenio.
Respondes a la retroalimentación, tanto la positiva como la negativa.	Examina la retroalimentación detenidamente, con mentalidad de crecimiento; cuestiona su relevancia.
Para mayor agilidad, sigues la filosofía de fracasar rápido y aprender del fracaso.	No puedes fracasar rápido y aprender de ello si no reactivas los resortes del cerebro. Así pues, cultiva el diálogo interno para permanecer ágil.
Basas las próximas acciones en las pruebas y los datos.	No solo actúas a partir de los datos, sino que también los creas. Por lo tanto, simula e imagina soluciones.
Las máquinas están separadas de ti.	Tu cerebro forma parte del Internet de las cosas.

DOMINAR LA MULTITAREA

La simultaneidad [...] es la propiedad de toda gran poesía.

LeRoy C. Breunig

Cuando estamos haciendo dos o más cosas al mismo tiempo (leyendo el correo electrónico y hablando por teléfono, por ejemplo), estamos *multiatareados*. Cuando estamos tratando de realizar múltiples actividades en un mismo día (como acabar de elaborar un informe mientras atendemos las necesidades de nuestro cónyuge enfermo), también estamos multiatareados. También lo estamos si realizamos dos actividades durante un período prolongado de tiempo, como seguir con el actual empleo mientras ponemos en marcha otro negocio. Puede ser que ambas actividades exijan la misma dedicación por nuestra parte, lo cual puede requerir que dividamos constantemente la atención entre ellas.

Aunque muchas personas llevan puesta como una insignia de honor su destreza con la multitarea (para ellas representa que son especialmente productivas), sus logros a corto plazo a menudo son dudosos. Incluso si finalizamos las múltiples tareas que iniciamos, la mayoría de las veces la multitarea nos deja exhaustos; la linterna de la atención cerebral se queda sin pilas y, como resultado, el camino que tenemos delante puede parecernos confuso o poco iluminado. Lo llamo *síndrome del cerebro inestable*, pues estamos desconectados de la influencia tranquilizadora de la RND.[1]

El estudiante de doctorado Kep Kee Loh y el neurocientífico cognitivo Ryota Kanai han descrito recientemente este fenómeno a raíz de su estudio realizado con profesionales de la comunicación multiatareados (personas que, pongamos por caso, escriben mensajes de texto mientras ven la televisión y navegan por Internet al mismo tiempo).[2] En el caso de los sujetos que se aplicaban en la multitarea, el detector de conflictos del cerebro (la corteza cingulada anterior o CCA) presentaba menos densidad, en cuanto a materia gris, que en el caso de las personas que usaban un solo dispositivo a la vez. Era como si la multitarea hubiese engullido tejido cerebral en esa región. Para empeorar las cosas, cuanto más multiatareados estaban los sujetos, menos conectada estaba la RND a la CCA. Como resultado, la carga de muchas tareas daba lugar a conflictos insoportables. En términos simples, el resultado era la confusión, la incomodidad y el olvido, y, en la medida en que trataban de permanecer enfocados, una *menor* atención.

Para poner un ejemplo, piensa en el cocinero de un establecimiento de comida rápida: debe tener muchos pedidos a la vez en la cabeza y echar ojeadas a las notas donde constan los nuevos que van llegando mientras casca huevos, da la vuelta a las tortitas, vigila las patatas fritas, corta verduras, fríe beicon y salchichas y prepara hamburguesas, y, en los pocos momentos de pausa que puede permitirse, incluso hace los pedidos de suministros. Cualquier anfitrión de la comida de Navidad sabe que manejar la mitad de esa complejidad puede conducir rápidamente al desgaste (y a prometerse que dejará que sea otro quien se encargue del evento el próximo año). No es de extrañar que el cocinero típico de los establecimientos de comida rápida sea un personaje malhumorado.

Pero algunos de estos cocineros *no* se sienten confundidos por la avalancha de tareas que tienen entre manos. Si alguna vez has echado un vistazo por la ventana de la cocina o por las puertas de vaivén que hay detrás del mostrador, los habrás visto: fascinantes como los magos, parecen sincronizados con todas las tareas que deben abordar. Puede ser que estén un poco sudorosos, pero se mantienen emocionalmente imperturbables; conservan la calma en medio de frenesí y pasan de una actividad a otra sin problemas.

Encontramos esta misma habilidad en la enfermera que, permaneciendo tranquila, selecciona a los pacientes en una sala de urgencias en la que reina el caos; y podemos verla en muchas personas que prestan primeros auxilios en los lugares donde ha habido un desastre. La misma habilidad en relación con la multitarea es necesaria para dirigir, en directo, las múltiples cámaras de televisión que enfocan un programa: el realizador tiene que gestionar muchos monitores al mismo tiempo, asegurarse de que el apuntador electrónico está funcionando, decidir qué ángulo resaltar en un momento dado y cuándo añadir gráficos o información en la parte inferior de la pantalla…, ¡todo ello mientras está obteniendo retroalimentación por medio de unos auriculares y dando instrucciones a través de un micrófono!

¿Cuál es la diferencia entre un cocinero de comida rápida, una enfermera, una persona que presta primeros auxilios o un realizador que acaba agotado al final de su turno y sus homólogos que incluso podrían dirigirse a la cama silbando tranquilamente cuando llega el amanecer? El primer tipo de personas son ejemplos del individuo multiatareado clásico: puede cumplir con su cometido, pero con el «pelo en llamas». El segundo tipo de personas son individuos *superatareados*: su constitución neurológica es más fluida y, como resultado, sus actos son más productivos.

Algunas personas parecen configuradas para la supertarea. Los psicólogos Jason Watson y David Strayer estudiaron el comportamiento de doscientos individuos enfrentados a un simulador de conducción;[3] debían conducir detrás de un automóvil que frenaba constantemente, por lo que tenían que estar en alerta máxima para evitar chocar. Era como estar en una retención de tráfico en que los coches están constantemente avanzando y deteniéndose.

Luego, en la parte multitarea del estudio, los participantes tenían que resolver problemas aritméticos simples al mismo tiempo que conducían. Mientras estaban en ello, se les mostraban entre dos y cinco palabras, que tenían que intentar recordar. ¡Imagínate haciendo esto mientras estás conduciendo entre el tráfico!; es algo que requiere más atención que hablar despreocupadamente por el teléfono móvil.

Este estudio mostró que, para la mayoría de la gente, hacer dos cosas a la vez es casi imposible, lo cual no es de extrañar. Sin embargo, el 2,5 % de los sujetos no tuvieron la misma respuesta que el resto. Su conducción no solo no se vio afectada por la multitarea, sino que algunos de ellos incluso condujeron mejor.

Tanto si uno nace con las conexiones neurológicas necesarias como si no, está claro que cierta cantidad de práctica puede estimular la capacidad de manejarse con la supertarea. Tú mismo lo has experimentado en tu vida: cuantos más malabarismos has hecho entre dos responsabilidades (o más), menos te ha costado mantener esas bolas en el aire. Si no ha sido este el caso, te has dado cuenta de que podía ser hora de cambiar de trabajo (el cocinero, la enfermera, el empleado de los servicios de emergencia o el realizador que no logren manejarse mejor con el tiempo pueden llegar a esta misma conclusión). Pero ¿qué tal si no tuvieses que pasar horas, meses o años practicando para adquirir la habilidad neurológica de la multitarea?

EL MAESTRO DE LA MULTITAREA DE HOLLYWOOD

El presentador, productor y empresario Ryan Seacrest destaca incluso en Hollywood, donde el ritmo es frenético y los focos nunca se apagan. Su trabajo es muy respetado en todo el sector; ha sido nominado varias veces para los premios Emmy, y en el momento de escribir estas líneas incluso ha ganado uno. Tan inquieto como una palomita de maíz en una sartén caliente, ha sido bautizado como «el maestro de la multitarea de Hollywood».[4] El presentador de televisión Jimmy Kimmel resumió bien su talante cuando dijo en plan broma: «Sé por qué la tasa de desempleo está por encima del 8 %: es por culpa de Ryan Seacrest».

La mayor parte de los días, Seacrest presenta un programa de radio, *On Air with Ryan Seacrest*, de seis a diez de la mañana. Durante el resto de la jornada, ejerce de productor ejecutivo de ocho programas televisivos (entre ellos varios *reality shows*), y hasta el 2016 fue también el presentador de *American Idol* (un programa de telerrealidad enfocado en la búsqueda de cantantes estrella).

Además, ha puesto en marcha una línea de ropa y supervisa su labor filantrópica, destinada a niños gravemente enfermos y heridos. De alguna manera, da la impresión de que está en muy buena forma, iy se dice que también encuentra tiempo para tener citas![5]

A primera vista, parece inconcebible que alguien pueda vivir como Seacrest. Sin embargo, los estudios muestran que aprender el arte de la supertarea puede hacer que los demás también podamos realizar muchas actividades con la misma facilidad que él.

Sabemos lo que funciona bien en el cerebro de un individuo superatareado.[6] En esencia, el cocinero, la enfermera o el director de escena superatareados han aprendido a dotar a su cerebro con la capacidad adecuada para recordar, filtrar y manejar información variopinta. Utilizan diversas estrategias de entrenamiento mental para hacer conexiones neurológicas donde no había ninguna, para evitar los pensamientos y las acciones redundantes y para llegar a ser multiatareados más eficientes y menos propensos a agotarse (superatareados). Sabemos que el ritmo cognitivo proporciona las mejores condiciones para abordar la supertarea, independientemente de las actividades específicas que la persona deba combinar.[7] El denominador común de las estrategias mencionadas es que todas ellas recurren al poder del desenfoque.

LA DISOLUCIÓN DEL ESTRÉS

El estrés no es siempre negativo. Un poco de estrés —denominado *eustrés*— siempre va a ser necesario para motivarnos a acabar las tareas.[8] Pero más allá de cierto punto, el eustrés se convierte en *distrés*, que origina un caos en el cerebro, altera el funcionamiento de la RND e interrumpe el ritmo cognitivo.

Un estudio reciente comparó dos grupos de estudiantes de Medicina:[9] un grupo optaba a la residencia –una coyuntura especialmente estresante en la carrera médica– y el otro grupo aún no se encontraba en ese momento y, por lo tanto, estaba menos estresado –sin duda, sus miembros se sentían cansados, pero esto ya era de esperar–. En comparación con la de los estudiantes menos estresados, la RND de los que optaban a la residencia no estaba bien conectada con el resto del cerebro. Se hallaba fuera del circuito. Además, los centros de conflicto de sus cerebros perpetuaban el caos interno. Y es que cuando estamos continuamente al pie del cañón (esperando, nerviosos, anticipando, preguntándonos qué va a pasar), obtenemos el caos y la fatiga como resultado. Este es un patrón clásico del cerebro *multiatareado*, no del *superatareado*.

Se pueden hacer muchas cosas para reducir el estrés.[10] El ejercicio y la meditación son recursos populares y eficaces, y ambos han demostrado que pueden normalizar la función de la RND para que el cerebro recupere el ritmo cognitivo.[11] Alternativamente, se puede utilizar el diálogo interno para pasar a concebir las tareas como *un período intenso que terminará pronto* o como un *período intenso en el que practicar para ser alguien superatareado* (por oposición a multiatareado).[12] Esto desactivará la amígdala y reavivará la RND, lo cual constituye la receta para recuperar el ritmo cognitivo.[13]

Ahora bien, cuando uno ya tiene un millón de cosas entre las que hacer malabarismos, algo que no se le ocurrirá hacer (probablemente) será *añadir* otra tarea a su día. Sería ilógico, ¿verdad? Sin embargo, funciona, siempre que esta actividad sea divertida y alegre; siempre que saque la mente de la creciente lista de tareas pendientes. Cuando uno se entrega a ella, el cerebro responde con un metafórico suspiro de alivio.[14] (Esta es la razón por la que empresas como Google proporcionan juegos, deportes y recursos gimnásticos a sus ambiciosos y superatareados empleados. Los directivos saben que los períodos de desenfoque pueden ayudarlos a administrar mucho más eficazmente su jornada laboral).[15]

Si te gustan los videojuegos, te interesará saber acerca de la investigación llevada a cabo por el neurólogo cognitivo E. L. Maclin.[16] Él y sus colegas entrenaron a los participantes para que se aplicasen en la multitarea mientras jugaban a un videojuego llamado Space Fortress, y encontraron que aquello incrementaba la potencia de las ondas alfa de los sujetos (estas ondas son una de las frecuencias del desenfoque). Una vez que estaban en alfa, les resultaba más fácil hacer varias cosas a la vez; era como si nadasen en aguas tranquilas en lugar de hacerlo en un mar tempestuoso. El hecho de estar más en modo alfa restaura el cerebro, lo cual permite cambiar el foco de atención con mayor facilidad (un sello distintivo de la supertarea).

No hay reglas fijas y generalizables en cuanto a la frecuencia con la que llevar a cabo la actividad de desenfoque. En mi caso, cuando estaba en la facultad de medicina, una pausa corta en la que me sumergía en algo divertido o entretenido después de un período de estudio sostenido de cuarenta y cinco minutos me permitía mitigar el estrés. Durante esta pausa, salía a caminar afuera o charlaba con los amigos. Tú tendrás tu propio límite en cuanto a la capacidad de sostener el enfoque, y esta capacidad variará ligeramente según lo que estés haciendo. Podemos concebir que el estrés es como la deshidratación: del mismo modo que beber sorbos de agua durante todo el día puede evitar que estemos sedientos, concedernos pequeños descansos puede evitar que el estrés nos pase factura.

Quiero dejar claro que no te estoy sugiriendo que abandones la barra si eres un cocinero de comida rápida o que te quedes pensando en las musarañas en medio de la jornada laboral. Pero antes de llegar al lugar de trabajo y a lo largo de los días en que debas abordar múltiples tareas, añade una actividad que no tenga que ver con las demás y que requiera poco esfuerzo por tu parte. Te ayudará a calentar tu RND y a relajarte. Una vez que tengas el cerebro relajado, tu «regulador de velocidad automático» se situará a otro nivel.

LA VENTAJA DE LA EDAD

Si estás pensando que la ejercitación en la supertarea es para las personas jóvenes y ágiles, te vas a llevar una agradable sorpresa: la edad *no* limita necesariamente los *efectos* de este entrenamiento. En el 2013, el kinesiólogo Joaquín Anguera y sus colegas usaron un videojuego tridimensional, *NeuroRacer*, para ejercitar en la supertarea a los participantes.[17] Los resultados mostraron que los hombres y las mujeres que tenían entre sesenta y ochenta y cinco años rindieron mejor en la supertarea que los veinteañeros que no estaban entrenados en el juego. Por supuesto, si se hubiese entrenado a los veinteañeros, es probable que hubiesen aventajado a los mayores, pero la cuestión es que por medio de la ejercitación se pueden revertir las carencias relacionadas con la edad en el ámbito de la multitarea.

LLAMAR A NUESTRO SOCIO SILENCIOSO:
EL INCONSCIENTE

El cerebro inconsciente es un socio silencioso pero poderoso del cerebro consciente a la hora de manejarse en el mundo. Esta alianza entre la mente consciente y la inconsciente tuvo lugar mucho antes de la llegada de la era de la psicología del procesamiento de la información (nuestra era).[18] Por ejemplo, a finales del siglo XIX, las figuras públicas cultas estaban fascinadas por el fenómeno conocido como *escritura automática*, durante el cual la gente podía, presuntamente, escribir prosa mientras realizaba otras tareas. Quienes podían hacer esto (por ejemplo, George Hyde-Lees, esposa del poeta William Butler Yeats)[19] afirmaban sentirse como si estuviesen poseídos por algo y, en este estado de disociación, esa fuerza «exterior» los impulsaba a escribir. Incluso sir Arthur Conan Doyle, el creador de Sherlock Holmes, pensaba que era esto lo que ocurría.[20] Pero la psicóloga Wilma Koutstaal explicó que este fenómeno, muy real, está probablemente relacionado con procesos cerebrales automáticos, en los que se pasa de la intención consciente a un estado de conciencia en que los recuerdos y la comprensión se activan automáticamente en el cerebro —al tener una tarea menos por «hacer», podemos enfocarnos en otras cosas—.[21]

La idea de cambiar voluntariamente el estado mental para que pueda activarse algo automático tal vez suene desafiante, como mínimo, pero en realidad hacemos esto todo el tiempo, aunque no seamos conscientes de ello.[22] Cuando nuestros ojos ven la mano de un colega extendida para que podamos estrechársela, nuestro cerebro registra esa imagen, pero también conduce nuestra mano hacia el apretón; no nos limitamos a mirar la otra mano. Un proceso consciente nos permite *ver* la mano de nuestro colega y un proceso inconsciente *dirige* nuestra mano para que no tengamos que mirar a su destino (el apretón por parte de nuestro colega).

En este escenario, la visión y la conducción están manejadas por sistemas de cableado visual diferentes.[23] La *visión* es un acto consciente que implica la corriente visual ventral (un puñado de neuronas que van de los ojos al cerebro). La *conducción* es un acto inconsciente manejado por la corriente visual dorsal (una cantidad de neuronas que también conectan los ojos y el cerebro, detrás de la corriente ventral). Ambos sistemas de cableado van a distintas partes del cerebro para que podamos ver la otra mano y dirigir la nuestra al mismo tiempo. Ver demasiado y no conducir nuestra mano haría que nos quedásemos mirando la mano de nuestro colega (¡lo cual daría una impresión extraña, como mínimo!). Por otra parte, un exceso de conducción combinado con una carencia de visión haría que nuestra mano no llegase a su destino. Las personas que no son capaces de funcionar con la supertarea carecen del equilibrio adecuado entre la visión y la conducción —más concretamente, no confían en sus neuronas guía—. Quedan atrapadas en los detalles de una tarea (metafóricamente, se quedan mirando la mano extendida) en lugar de relajarse lo suficiente como para dejar que el inconsciente haga su trabajo.

EL MIEDO A LO DESCONOCIDO

El cerebro inconsciente contiene una mezcla de emociones y experiencias intimidantes.[24] La ira, el miedo, los impulsos sexuales, la soledad, la necesidad, los sentimientos de abandono..., en definitiva, aquello que no queremos que sea demasiado visible, vive en el inconsciente. Son vecinos del sistema de conducción inconsciente, la parte «menos controvertida» de la mente inconsciente. El hecho de saber que estos elementos habitan unos al lado de los otros tiende a hacer que seamos reticentes a soltar el enfoque. Si lo soltamos y, por lo tanto, agitamos la mente inconsciente, puede ser que destapemos esa mezcla de emociones sin querer.[25] Pero si no corremos este riesgo, nuestro «yo consciente» intentará abordar la supertarea. Esto es como frenar en el momento de tomar una curva en lugar de poner el pie en el acelerador: no solo se desgastarán los frenos, sino que también puede ser que nos salgamos de la carretera. Debes atreverte a hacer zambullidas en la totalidad de tu piscina inconsciente (la cual contiene lo bueno y lo malo), pues ello te ayudará a manejarte con mayor fluidez con la supertarea.

Una forma de activar el cerebro inconsciente y liberarse de las garras del enfoque es garabatear distraídamente.[26] Como ya hemos visto, la distracción voluntaria (aquella en la que llevamos a cabo una actividad lúdica o relajante) activa la RND y quita de en medio al cerebro enfocado, consciente.

Si te reservas un tiempo para garabatear, te descubrirás dibujando contenidos aparentemente aleatorios, aunque probablemente no lo sean tanto como parezca. La psicoanalista y pionera de los diarios introspectivos Marion Milner ha encontrado que garabatear anula las obstrucciones conscientes y permite que el yo inconsciente entre en escena.[27] Los símbolos que dibujes reflejarán los tejemanejes de tu cerebro subterráneo.

El psicólogo Robert Burns también ha estudiado los garabatos durante gran parte de su vida.[28] En una entrevista publicada en *Register* (una web británica de tecnología, noticias y opinión) dijo que revelan mucho sobre el funcionamiento interno de la mente. Señaló que así como un electroencefalograma, cuando está conectado al cerebro por medio de electrodos, registra la actividad cerebral en un osciloscopio, garabatear puede revelar igualmente la actividad cerebral, si bien en este caso lo que está conectado al cerebro son las manos.

Si tienes dudas acerca de si deberías garabatear en el trabajo con el fin de funcionar como un individuo superatareado, ten en cuenta que, en el 2007, veintiséis de los cuarenta y cuatro presidentes de los Estados Unidos habían admitido en su momento que hacían garabatos.[29] Así pues, es un buen recurso si tienes un trabajo que exija que seas alguien superatareado. El pintor, grabador y teórico del Renacimiento alemán Alberto Durero también garabateaba, al igual que el prolífico escritor ruso Fiódor Dostoyevski.[30]

De hecho, Dostoyevski observó cómo la mente consciente puede interponerse en el camino en sus *Notas de invierno sobre impresiones de verano*: «Intente imponerse la tarea de no pensar en un oso polar y verá cómo el maldito animal le viene a la mente a cada momento».[31] Ya en 1863, reconoció que el pensamiento consciente y enfocado podía fallarnos. Más de un siglo después, las investigaciones del psicólogo social Daniel Wegner demostraron que si pensamos «no dejes caer las bolas» cuando estamos haciendo malabarismos y nos sentimos estresados, es más que probable que se nos caigan.[32] El cerebro consciente se interpone en el camino y toma la energía disponible, de modo que el cerebro inconsciente se queda sin la que necesita para poder guiarnos.

EL PODER DE LA MÚSICA

Incluso en los adultos de la tercera edad, bastan cuatro meses de entrenamiento musical para que se produzca una mejora de la atención enfocada y desenfocada.[33] Esta ejercitación puede incrementar el cociente intelectual general y mejorar la habilidad a la hora de deletrear.[34] Los escáneres cerebrales muestran que el entrenamiento musical ilumina las regiones que hacen que se muevan los dedos y que están implicadas en la escucha.[35] Esto no es ninguna sorpresa. Lo que es relevante en cuanto al desenfoque es que esta ejercitación fortalece el puente cerebral que conecta los hemisferios. El hecho de «añadir más carriles» a este puente permite que el «tráfico del pensamiento» fluya con mayor facilidad.

Cuando tocamos el piano, utilizamos ambas manos, y cada una se aplica a la parte de la interpretación que le corresponde. Y sus patrones de movimiento a menudo también difieren. No podemos concentrarnos en una sola mano alternativamente; debemos hacerlo en las dos de forma simultánea. Para hacer esto, el cerebro se desenfoca (se desactiva) y la atención se agudiza a la vez que soltamos el enfoque en cualquiera de las dos manos, especialmente si estamos interpretando un concierto en lugar de ejecutar una acción simple como puede ser tocar escalas.

Centrarse en una tarea a la vez, o el *procesamiento en serie*, hace que las dificultades se agraven.[36] Por el contrario, el desenfoque, al activar circuitos cerebrales paralelos y desactivar el enfoque, permite que el cerebro comparta su energía para prestar atención a ambas manos, lo cual hace que la supertarea sea posible.

CONSEGUIR PASAR POR LOS CUELLOS DE BOTELLA CEREBRALES

Cuando debes responder un correo electrónico mientras estás atendiendo el teléfono, tienes que leer, escribir y escuchar al mismo tiempo. Pero el cerebro a menudo solo puede desempeñar una tarea a la vez correctamente. Es como si hubiera un punto de control y las tareas que deben realizarse tuviesen que disponerse en fila india y pasar de una en una.

Si hay muchas tareas tratando de atravesar el cuello de botella, los resultados pueden ser desastrosos. Piensa en lo que es sumarte desde el carril de incorporación de una autopista a un atasco de tráfico. A esto es a lo que se enfrenta cada nuevo pensamiento. El «tráfico» se ralentiza aún más, hasta que, finalmente, ¡el cerebro se convierte en un *parking* para los pensamientos! Llegado este punto soltamos la multitarea, en lugar de ver esto como una señal de que deberíamos pasar al «modo supertarea».

En el 2015, el neurocientífico Omar Al-Hashimi y sus colegas analizaron cómo superan los atascos algunos cerebros —cómo cambian hábilmente de «carril cerebral» y, de alguna manera, encuentran la forma de abrirse camino—.[37] Utilizaron el videojuego *NeuroRacer*, que está diseñado para que se realicen tareas simples y, a continuación, cada vez más complejas. Por ejemplo, los jugadores tienen que mantener un automóvil dentro de una carretera mientras responden a varias señales viarias; estas van aumentando en número, lo cual hace que vaya incrementándose el grado de dificultad del juego. Al ir creciendo el número de estímulos a los que hay que prestar atención, acaba por crearse un «cuello de botella informativo» en el cerebro.

Algunos de los jugadores se manejaban mejor con la multitarea: tenían tiempos de respuesta más rápidos, cometían menos errores y eran más precisos. Los investigadores observaron que el lóbulo parietal superior (LPS) tenía un papel determinante en ello, pues los ayudaba a cambiar rápidamente de tarea por medio de mitigar el enfoque. El LPS también gestiona eficientemente los recursos del cerebro por medio de conservar las informaciones durante más tiempo en la «taza de la memoria» a corto plazo para que la persona pueda rescatarlas con mayor facilidad.

Otra forma de reducir los cuellos de botella es mediante la *reducción de la redundancia*, que consiste en combinar una o más tareas para ahorrar tiempo. Si tienes que recoger a un amigo y, el mismo día, ir al supermercado que está cerca de la casa de ese amigo, te enfocas y adviertes lo que tienen en común las dos tareas (ambas requieren que conduzcas por el mismo barrio). Al principio, es posible que el hecho de detenerte a pensar conscientemente en maneras de reducir las redundancias requiera tiempo; pero dar el paso de desenfocarte de tus objetivos individuales e improvisar mentalmente con ellos para ver cuáles pueden combinarse descongestionará tu cuello de botella a corto plazo. Con la práctica, lo harás de una forma mucho más automática.

EL EJERCICIO FÍSICO Y LA SUPERTAREA

No eres consciente de ello necesariamente, pero tu cuerpo está todo el tiempo superatareado. El solo hecho de caminar es una supertarea; implica muchos grupos musculares de las piernas y el abdomen y requiere que miremos por dónde vamos.

Ciertos ejercicios físicos mejoran la supertarea neurológica. Es probable que en el gimnasio de tu localidad puedas encontrar un artilugio conocido como ViPR. Es un tubo de caucho que, puesto en vertical delante de una persona de 1,83 metros de estatura, le llegaría a la altura del ombligo, más o menos. Este tubo dispone de unas aberturas que funcionan a modo de asidero. Para practicar la multitarea, descansa sobre una rodilla y gira la parte superior del cuerpo hacia la izquierda. Coloca el tubo verticalmente en el suelo con cada mano introducida en cada uno de los agujeros. Este es el primer paso. A continuación, levanta el tubo con ambas manos, pásalo a posición horizontal y agárralo así mientras giras la parte superior del cuerpo hacia la derecha: mantén inmóvil la zona lumbar y desplaza el tórax mientras estiras los brazos desde la altura de los codos para levantar el ViPR horizontalmente. Este levantamiento y esta torsión simples requieren que pienses en varias cosas al mismo tiempo. Este ejercicio «calienta» las partes de tu cerebro correspondientes a la supertarea y te ayuda a ejercitarte mentalmente para superar los cuellos de botella. Conocida como *cognición encarnada*, esta técnica se basa en el hecho de que los cambios que se efectúan con el cuerpo también pueden traducirse en mejoras cognitivas.

Asimismo, puedes utilizar tu flexibilidad cognitiva (en lugar de atrincherarte en el enfoque) para integrar las tareas que debes realizar y gestionar los atascos. Atenuar el enfoque le permitirá conservar energía a tu cerebro para que estés menos tenso y dispongas de suficiente energía para que puedan ejecutarse los diversos procesos inconscientes vinculados con el desenfoque. Tu cerebro iniciará tareas, hará pausas, pasará de una actividad a otra y las reiniciará todo el rato. El hecho de creer en el desenfoque te permitirá hacerlo.

Recientemente vi la flexibilidad cognitiva en acción cuando fui a cenar a casa de una amiga. Cuando estaba junto a ella en la cocina, la vi meter una cazuela en el horno, poner sobras de pollo asado y verduras en una sartén que colocó en un fogón, freír un poco de beicon y calentar un puré de patatas en el microondas. Hizo todo esto mientras hablaba conmigo y atendía a su hija de diez años, que entraba de vez en cuando para hacer preguntas existenciales un poco extrañas (pero, no obstante, encantadoras).

Tranquila, calmada y serena, mi amiga fluía con el ritmo de cada acción; no hacía una cosa a la vez, sino que empezaba y se detenía a voluntad. Pude ver cómo giraban sus ruedas cognitivas.

La cazuela entró primero. Ella le iba echando ojeadas a ratos y cambiaba la temperatura del horno cuando era necesario. Cuando la cazuela llevaba en el horno la mitad del tiempo que estuvo en total, puso el pollo y las verduras en una sartén a fuego medio. Cocinó esos alimentos durante unos diez minutos; de vez en cuando le daba la vuelta al pollo y salteaba las verduras. Unos minutos antes de que todo estuviera listo, frio el beicon.

Cuando finalmente vi el pollo asado, el puré de patatas con beicon, las deliciosas verduras y el guiso en mi plato, me di cuenta de que era una maestra a la hora de sortear los atascos. Adentro y afuera, adelante y atrás, actuando y esperando... su ritmo cognitivo salvó la situación. Como una cocinera de comida rápida, pasaba de una tarea a otra con una fluidez que era posible no solamente por la práctica, sino también porque estaba dispuesta a dejar las cosas a mitad del proceso y retomarlas después. El clímax tiene lugar al final, cuando todo se junta, pero antes de eso hay que ser flexible y confiar lo suficiente como para dejar que el horno, el microondas y la sartén hagan sus trabajos respectivos, cada cual según sus propios tempos. Es necesario ser flexible y manejarse entre varias tareas sin obsesionarse con acabar cada plato en primer lugar.

RETROALIMENTACIÓN PARA AFINAR

Aunque la cena de mi amiga estuvo lista con celeridad, no la habría cocinado con tanta perfección si no hubiese buscado retroalimentación continuamente —en este caso, si no hubiese ido pinchando el pollo o comprobando la cocción del guiso—.

Sin retroalimentación, el cerebro pierde la pista de sus propios resultados. Esto hace que la multitarea sea más difícil. Y resulta que el «alcance» de la retroalimentación que nos permitimos considerar es significativo.

El investigador en ciencias cognitivas Hansjörg Neth y sus colegas compararon la retroalimentación local y global en el contexto de la multitarea.[38] Utilizaron un programa informático llamado Tardast (un nombre oportuno, formado a partir del vocablo persa que significa 'malabarista') para investigar el comportamiento multitarea, la gestión de sistemas complejos y la supervisión constante.

Durante el experimento, los investigadores presentaron a los participantes diez ensayos en una pantalla de ordenador. En cada uno de ellos, de cinco minutos de duración, los sujetos debían llevar a cabo seis tareas.

Realizar una «tarea» consistía en llenar de negro varias barras verticales blancas, cada una de las cuales tenía un botón asociado. Al pulsar un botón subía el nivel de la barra correspondiente, mientras que bajaba al soltar el botón. El objetivo de los sujetos era conseguir que el negro subiera al nivel más alto dentro de cada barra vertical. Tenían que presionar los botones rápidamente para conseguir que los niveles se elevasen y solamente podían pulsar un botón a la vez, y en secuencia rápida. Pero algunas barras eran más difíciles de llenar que otras, y los niveles de todas ellas subían y bajaban a distintas velocidades. Después de cada ensayo de cinco minutos, los participantes recibieron comentarios sobre cómo lo habían hecho.

Los investigadores encontraron que *todos* los tipos de retroalimentación mejoraron el rendimiento de los participantes con la multitarea. Pero la retroalimentación local (la relativa a cómo lo había hecho la persona en el último ensayo) se mostró más eficaz que la retroalimentación global (la relativa a cómo lo había hecho en el conjunto del día).

Regresando a la escena de la cocina, mientras mi amiga preparaba la cena, el hecho de pinchar el pollo para comprobar su punto de cocción le permitió obtener una retroalimentación que la ayudó a determinar cuánto tiempo debía estar aún en el fuego. Si hubiese pinchado el pollo y después hubiese considerado todos los pinchazos anteriores (la información previamente reunida sobre la lentitud de la cocción), se habría quedado atrapada en el análisis de la retroalimentación. Si hubiese ocurrido esto, su búsqueda de retroalimentación no habría sido muy profunda o de largo alcance. De modo que se centró en la textura que presentaba el pollo en el momento y siguió adelante. Esto le resultó muy útil (y a mí también).

Si no obtiene retroalimentación, el cerebro se abruma. Si sientes que tienes mil millones de cosas por hacer en el transcurso del día, buscar retroalimentación consciente es una forma de hacer balance. No des por sentado que tu cerebro está actualizando la información a medida que avanzas. Ofrécele retroalimentación local. Detente y piensa en lo que acabas de hacer y en cómo se relaciona con lo que tienes que realizar a continuación. Este período momentáneo de desenfoque respecto de tu tarea te permitirá reconsiderar la forma en que la estás abordando con el fin de manejarte mejor.

Pero es fundamental hacer las preguntas correctas —preguntas que den lugar, efectivamente, a la retroalimentación local—. El médico de la sala de urgencias que debe llevar a cabo muchas intervenciones relacionadas con traumas tal vez se diga a sí mismo: «Tres hechos, siete por venir». Esta es una retroalimentación global, que pone el acento en el trabajo de todo un día. O podría pensar: «Con este último la cosa ha ido bien», lo cual es una muestra de retroalimentación local, pues solamente pone el acento en la última tarea. El médico de urgencias que es un poco más específico con su retroalimentación local se induce un mejor rendimiento: «Con este último la cosa ha ido bien, pero la próxima vez debo asegurarme de que toda la sangre seca se haya limpiado para que no quede ni rastro de ella antes de proceder a suturar». Tomarse tiempo para ofrecerse esta retroalimentación puede detener el flujo de su trabajo a corto plazo, pero le permite pensar improvisadamente sobre el procedimiento de la sutura, con lo cual hará mejor la próxima, pues requerirá que invierta en ella menos energía intelectual, consciente. Cuando practicamos esta forma de pensar, estamos entrenando al cerebro para que se maneje bien con la supertarea.

BUSCAR INTERCONEXIONES

Cuando estamos en el modo supertarea, el cerebro nos ayuda a recordar lo que tenemos a medio terminar mientras seguimos adelante, para que podamos regresar a ello. Nos ayuda a no dejar algo olvidado en el fogón cuando suena el teléfono. También nos ayuda a redefinir las estrategias en relación con los objetivos pendientes a medida que avanzamos.

La región cerebral que nos permite hacer todo esto es la corteza frontopolar. Actúa como nuestro *personal shopper*. Imagínatela esperando con una bolsa que contiene prendas de vestir que estás considerando comprar a medida que te las vas probando. Parece que se activa específicamente cuando necesitamos conservar en mente las tareas que acabamos de atender mientras nos ocupamos de otras.

Pongamos por caso que abres un correo electrónico justo cuando suena el teléfono. En el momento en que aceptas la llamada, entra tu jefe y deja caer una nota en la que te pide que hagas algo urgente. Podrías atender la llamada y ocuparte después de la petición de tu jefe mientras recuerdas que vas a regresar al correo electrónico. Tu *personal shopper* cerebral aguarda, manteniendo el mensaje en espera mientras ejecutas la tarea urgente. Los estudios demuestran que si la corteza frontopolar está dañada es mucho más difícil abordar la multitarea.

El *personal shopper* cerebral también es un gran conector. Le gusta emparejar cosas similares y establece conexiones incluso entre elementos que presentan una distancia semántica (es decir, distancia en cuanto a su significado). Por ejemplo, un pájaro y un avión tienen alas, pero por lo demás son diferentes: los separa una distancia semántica media. Entre un avión y un zorro, la distancia semántica es mayor. El *personal shopper* busca conexiones entre los conceptos, y cuanto mayor sea la distancia semántica existente entre ellos, más innovadores hará que seamos a la hora de conectarlos. Por ejemplo, podría sugerir que tanto un avión en pleno vuelo como un zorro que esté corriendo están llevando a cabo una misión. Y podría sugerir que los pilotos deberían aprender de la atención del zorro para saber cómo volar por zonas difíciles. Cuanto más pensemos en ello, más similitudes encontraremos; el *personal shopper* cerebral usará sus extraordinarias capacidades de emparejamiento para ayudarnos a hacerlo.

Para ejercitar esta región cerebral, resérvate tiempo para hacer distintos tipos de conexiones. Empieza con quince minutos a la semana y después incorpora esta práctica en tu día a día: puedes llevarla a cabo en la ducha, cuando estés aburrido o cuando no puedas encontrar otra cosa que hacer. Es un gran sustituto de los crucigramas o los sudokus. Comienza comparando objetos que haya en tu dormitorio, y después en todas las otras habitaciones. Este recorrido mental no constituye un ejercicio del enfoque sino que es un viaje de descubrimiento en el que nos damos cuenta de cuáles son las conexiones existentes entre las cosas. Jugueteamos con los conceptos para encontrar estas conexiones y «garabateamos distraídamente» en nuestra mente mientras esperamos que se manifiesten.

El *personal shopper* es un componente de la RND. Se activa con el desenfoque mientras buscamos conexiones, esperamos para verlas o improvisamos mentalmente con los objetos para poder verlos de otra manera. Pero si no hacemos más que avanzar laboriosamente a lo largo del día, apenas tendremos tiempo para establecer conexiones.

BUSCAR SIMILITUDES

A Ryan Seacrest le preguntaron en una ocasión cómo lograba lidiar con diez empleos al mismo tiempo. Explicó que una de las formas de poder hacerlo era por medio de la «conexión: buscaba maneras de conectar tareas y lugares. Su estudio de radio estaba justo al otro lado del pasillo de uno de sus estudios de televisión. En gran medida, su cerebro busca conexiones donde no son inmediatamente evidentes.

Encontrar conexiones es el fruto de un tipo de pensamiento llamado *razonamiento analógico*. Aunque este tipo de razonamiento puede tener lugar espontáneamente, resulta útil convertirlo en un hábito consciente. Las personas que acuden al razonamiento analógico tienen una inteligencia más fluida; son pensadores más flexibles. Este tipo de flexibilidad mental nos permite conectarnos con nuestro ritmo cognitivo.

Así pues, si un determinado día tienes que cocinar, hacer limpieza, dirigir una discusión grupal en el trabajo, realizar un informe y encontrarte con tu mejor amigo, permite que tu *personal shopper* te ayude a encontrar formas de simplificar tu vida conectando por ti los distintos elementos. Solo tienes que preguntarte en voz alta: «¿De qué manera está todo esto conectado?».

FILTRAR LAS DISTRACCIONES Y ACABAR CON LAS INTERRUPCIONES

Cuando estamos superatareados, tenemos que manejar las distracciones. Estas tienen el potencial de detener el flujo de la coreografía del enfoque y el desenfoque; es decir, pueden interrumpir el ritmo cognitivo y provocar un caos cognitivo. La clave para gestionarlas es establecer un filtro, algo que nos permita identificarlas y evitarlas.

En el 2010, los investigadores del cerebro Todd Kelley y Steven Yantis encontraron que es posible ejercitar la atención para que filtre las distracciones.[39] Aquello que podría distraernos sigue presentándose, pero una vez que hemos aprendido las técnicas de Kelley y Yantis podemos evitar que llegue a nosotros lo que no nos interesa y permitir que sí lo haga aquello que consideremos pertinente.

En su experimento, mostraron un cuadrado a los participantes, el cual no estaba delimitado por cuatro líneas. En lugar de cada línea había una serie de puntos, y el espacio que había dentro del cuadrado también estaba lleno de puntos. Algunos de los puntos eran rojos y otros verdes. Los participantes debían determinar rápidamente si había mayor cantidad de puntos de un color o del otro. Mientras tanto, había imágenes que invitaban a la distracción alrededor del cuadrado, lo cual hacía más difícil concentrarse. Cuando los participantes hubieron ejercitado su concentración por medio de la práctica de prestar atención al cuadrado exclusivamente, algo que hicieron una y otra vez, rindieron mucho mejor a la hora de determinar qué puntos eran los predominantes.

El giro frontal medio (una porción de tejido presente en los lados izquierdo y derecho del lóbulo frontal, a medio camino entre la parte superior y la parte inferior) es el área cerebral que se puede entrenar para que ejerza un filtro.

Las distracciones se pueden filtrar de dos maneras: proactiva y reactivamente. Con el filtraje proactivo, nos preparamos para ignorar las distracciones que cabe esperar. Esto es lo que Kelley y Yantis enseñaron a hacer a los participantes en el experimento. Con el filtraje reactivo, echamos a un lado las distracciones inesperadas cuando se presentan. En ambos casos necesitamos disponer de energía y recursos cerebrales. Con este fin, en lugar de ejecutar con tensa concentración todo lo que consta en nuestra lista de multitareas, nos conviene limitar la intensidad del enfoque. Así tendremos energía disponible para gestionar con flexibilidad las distracciones imprevistas.

El hecho de inhibir la información irrelevante puede permitirnos obtener una mayor sincronía cerebral entre las ondas alfa y beta. Las ondas del enfoque y las del desenfoque se alinean mejor. El filtraje de las distracciones activa el ritmo cognitivo. Por lo tanto, es útil etiquetar conscientemente las distracciones que se presenten a lo largo del día. Si te apartan de tu trabajo los *dings* que te indican que alguien ha reaccionado a lo que has publicado en Facebook (una distracción típica de estos tiempos, sin lugar a dudas), puedes prever que vas a oír ese sonido y recordarte que es una distracción que evitará que estés centrado en el trabajo. O, mejor aún, silencia tu teléfono, para no enterarte de estas notificaciones. Al hacer esto, liberas recursos de tu atención para ser capaz de aplicarte en la supertarea.

No todas las distracciones son iguales. Algunas, las que pertenecen a la categoría de las interrupciones, no pueden ser filtradas de la misma manera. En el 2010, el neurocientífico Wesley Clapp y sus colegas encontraron que la distracción tiene lugar cuando se nos presentan estímulos irrelevantes.[40] Supongamos que estás leyendo un correo electrónico importante en el trabajo cuando tu hermana te envía un vídeo divertido que muestra a un gato haciendo piruetas. Esto es una distracción; no es nada que tenga que ver con el correo que estás atendiendo. Puedes guardar el vídeo del gato para verlo más tarde o tal vez nunca. Pero supón que tu jefe te envía un correo electrónico urgente en el que te comunica un nuevo plazo de entrega. Esto es una interrupción, porque requiere tu atención, y debes ocuparte de ella.

Las distracciones y las interrupciones ejercen impactos únicos en el cerebro. Si bien ambas pueden sacudir la «taza de la memoria» a corto plazo y hacernos olvidar lo que acaba de suceder, las interrupciones son mucho peores que las distracciones. Estas últimas perturban la conexión existente entre el giro frontal medio y la parte del cerebro que nos permite ver (la corteza visual) pero no anulan dicha conexión, por lo que el cerebro no deja de recordar lo que estábamos haciendo, y podemos retomarlo fácilmente. Sin embargo, cuando somos interrumpidos, el cambio de tareas nos descentra, y esta conexión cesa. Aunque las distracciones pueden hacer que nuestra productividad mengüe si no las etiquetamos y filtramos, las interrupciones pueden ser más perjudiciales.

Nadie puede evitar todas las interrupciones que se presentan a lo largo del día, pero a veces hay que convertir en prioritaria la eliminación de aquellas que no están en la lista de las supertareas. Con este fin, etiqueta como «libres de interrupciones» ciertas tareas y abórdalas en lugares y de maneras que disminuyan la probabilidad de que te veas distraído e interrumpido. (Por ejemplo, no te limites a reducir el volumen del teléfono que te comunica notificaciones; apágalo durante un rato). Como médico, protejo el tiempo que dedico a rellenar las recetas para los pacientes. Hago lo mismo cuando estoy conduciendo por algún lugar por primera vez. Responder al teléfono o hablar con alguien puede tener resultados desastrosos para mí en estos casos (y para mis pacientes).

JUNTEMOS LAS PIEZAS PARA ACOMETER LA SUPERTAREA DE FORMA FÁCIL Y RELAJADA

Al igual que ocurre con cualquier área en la que deseemos mejorar, resulta útil dedicar algún tiempo todos los días a practicar técnicas con el fin de manejarnos bien con la supertarea. Supongamos que te reservas un tiempo cada mañana para entrar en el estado mental de la supertarea. Podrías tardar alrededor de media hora en practicar todas las técnicas que he descrito anteriormente. No tienes que abordarlas todas a la vez, por supuesto, y puede haber una o dos con las que no quieras trabajar en absoluto. Pero todo tiempo que dediques a desenfocarte, aunque sea poco, hará que tus esfuerzos se vean compensados, pues tu habilidad con la supertarea mejorará.

A medida que explores tus capacidades relativas a la supertarea, ten siempre presentes dos modelos: el malabarista feliz y juguetón y el viajero optimista.

EL MALABARISTA FELIZ Y JUGUETÓN

Si estás acostumbrado a ser metódico y secuencial, hacer malabarismos puede parecerte una pesadilla. El solo hecho de pensar en ello puede hacer que empieces a sudar. Sin embargo, tu cerebro está programado para hacer malabarismos con las tareas, así que ¿por qué no dedicas una parte de la jornada, cada día, a encontrar y ejercitar esta parte de ti mismo?

Empieza por rescatar tu espíritu lúdico. No debes contemplar con temor los malabarismos que te dispones a hacer. Sé como esos malabaristas que hay en las plazas que actúan con una sonrisa en el rostro y un sombrero a sus pies, esperando que la gente los recompense por sus esfuerzos. Se trata de disolver el estrés por medio de activar las ondas alfa.

Contrariamente a lo que pensamos, el juego ayuda a que el cerebro se distraiga menos. De hecho, en los animales, contribuye a la maduración del lóbulo frontal. Además, en el caso de los niños, jugar los ayuda a ser menos impulsivos e inhibe sus comportamientos caprichosos.

En el 2007, el neurocientífico Jaak Panksepp sugirió que el TDAH puede ser el resultado de que los niños no juegan lo suficiente.[41] Explicó que el juego (los juegos alocados, las peleas, los juegos que recrean una fantasía, no los juegos reglamentados o los deportes organizados) tiene un papel vital en la regulación del cerebro y a la hora de posibilitar que los niños se enfoquen. Se podría decir que fomenta la inventiva. También señaló que los programas educativos encaminados a que «ningún niño se quede atrás» ponen el acento en funciones reglamentadas como son la aritmética, la escritura y la lectura, en detrimento del juego natural. El juego es a la educación lo que el desenfoque es al ritmo cognitivo.

Cuando es fingido o forzado, no resulta útil a estos efectos. El juego debe satisfacer la necesidad básica que tiene el individuo de sobrevivir y crecer. Si no lo hace, la persona se volverá más obsesiva y angustiada. Pero si uno siente pasión por el juego de su elección, su bienestar mejorará.

Algunas personas sienten que la vida es seria y que no hay tiempo para jugar. La vida sin duda puede sentirse de esta manera cuando uno tiene trabajo por hacer y facturas que pagar. Pero en este contexto *seriedad* equivale a *preocupación*, y esta última rara vez es tan necesaria como creemos. De hecho, la gente a menudo se preocupa por atenuar los efectos de aquello negativo que vaya a suceder. El cambio emocional de la preocupación a la tristeza o la pérdida es más pequeño que el cambio de la felicidad a la tristeza, que es más vertiginoso. Siendo este el caso, ¿por qué no aprender a manejar el cambio emocional, en lugar de evitar disfrutar de la diversión y la felicidad cuando podemos hacerlo?

Paradójicamente, el serio filósofo Platón ofreció una de las definiciones de *juego* más conocidas. Lo describió como «esos modos naturales de diversión que los niños descubren por sí mismos cuando se encuentran». Los juegos se descubren, se inventan, se gozan y después se reglamentan, hasta que los niños pierden el ímpetu. Pero por más que les ocurra esto último, siguen siendo más afines al juego que a la monotonía y la pesadez de los deberes. Reinventan constantemente este tipo de juegos a partir de la retroalimentación local; experimentan con distintos aspectos y prueban fórmulas diferentes, hasta que el juego es exactamente como quieren que sea. Intenta que un niño deje de jugar cuando está absorto en esa actividad. Bueno, mejor prueba a asustar a un intruso poniendo una cara divertida; ¡tienes más posibilidades de éxito con esto último!

Si tienes un cargo directivo, puedes infundir la mentalidad lúdica en el trabajo. Si eres un ama de casa, puedes incorporar esta mentalidad a tus tareas. En cualquiera de los casos, encontrar la forma de hacerlo puede aliviar la carga de las tareas que se tienen entre manos. Y la actitud lúdica no debe ser fingida. Descubre qué es lo que te va bien a ti, de la misma manera que los niños prueban unos cuantos juegos diferentes antes de quedarse con uno.

EL VIAJERO OPTIMISTA

Ryan Seacrest abandonó la Universidad de Georgia porque sentía que necesitaba seguir su corazón y darle una oportunidad a Hollywood. Les dijo a sus padres: «Me gustaría darle una oportunidad. Pero si no consigo ganarme la vida en el plazo de un año, volveré a la universidad». Así que llenó su Honda Prelude con sus pertenencias y condujo tres mil setecientos kilómetros, hasta Hollywood. No ha mirado atrás desde entonces.

¿Qué hizo que Seacrest decidiera abandonar los estudios para llevar una vida de éxito cuando la mayoría de la gente lucha para encontrar la manera de progresar? Probablemente no fue solo una decisión racional. Admitió que se trataba de *intentarlo*, de hacer caso a una corazonada. Tenía la idea de regresar si no le iba bien.

Los presentimientos pueden ser como los vientos de cola que nos impulsan hacia delante con rapidez. Cuando aprendas a volar, aplicarte a la supertarea te resultará mucho más fácil. Al principio, puede ser que tu corazonada sea vaga y poco clara; pero no tiene por qué permanecer así. Examínala más de cerca, entretente con ella y se sacudirá el polvo que la cubre, reducirá su vaguedad y te ofrecerá más datos que considerar.

En el 2011, el psicólogo Arie Kruglanski explicó que aprender a examinar las intuiciones es un arte.[42] El cerebro inconsciente tiene un conjunto de reglas que seguir, que son auténticas herramientas de experimentación, conocidas formalmente como *mecanismos inferenciales*. Cuando no sepas qué hacer, puedes usar estas herramientas mentales conscientemente.

Ponte en los zapatos de Ryan Seacrest. No sabes qué posibilidades o probabilidades de éxito te esperan en Hollywood. Una herramienta que podrías utilizar es calificar la decisión: ¿cuál es su grado de importancia? ¿Te arrepentirías de no intentar esta jugada? También puedes prever las consecuencias si las cosas no salen bien. En el peor de los casos, perderías un año de universidad, pero probablemente también aprenderías mucho sobre ti y sobre la vida. Cuando tu cerebro registre «esto es importante, me arrepentiré si no lo intento, no tengo mucho que perder», tomará rápidamente una decisión, de la que ni siquiera serás consciente, y comenzará a planificar tu camino hacia delante y a buscar maneras en que puedas alcanzar tu objetivo con mayor rapidez.

Por supuesto, el cerebro se rige también por muchas otras reglas, como las asociaciones o comparaciones con el pasado.

Pero como señala Kruglanski, el pensamiento racional y el intuitivo utilizan los mismos sistemas normativos y trabajan codo con codo en el cerebro. La clave es tener una actitud «optimizadora» que impulse a la intuición a encontrar las normas racionales correctas. Se trata de dirigirse hacia la línea de meta con coraje y determinación, aprendiendo a lo largo del camino por medio de experimentar con placer. Cuando hacemos esto con un estado de ánimo positivo, nuestra intuición se vuelve mucho más precisa.

Para entender mejor este concepto de la optimización, piensa en un jugador de béisbol o críquet que tiene que correr para atrapar una pelota que está en el aire. Mientras va a su encuentro, ajusta su velocidad, mira la pelota y se prepara para agarrarla, todo al mismo tiempo. Llega a atraparla porque él y la pelota han estado siempre conectados, a pesar de la velocidad cambiante del objeto y de la velocidad y posición cambiantes del jugador. No calcula la trayectoria de la pelota ni corre hacia donde cree que aterrizará. (Esto sería una distracción mental; si ya cayó en ella en el pasado, ahora puede marcarla como tal e ignorarla). La sigue hasta que la atrapa. Ningún libro puede garantizarle que va a agarrarla; solamente la práctica repetida puede ayudarlo a saber lo rápido que debe correr, hasta qué punto debe desacelerar y cómo conectar su mirada con la captura. Mientras corre, su cerebro calcula que puede perder la pelota, de modo que aminora la velocidad; pero si desacelera demasiado, su cerebro lo inducirá a acelerar de nuevo. Cada ajuste forma parte de la estrategia de optimización.

Nos maravillamos ante estos momentos, porque implican acciones racionales, como ahuecar la mano que debe recibir la pelota, y acciones intuitivas, como acelerar o frenar. Ambas tienen lugar al mismo tiempo. Esto es ritmo cognitivo en acción, y también es llevar a cabo una supertarea. Aprender a hacer ajustes rápidos para afinar los presentimientos puede convertirse incluso en la estrategia principal cuando estamos aprendiendo a prosperar en un mundo regido por la supertarea. Cuando estás aplicando las reglas inconscientes y las estrategias de optimización, sabes muy bien que puedes perder la pelota. Pero con el tiempo aprenderás a sentirte cómodo efectuando modificaciones en tu carrera a la vez que mantienes el enfoque; ya no experimentarás malestar estomacal a causa de la velocidad con que ejecutas la supertarea.

La mentalidad de la supertarea contiene muchos pasos, así que debes tener cuidado de no abrumarte. Al igual que en el caso de los otros capítulos, deja que la información que hay en este fluya a través de ti, y después regresa para aplicarte en una o dos estrategias para empezar. La siguiente tabla resume los principales cambios de mentalidad relativos a la supertarea. Utiliza esta guía cuando desees comprobar rápidamente los cambios que podrías incorporar a tu vida.

MENTALIDAD BASADA EN EL ENFOQUE	CAMBIO A LA MENTALIDAD NO BASADA EN EL ENFOQUE
Adoptas una actitud seria y enfocada cuando abordas la supertarea.	Adopta una actitud más ligera y autoindulgente cuando empieces a aplicarte en la supertarea.
Lo que más te importa es permanecer alerta, consciente y enfocado en relación con las tareas que tienes entre manos.	Practica relajarte en tu comportamiento automático de vez en cuando. Explora tu inconsciente con frecuencia haciendo garabatos.

MENTALIDAD BASADA EN EL ENFOQUE	CAMBIO A LA MENTALIDAD NO BASADA EN EL ENFOQUE
Eres hiperracional cuando haces planes.	Practica ser intuitivo y examina si puedes agrupar tareas que seas capaz de realizar simultáneamente.
Ejecutas las tareas según lo que planificaste inicialmente.	Lleva a cabo las tareas en el momento del día en que te vaya mejor y obtén retroalimentación local mientras las ejecutas.
Solamente puedes aprender a desenvolverte con la supertarea por medio de pensar con mayor claridad.	Muévete; hacer ciertos ejercicios funcionales y jugar a determinados videojuegos puede ayudarte a desarrollar tu cerebro multitarea.

SALIR DEL BLOQUEO

Aquello que habitualmente consideramos imposible no es más que un problema de ingeniería [...] no hay ninguna ley física que lo imposibilite.

Michio Kaku

El mes de febrero puede ser bastante deprimente en Boston. La promesa del Año Nuevo ha desaparecido y el frío se cobra su precio. Los caminos son una fea mezcla de tierra y lodo, y no se puede llegar a ninguna parte sin tener que franquear bancos de nieve, el hielo que hay en el pavimento y los atascos de tráfico. Si has vivido un tiempo en esta zona, febrero te da una excusa para quejarte de algo (del clima o de la vida en general). Sin embargo, mientras estaba sentado frente a Jackie durante su hora de terapia, el tono de su voz reflejaba algo más que la habitual tristeza invernal. «Me siento exasperada –protestó–. No sé cómo terminé aquí, trabajando como un perro, cargando con las compras del supermercado y llevando sin cesar a los niños a sus actividades. Siento que mi vida es como un disco rayado. Mi marido es un buen hombre, pero nuestra relación ha alcanzado un mínimo histórico. Estamos estancados. Ni siquiera hago nada de lo que me gusta: tocar el piano, tareas de jardinería o incluso caminar por la playa. Y para colmo, creo que he tocado techo en el trabajo. ¿Cómo he acabado prisionera de mi propia vida?».

La historia de Jackie me resultaba familiar; había escuchado muchas versiones de ella a lo largo de los años. Independientemente del contexto en que se desarrolle la vida de cada cual, las rutinas, que una vez nos reconfortaron y nos dieron una sensación de seguridad, se van convirtiendo en surcos. La estabilidad de la relación, que en su día fue una meta preciada, puede llegar a ser una carga. La monotonía de un trabajo que incluso puede ser seguro y algo satisfactorio puede abatirnos (¡y no solo en febrero!). Como resultado, nos demoramos más de lo habitual. Nos sentimos ambivalentes y, por lo tanto, nos cuesta tomar decisiones. Y una falta de motivación general a menudo conduce a elecciones poco saludables en cuanto al estilo de vida: tomamos comida basura, dormimos menos, nos estresamos más... Todo ello hace que nos sintamos aún peor, más bloqueados. Es un círculo vicioso y nadie es inmune a caer en él.

Sea cual sea la forma que adopte nuestro estancamiento, cuando llegamos a ese punto de crisis tratamos de sacudirnos a nosotros mismos para salir del marasmo. Empleamos diversos medios con este fin, tanto constructivos como destructivos. En el ámbito del matrimonio, puede ser que decidamos incorporar citas románticas con nuestro cónyuge algunas noches o tener una aventura. El sentimiento de individualidad, que generalmente está bloqueado, puede hacer un esfuerzo para que encontremos «tiempo para nosotros mismos» o para que «equilibremos la vida laboral y la familiar», sin saber en realidad cuál es el mejor «tiempo para uno mismo» o el mejor equilibrio. En el ámbito laboral, puede ser que tratemos de evitar situaciones conflictivas y nos limitemos a intentar hacer bien nuestro trabajo o que dejemos el empleo. Algunas de estas estrategias pueden funcionar por un tiempo, pero debido al hecho de que son soluciones estáticas –especialmente centradas en la priorización, el reajuste de las obligaciones o la huida– no tardamos en agotarnos mentalmente.

Además, estos intentos de enfocarnos con firmeza no suelen durar. En todos los casos, estamos tratando de cambiar usando estrategias conscientes contra una tendencia inconsciente que es mucho más fuerte. No tiene sentido que Jackie tenga citas románticas con su marido cuando su intuición le ha ofrecido la sensación descorazonadora de que su matrimonio está naufragando. El equilibrio entre la vida laboral y la familiar dura hasta que el siguiente huracán de tareas arrasa este propósito. Y acomodarse para lograr hacer el trabajo es inútil si damos dos pasos atrás por cada uno que damos hacia delante.

En todos estos escenarios, una mente enfocada rara vez aporta soluciones duraderas y auténticas. Al cabo de un tiempo la mente, atascada, regresa al «modo cinta transportadora», y nuestro equipaje psicológico se queda dando vueltas. Cuanto más nos enfocamos en los problemas a los que nos hallamos enfrentados, más bloqueados nos podemos quedar.

Por supuesto, no todos los atascos son callejones sin salida relativos a cuestiones de gran calado, de esas que afectan al curso de la vida. También pueden manifestarse en pequeño formato. Por ejemplo, no podemos recordar una determinada palabra que necesitamos utilizar cuando estamos en mitad de una frase, o no recordamos el nombre de la persona con la que nos acabamos de encontrar. Tenemos la palabra o el nombre en la punta de la lengua, pero no hay manera de que acuda. La mente parece hallarse bloqueada.

Desde el punto de vista neurológico, y dejando de lado la posibilidad de que padezcamos las primeras manifestaciones del alzhéimer o que hayamos sufrido un accidente cerebrovascular de poca importancia, lo que sucede cuando no podemos recordar una palabra o un nombre es similar a lo que ocurre cuando experimentamos malestar o estancamiento en nuestras vidas. Acentuar el enfoque para intentar que esa información nos venga a la cabeza rara vez da resultado. ¡De hecho, a menudo se muestra aún más elusiva! La mente no halla la salida; parece una de esas moscas que arremeten con furia, una y otra vez, contra el cristal de una ventana cerrada. Y a medida que aumenta la angustia, la cacofonía cerebral alcanza máximos históricos. (Tal vez recuerdes, del capítulo 2, que esto caracteriza también al bloqueo del escritor, si bien ese es un problema del ámbito de la creatividad).

Y de pronto, minutos u horas más tarde, la palabra o el nombre nos viene a la cabeza.[1] Parece que haya acontecido un milagro, pero son procesos psicológicos y neurológicos conocidos los que han hecho aflorar la información. Y lo que es más, estos procesos (la cascada de pequeños cambios psicológicos y neurológicos que tienen lugar) son reproducibles. La mosca necesita que le abramos la ventana y, en sentido figurado, podemos hacer esto mismo por nosotros.

LA MENTALIDAD DE LA POSIBILIDAD

El primer paso para empoderar la mente y salir del estancamiento es cambiar la perspectiva.

En lugar de pensar en el tema que te preocupa –lo cual no hace más que estimular tu enojo, tu ansiedad o tu tristeza–, necesitas sentirte emocionalmente más neutro (desenfocado) en relación con la situación.[2] Llamo a esto *cambiar a la mentalidad de la posibilidad*. Cuando no puedes hallar un vocablo o un nombre, a veces el solo hecho de dejar de enfocarte en que debes recordarlo, en que *necesitas* encontrarlo, y permitirte creer que llegará a ti en cualquier momento es suficiente para que aparezca. He aquí la mentalidad de la posibilidad en acción.

La posibilidad es la clave proverbial para el encendido de la mente; no podemos conducir hasta nuestro destino (el desbloqueo) sin ella. Cuando tenemos la mentalidad de la posibilidad, incrementamos la cantidad de opioides cerebrales, relajamos el cerebro, lo recompensamos y le damos más posibilidades de moverse.[3] No se puede actuar contra la resistencia que es la creencia en la imposibilidad.

Cuando le recomendé esto a Jackie, puso los ojos en blanco: «No quiero escuchar ninguna tontería superoptimista como que todo es cuestión de inspiración, que no hay ningún destino», dijo con desconfianza. Era la subdirectora de recursos humanos de una gran corporación y sentía cierta urgencia por enderezar el rumbo o tomar otro. No tenía tiempo ni paciencia para escuchar discursos.

Dirige tu cerebro hacia la posibilidad

El optimismo artificial es, por definición, falso. El falso optimismo te dice que «mires el lado positivo» o te asegura que «las cosas van a ir mejor». El optimismo auténtico, por el contrario, proviene de un cambio sutil en lo que te dices a ti mismo. Sencillamente, date este mensaje: «Salir del estancamiento es *posible*». Esta formulación empieza a movilizar el cerebro hacia el cambio. Así como después de comprarte un coche blanco empiezas a ver, de repente, coches blancos, cuando «compres» este mensaje tu cerebro procederá a buscar elementos que sean coherentes con una posible respuesta al atasco. Este *cambio de orientación de la atención* hace que el cerebro gire en otra dirección.[4]

Así que dilo en voz alta o dilo para tus adentros, pero transmítete este mensaje de alguna manera. Permite que atrape la red de la atención de tu cerebro y que empiece a obrar su magia.

Tu estancia en la mentalidad de la posibilidad no será ininterrumpida, por supuesto. Vivirás episodios de duda y confusión, momentos en los que la idea de limitarte a relajar el cerebro en la posibilidad te parecerá demasiado desestructurada y etérea. Cuando te sientas así, volverás a centrarte en lo que tienes justo delante. Pero tus anteriores esfuerzos por imaginar la posibilidad no habrán sido en balde: cuando la niebla se disipe, tal vez serás capaz de mirar más adelante. Tu capacidad para relajarte en la posibilidad también aumentará y te prestará un mejor servicio cuando vivas el siguiente episodio de ofuscación.

La asunción de esta idea es fruto de un proceso; no tiene lugar de la noche a la mañana.[5] Una vez que la posibilidad te esté conduciendo en una nueva dirección, puede ser que necesites seguir tomando medidas para apaciguar y neutralizar la ira, la ansiedad o la tristeza que has estado experimentando.

Con el fin de controlar tus sentimientos, puedes intentar algo: *etiquetar con precisión*.[6] Es una manera elegante de decir que nombres tus sentimientos. Contempla tu enojo, tu frustración o tu tristeza desde todos los ángulos que puedas y trata de describir con precisión eso que sientes. Jackie, cuando se enfadaba, en lugar de montar en cólera, aprendió a decir en voz alta: «Estoy realmente enojada». Y cuando experimentaba ansiedad, en lugar de suspirar con frustración, lo cual la hacía sentirse más ansiosa, aprendió a nombrar su ansiedad. Nombrar los sentimientos puede parecer una estrategia infantil, pero tiene un efecto muy sofisticado: es un recurso eficaz para poner una barrera entre el centro de ansiedad del cerebro, la amígdala y el cerebro pensante (la corteza prefrontal).[7] Esta barrera ejerce una especie de contrapeso; al asentarte en la ruta de la posibilidad, de alguna manera te proteges, y tus emociones indefinidas dejan de parecerte un tsunami que está a punto de llevarte por delante.

CAMBIA TU LENTE CEREBRAL

El etiquetado preciso también puede ayudarte a *reformular* tus emociones, a aplicarles descripciones menos enjuiciadoras. Si estás completamente enojado por lo estancado que te sientes, una reformulación menos negativa de lo mismo sería decir que estás sintiendo una «intensidad emocional mal encaminada». Y en lugar de estar molesto por tu frustración, puedes ver esta como una «señal de que toca cambiar». Esto no es mera semántica. Y es diferente de hacer una respiración profunda antes de actuar o responder (consejo que se nos da habitualmente para calmar las emociones). Hacer la proverbial respiración profunda es un acto de *r*epresión, pero introducir la idea de la posibilidad —para lo cual basta con decir que *salir del estancamiento es posible*— es *p*rogresión, o pensamiento proactivo, por así decirlo. Y es un primer paso muy importante. Muchos estudios han demostrado que reformular las emociones calma la amígdala, la cual es el procesador cerebral de la ansiedad; la reformulación es superior a la represión a la hora de reducir el estrés.[8]

Haz preguntas orientadas a las soluciones

Armado con una nueva calma mental y un sentido de la posibilidad establecido por medio de unas pocas palabras, ya estás listo para empezar a hacer preguntas productivas y orientadas a las soluciones. El concepto operativo en este caso es *orientadas a las soluciones*. Es decir, no te hagas preguntas abiertas del tipo: «¿Qué debo hacer?»; pregúntate en cambio: «¿Cómo puedo hacer que esto suceda?» o «¿Qué puedo empezar a hacer, específicamente?». O en lugar de preguntarte: «¿Cómo puedo cambiar mi vida?», que es una formulación tan desalentadora que puede hacer que te sientas aún más bloqueado, pregúntate en su lugar: «¿Cómo han superado otras personas este punto muerto?». Al estar orientado a las soluciones, estás utilizando técnicas de enfoque para transitar por un sentido de la posibilidad muy poco definido.[9] En tu cerebro, el enfoque y el desenfoque están trabajando juntos en un ritmo cognitivo más productivo; no te permites caer en ninguno de ambos extremos.

Jackie pensó en otros matrimonios (aquellos que admiraba, así como aquellos que consideraba problemáticos) y también en aquellas personas que se habían abierto camino en el trabajo. El hecho de ver cómo se habían manejado otros individuos le proporcionó un modelo a partir del cual trabajar con su propia situación.

Piensa en el hecho de estar orientado a las soluciones como en «jugar a ganar» en lugar de «jugar a no perder». Pongamos como ejemplo el caso de mi heroína del tenis, Serena Williams. En el Open de los Estados Unidos del 2012, iba empatada con Victoria Azarenka; cada una había ganado un set. En el tercer set, Serena perdía por dos juegos (3-5). Victoria parecía fuerte, pero Serena no se preparó para perder. De forma lenta pero segura, y de un modo bastante asombroso, dejó atrás su desventaja y ganó el último set por 7-5. En una entrevista después del partido, dijo que en lugar de centrarse en las altas probabilidades que tenía de perder el torneo le dio un vuelco a su pensamiento para considerar una pregunta diferente: «¿Qué debo hacer para *ganar*?». Calculando que todo lo que necesitaba eran doce puntos más, utilizó la mentalidad de la posibilidad para que la guiase punto por punto hasta el trofeo. En otras palabras: pasó del pensamiento basado en las *probabilidades* («¿Qué opciones tengo?») al pensamiento basado en las *posibilidades* («¡Doce puntos más y lo consigo!»).

Utiliza las creencias para perseverar en el viaje

En ausencia de la posibilidad, el cerebro no puede hacer planes o aprender. Creer en la posibilidad puede parecer una especie de apuesta (alimentar una vana esperanza o una ilusión), motivo por el cual muchos de nosotros conservamos una dosis de escepticismo autoprotector, incluso cuando la elogiamos. Pero el escepticismo y la duda pueden apartarnos del camino. La duda contribuye al frenesí neurológico de la distracción.[10] Hace que el pensamiento sea inestable y obstaculiza el avance hacia el cambio. La creencia, por otra parte, es una panacea para el cerebro agotado; reenergiza el pensamiento.[11] En este estado, la mente obtiene el permiso que necesita para saltarse las normas.

¿DE VERAS?

La realidad, tal como la vemos y experimentamos, no está grabada en piedra. Para el visionario, de hecho, el «realismo» es una venda. Es una distracción innecesaria y limitante para la mente que está trabajando para salir del atasco. Tu objetivo es construir una visión de lo que quieres, una visión a la que no debes imponer ninguna restricción, ninguna «corrección» y ningún límite —más adelante podrás moldearla para adaptarla a la realidad–. Estirar la mente más allá de los desafíos a los que te enfrentas te puede salvar la vida. Sin embargo, incluso el mejor de nosotros puede verse tentado por el señuelo tranquilizador de lo que parece ser una actitud pragmática.

Las declaraciones que siguen a continuación corresponden a individuos que cayeron en esta tentación.[12] En 1929, Irving Fisher, un economista de Yale, afirmó en *The New York Times* que los precios de las acciones habían alcanzado «lo que parece ser una altiplanicie permanente». Tres días después, se producía el desplome bursátil que desencadenó la Gran Depresión. En 1957, el editor encargado de los libros de negocios de Prentice-Hall dijo: «He viajado a lo largo y ancho de este país y he hablado con las personas más capacitadas, y puedo asegurarles que el procesamiento de datos es una moda que no llegará a durar hasta el final del año». Después de asistir a una audición de los Beatles en 1962, un ejecutivo de Decca Records le dijo al representante de estos, Brian Epstein, que no tenían futuro en el mundo del espectáculo. Epstein recordó que al ejecutivo no le gustó cómo sonaba esa música y que creía que los grupos de guitarristas estaban de capa caída. Démosle al botón de avance rápido, hasta estos últimos años, y veremos que el patrón de las predicciones «expertas» y «calculadas» sigue siendo cuestionable. En el 2016, la mayoría de las encuestas sobre el *brexit* mostraron estar equivocadas (el Reino Unido terminó separándose de la Unión Europea a pesar de las predicciones generalizadas en sentido contrario). Y en ese mismo año, la victoria de Donald Trump sobre Hillary Clinton en la carrera por la presidencia de los Estados Unidos no fue percibida por la sección Upshot de *The New York Times* ni por el Consorcio de las Elecciones de Princeton, que otorgó a Clinton entre un 70 y un 99 % de probabilidades de alzarse con la victoria.

Es tentador dar crédito a las autoridades que están seguras de lo que dicen. Su claridad puede ser reconfortante... ¡pero *pueden* estar ciertamente equivocadas!

Los científicos saben que la creencia en lo posible y el rechazo a una sola respuesta correcta es la raíz del progreso de la ciencia. Usan hipótesis (por definición, la posibilidad de un resultado) para justificar su avance. Miran las pruebas del pasado y hacen una predicción sobre el futuro basándose en ellas. A continuación, ponen a prueba su predicción por medio de un experimento. Si su hipótesis resulta inexacta, buscan el posible motivo y regresan a la pizarra. El científico realmente comprometido está impelido por la curiosidad y el deseo de encontrar una respuesta. Y los científicos maduros se dan cuenta de que nunca hay una respuesta definitiva; siempre hay más por aprender. Este es un atributo clave de la mentalidad de la posibilidad.

La ciencia ha hecho posibles cosas aparentemente imposibles. La viruela, una enfermedad infecciosa causada por el virus variólico, se estima que ha matado entre trescientos y quinientos millones de personas en el transcurso de la historia.[13] En la guerra de los Elefantes, que tuvo lugar en La Meca en el año 568, diezmó a los soldados etíopes.[14] En 1713 aniquiló a los hotentotes.[15] En 1738 mató a la mitad de la población cheroqui.[16] Y en 1776 acabó con un porcentaje significativo del Ejército Continental norteamericano.[17]

Tras descubrirse una vacuna contra el virus, sin embargo, la viruela fue remitiendo.[18] Después de la Primera Guerra Mundial, la mayor parte de Europa estaba libre de ella. Tras la Segunda Guerra Mundial, cesó el contagio en Europa y América del Norte. En 1950, la Organización Panamericana de la Salud decidió emprender la erradicación de la viruela en todo el hemisferio norte. En 1959, la Organización Mundial de la Salud decidió acabar con ella en todo el planeta. En 1980, la viruela fue erradicada después de una campaña de inmunización mundial.

¡Menuda hazaña! ¡Y qué deslumbrante ejemplo de la mentalidad de la posibilidad en acción! En cada etapa (desde el descubrimiento de la vacuna hasta su erradicación en el hemisferio norte y, a continuación, en todo el mundo), a la declaración de la posibilidad la siguieron los experimentos oportunos, el *intento* y la victoria. ¡Vale la pena esperar lo bueno y permitir que la mentalidad de la posibilidad allane el camino de la acción!

Cuando el cerebro espera lo bueno, esta creencia positiva conduce a una sensación de recompensa y a la reducción de la ansiedad. Y esto no es solo pensamiento positivo; es fisiología. En el 2007, el psicólogo Tor D. Wager y sus colegas de la Universidad de Colorado mostraron que cuando esperamos que una píldora nos alivie el dolor, el simple efecto placebo provocado por dicho pensamiento hace que se liberen opioides (las sustancias neuroquímicas cerebrales que alivian el dolor).[19] Él y sus colegas aplicaron un calor elevado a la piel de los participantes y luego les dieron una de dos cremas: una pomada placebo que se les dijo que aliviaba el dolor y una pomada de control que se les dijo que no tenía ningún efecto. En realidad, las dos cremas eran idénticas. Pero los cerebros de los participantes que recibieron la pomada placebo —y que, por lo tanto, esperaron ver aliviado su dolor— se llenaron de opioides naturales.

Un estudio del 2015 dirigido por la investigadora Sonya Freeman puso de manifiesto la misma realidad.[20] Los participantes recibieron tres tubos con la misma pomada para aliviar un dolor físico. Uno estaba etiquetado como «lidocaína», por lo que esperaron ver aliviado el dolor; otro estaba etiquetado como «capsaicina» (el componente activo de los pimientos picantes), por lo que esperaron que el dolor empeorara, y el tercero fue etiquetado como «neutro», por lo que no esperaron efectos positivos ni negativos. Freeman y su equipo encontraron que se activaron las regiones cerebrales que procesaban el disgusto y la ansiedad en los sujetos que esperaban que su dolor se agravase. Sin embargo, se activó el sistema de recompensa del cerebro de quienes esperaban encontrar alivio. Desde el punto de vista fisiológico, creer también vale la pena.

Permanece fiel a ti mismo

Un ingrediente crucial si se pretende adoptar la mentalidad de la posibilidad es ser fiel a uno mismo. La persistencia es importante, pero ella sola no nos llevará a la meta. Por sí misma, es tan eficaz como el falso optimismo.

Ya sea en el hogar o en el trabajo, cuando elegimos la autenticidad por encima de los argumentos centrados en los objetivos servimos de inspiración y motivamos a los demás para que hagan la misma elección. La diferencia es sutil, pero la combinación es ganadora. El hecho de tener en cuenta a tu público (ya se trate de tu cónyuge o de los compañeros de negocios a quienes estás tratando de convencer) te ayudará a adaptar tu mensaje para que les suscite el mayor interés posible. Pero si, de entrada, tu mensaje no es auténtico, es fácil que metas la pata o que acabes en un lugar al que no perteneces o donde no quieres estar.

Especialmente cuando uno está frustrado le resulta tentador adoptar el mensaje de otra persona o, lo que es peor, un mantra enlatado del tipo «me merezco algo mejor» o «no tengo por qué aguantar esto». Pero siempre hay algo ligeramente debilitador en este tipo de empecinamientos; los llamo *lloriqueos emocionales*. Su origen no es el verdadero orgullo.

En el 2010, el psicólogo Charles S. Carver y un colega pidieron a varios estudiantes de la Universidad de Miami que rellenaran múltiples cuestionarios relacionados con el orgullo, los objetivos fallidos y el autocontrol.[21] El estudio midió dos tipos de orgullo: el orgullo auténtico —un verdadero sentimiento de realización en relación con un objetivo o un deseo sincero de algo— y el orgullo presuntuoso —que proviene de la arrogancia o de la autoimportancia—. Los participantes con mayor orgullo auténtico afirmaron ser capaces de sentir una felicidad repleta de energía cuando alcanzaban una meta, y sus respuestas revelaron que tenían más autocontrol y un mayor dominio de su atención. Las personas con un orgullo presuntuoso estaban más enojadas y eran más impulsivas.

Cuando obtenemos lo que queremos, el cerebro se siente premiado, y su sistema de recompensa se activa. Pero este sistema tiene dos partes: una registra las recompensas que vienen de dentro, llamadas *recompensas intrínsecas*, y la otra registra las recompensas que nos ofrecen, o *recompensas extrínsecas*. Cuando el orgullo es auténtico, obtenemos una recompensa intrínseca. Dejamos de centrarnos totalmente en los puntos de referencia externos y en los demás (en las palmaditas en la espalda u otras cosas que queramos obtener de ellos) y confiamos más a menudo en nuestro propio sentido del logro y del placer como guía. Ansiar recompensas extrínsecas (elogios, dinero, promociones, regalos) puede socavar el sistema de recompensa intrínseco del cerebro: se activa menos, y las buenas emociones que obtenemos de las recompensas extrínsecas no son tan duraderas.

Cuando estés abierto a la posibilidad —avanzando poco a poco a medida que tu objetivo se vuelve más claro—, tienes que encontrar una manera de mantenerte comprometido con tu camino a pesar de la gran incertidumbre que puedas experimentar. En los tiempos de incertidumbre, el sistema de recompensas intrínsecas (sentirte bien y ser fiel a ti mismo) te mantendrá en el buen camino; será la brújula por la que se guiará tu cerebro.[22] Pero no puedes estar en la incertidumbre todo el rato. De vez en cuando, necesitarás regresar a tus antiguos hábitos conductuales y psicológicos y basarte en ellos. Ahí es donde las recompensas extrínsecas juegan un papel.[23] Obtener elogios o un ascenso puede hacernos sentir muy bien, e incluso ser beneficioso para nosotros, pero en el momento en que las cosas se vuelven más inciertas, los elogios y el ascenso pierden su poder, e incluso pueden desactivar la motivación intrínseca.[24] Puedes *enfocarte* en las recompensas externas y, a continuación, *guiarte* por las recompensas internas. Si alternas entre ambas, tu ritmo cognitivo estará en marcha.

Se parece un poco a salir a hacer *footing*. Es posible que te guste la recompensa extrínseca de sentirte sano, pero es necesario que el *footing* te ayude a *sentirte* más sano hoy, para que el objetivo que es la «salud» siga motivándote a largo plazo. Tanto las recompensas intrínsecas como las extrínsecas pueden orientarte hacia tus metas y motivarte a alcanzarlas.[25] La clave es encontrar un ritmo que te permita alternar entre ambas y comprobar, de vez en cuando, el grado de satisfacción que estás experimentando.

Para Jackie fue importante comprender la autenticidad y las recompensas internas con el fin de salir de su atasco. Empezó a hablar desde el corazón. Dejó de lado la necesidad de convencer a su marido y a su jefe de que la ayudaran y pasó a tener una sincera comprensión de lo que quería realmente. Aprendió que cuando el cerebro está bloqueado, el corazón viene al rescate.

En terapia se permitió, por momentos, mirar más allá de su atasco y abrazar la idea de que las cosas podían ser de otra manera. Liberada para imaginarse e inventar un futuro en su mente, su zigzagueante tren de pensamiento la llevó a inesperadas nuevas revelaciones y creencias. No habría tenido en cuenta recuerdos y sentimientos escondidos si solamente se hubiese enfocado en lo que era evidente. En una sesión, manifestó que quería que su esposo estuviera más comprometido con el matrimonio, pero luego reflexionó sobre el hecho de que sentía que su vida en general estaba cada vez más desprovista de pasión. Y en una evocación nostálgica que aparentemente no tenía nada que ver con esto, recordó que había escalado puestos en el trabajo mucho más rápidamente de lo que había previsto. No lo logró a partir de aplicar algún tipo de estrategia o de tener una determinada meta externa, sino porque se vio impulsada desde dentro.

Mientras hablaba, empezó a darse cuenta de que su relación conyugal, el dinero y los problemas laborales no eran sus principales preocupaciones en realidad. Lo que más le importaba era reavivar esa chispa que había sentido en su interior. Nuestra chispa es nuestro mejor aliado cuando podemos encontrarla. Es la mejor luz de la que podemos disponer para orientarnos. Como reveló el estudio de Carver del que te hablé antes, nos otorga un mayor autocontrol.

Totalmente sumergida en la mentalidad de la posibilidad, Jackie había trascendido la distracción de la infelicidad específica. En lugar de ello, empezó a sentirse inspirada, llena de propósito y autonomía. Su mente dejó de estar estancada y se predispuso a ir más lejos. Pasó a estar lista para explorar el campo de posibilidades que el desenfoque había introducido en su vida.

EL BRILLO DE LA MENTE

Para imaginar lo que ocurre en tu cerebro cuando tu mente divaga, piensa en la red neuronal por defecto de la que te hablé en el capítulo 1. Imagina que la RND es un pulpo enroscado como una pelota. Soltar el enfoque la hace brillar (podemos ver este fenómeno gracias a las técnicas de neuroimagen funcional).[26] La RND resplandeciente saca sus «tentáculos» para conectar con los tentáculos del pasado (la parte del cerebro que almacena los recuerdos) y los del futuro (la parte visionaria del cerebro). Estos «tentáculos» son fibras nerviosas que conectan las células cerebrales en distintas regiones. Cuanto más te desenfocas, más brillante es el resplandor, y mejor recuerdas el pasado e imaginas el futuro.

Cuando el pasado, el presente y el futuro unen sus «tentáculos», tu vida adquiere más sentido, porque tu identidad (la que, según tú, es tu historia) se presenta menos inconexa. Y la información empieza a fluir espontáneamente. Este flujo de información se denomina *conciencia autonoética*;[27] concíbela como pensamientos espontáneos o como un conocimiento que se te revela automáticamente.

Cuando estás bloqueado, los pensamientos espontáneos son una intrusión a la que debes dar la bienvenida.[28] Constituyen un indicio de que has activado el cerebro inconsciente,[29] lo cual es positivo.[30]

El cerebro consciente procesa sesenta bits de información por segundo en el mejor de los casos. El cerebro inconsciente lo hace mucho más rápidamente; según algunos entendidos en la materia, procesa once millones de bits por segundo. Aunque esta cifra es debatible, la mayoría de los expertos están de acuerdo en que el cerebro inconsciente es un procesador muchísimo más rápido.[31] Funciona bajo el radar, pero busca datos que el cerebro consciente y enfocado no podría encontrar.

CINCUENTA SOMBRAS DE GRIS* COGNITIVO

La desventaja de tener un cerebro inconsciente tan veloz es que es propenso a saltar por delante de la lógica del cerebro consciente. En estos casos, el cerebro inconsciente puede ser menos preciso.[32] Jackie era ahora una persona decidida, apasionada y orientada a las posibilidades, pero a veces daba unos saltos tan grandes que se asustaba. Las preguntas que empezaba a hacerse (¿cuándo se enfrentaría a su jefe?, ¿qué sucedería si ella y su marido no pudiesen resolver sus conflictos?) demostraban que había desatado la posibilidad y estaba en contacto con sus verdaderos deseos. Pero las repercusiones también eran inquietantes.

---

* El autor hace un juego de palabras con el título del superventas editorial *Cincuenta sombras de Grey* (*grey* es 'gris' en inglés).

Especialmente después de que sus primeros progresos le aportaron confianza, la actitud del todo o nada seducía a Jackie, pero también le resultaba intimidante. Está bien querer «ir a por todas o no hacer nada» y encarar las situaciones de frente; hay un tiempo y un lugar para ello. Pero el pensamiento en blanco y negro puede compararse, a veces, con un espectáculo vistoso pero insustancial, y puede ser demasiado radical y arrojar conclusiones demasiado precipitadas. Cuando estamos bloqueados, las respuestas suelen encontrarse en los muchos tonos de gris, es decir, en pequeños ajustes del pensamiento, y no en una revisión completa. No hay que hacer caso a todas las posibilidades que brinda la mente errante. Se puede experimentar mentalmente con las opciones, reflexionar sobre ellas y modificarlas. Esta forma de proceder está imbuida de un determinado espíritu y se desarrolla como un proceso.

El espíritu de la experimentación

Como escribe el periodista Alec Foege: «Contrariamente a lo que se cree, las grandes innovaciones estadounidenses han sido el resultado de felices coincidencias con las que se han topado una serie de aficionados y soñadores, no ingenieros o profesionales cualificados».[33] Pone como ejemplos a Benjamin Franklin –quien inventó el pararrayos, las lentes bifocales, la estufa salamandra y el odómetro, además de concebir el Servicio Postal de los Estados Unidos– y Thomas Edison –quien pasó ingentes cantidades de tiempo tratando de encontrar la combinación correcta de materiales que permitiesen crear la bombilla–. Según Foege, es posible que su mentalidad experimentadora tuviese sus raíces en el fértil *espíritu* pionero que caracterizaba a los Estados Unidos de la época.

Dejando de lado la ponderación estadounidense (por supuesto, hay innumerables ejemplos de innovación debida a la mentalidad de la experimentación en todo el mundo), lo interesante de esta observación es la idea de que la experimentación no solamente hace referencia a un proceso; también está asociada con un espíritu característico. Algo que tienen en común todas las personas que inventan artilugios, planifican ciudades o construyen sitios web es un espíritu pionero; abrazan la experimentación y las posibilidades. No es que la planificación no forme parte de su proceder, pero no conciben que sus planes sean intocables. Están abiertas a realizar cambios y ajustes, pequeños o grandes.

El espíritu experimentador de Jackie provenía de su curiosidad y su deseo de mejorar su vida. No aceptaba que el curso de esta estuviese sellado. Incluso cuando se encontraba en horas bajas, decía: «Todas mis amigas me dicen que mi vida es genial y que debería dejarme de tonterías. Pero yo no lo veo así. Siento que es útil que me pregunte cómo puedo mejorarla, aunque la respuesta no acuda enseguida. Esta apertura me ha bastado para seguir adelante».

Este es el espíritu de la experimentación. Y puedes encontrarlo en ti mismo si empiezas por adoptar el pensamiento de la posibilidad.

EL PODER DE LA ITERACIÓN

En el 2011, Nassim Taleb, profesor de Ingeniería de Riesgos en la Universidad de Nueva York, describió por qué «la experimentación es superior a la planificación».[34] Contrariamente al concepto de la ingeniería inteligente, en la que nos enfocamos en la construcción (de un negocio, una tecnología, una receta, un matrimonio) de acuerdo con un plan fijo, la experimentación nos permite encontrar soluciones imprevistas y responder a lo inesperado. Explica que esta es la base de los inventos tecnológicos modernos: cada versión fue diseñada para mejorar la anterior y, también, para superar a la competencia. De hecho, Taleb considera que la experimentación es la base de la «antifragilidad» (la habilidad de conservar la resiliencia y seguir siendo competente en un mundo en constante cambio). Se trata de permanecer flexible y cambiar junto con los tiempos.

La experimentación como proceso

Pasar de centrarse en los problemas a sembrar la idea de la posibilidad implica muchos procesos complejos, pero el desenfoque es necesario para ayudar al cerebro a no salirse de la mentalidad de la posibilidad. En lugar de pensar que no hay una solución a la vista, el *no saber* se ve reemplazado por una nueva *hipótesis*: ¡una solución es posible! Y activamos la *imaginación* para diseñar posibles experimentos con el fin de descubrir dicha solución. A lo largo del camino, puede ser que abandonemos un experimento porque no esté funcionando, como cuando Jackie trató de hablar con su marido sobre su trabajo y todo lo que hizo fue darle consejos en lugar de escucharla. O puede ser que veamos una mejor manera de abordar el problema, como cuando Jackie se dio cuenta de que necesitaba revisar lo que realmente quería que le aportase el trabajo a un nivel más profundo, con el fin de ver a qué estaría dispuesta a renunciar, para poder acercarse a su jefe con mayor convicción.

Cuando experimentamos de este modo con los pensamientos, estamos improvisando con ellos. Y cuando estamos imaginando soluciones, también estamos improvisando, desenfocados. En el 2013, el investigador del cerebro Luigi F. Agnati y sus colegas explicaron que la imaginación es el resultado de improvisar con viejas ideas y pensamientos a partir de experiencias únicas con el fin de crear nuevas ideas, que son el fruto de recombinar todo ello.[35] Pasar de un experimento a otro, o improvisar con viejas ideas antes de encontrar las que son adecuadas en el momento actual, es un proceso basado en el desenfoque.

Piensa en ello de esta manera: todos los rascacielos fueron primero una idea, luego un esbozo y después un diseño formal. En cada una de esas etapas esenciales, tuvieron lugar reelaboraciones y ajustes. Si quieres alcanzar el máximo potencial de tu propia vida, o si quieres salir del estancamiento, es indispensable que aprendas a ser un experimentador inteligente. El camino del experimentador no es ir sin rumbo a lo loco; es ejercer la libertad bien entendida. Experimentar con el curso de acción planificado es siempre un comportamiento inteligente, y experimentar a lo largo del camino probablemente lo sea aún más.

Experimentar con la posibilidad (con una serie de ideas para el futuro) es como hacer bosquejos con el pensamiento, hasta obtener la imagen correcta. Cuando temas dar grandes saltos, puedes y debes examinar el miedo que te inspiran este tipo de saltos. Un gran salto te parecerá más manejable si lo concibes dividido en pasos pequeños, progresivos.

No se trata solamente de dar pequeños pasos, sin embargo; también se trata de mirar las cosas desde tantos ángulos como sea posible y complacer la curiosidad. Esta activa el ritmo cognitivo; nos saca de la *fijación* con el objetivo, lo cual pertenece al ámbito del enfoque, para llevarnos a efectuar *descubrimientos* en relación con el objetivo, lo cual pertenece al ámbito del desenfoque.

En el 2012, la psicóloga cognitiva Marieke Jepma y sus colegas realizaron un estudio para ver qué sucede con el flujo sanguíneo cerebral cuando sentimos curiosidad.[36] Los investigadores mostraron a los sujetos del estudio imágenes borrosas que despertaron su interés, y luego analizaron el comportamiento del flujo sanguíneo en su cerebro. Más tarde, aliviaron la curiosidad de los participantes (les mostraron las mismas imágenes, pero nítidas) y, de nuevo, analizaron el flujo sanguíneo cerebral. A continuación, compararon los análisis.

Encontraron que cuando los participantes sintieron curiosidad su sangre fluyó a las regiones del cerebro que procesan la excitación y el conflicto. Y el alivio de la curiosidad activó el estriado ventral, un centro de recompensa intrínseco. Cuando la experimentación está alimentada por la curiosidad, estamos en actitud de búsqueda (desenfocados), y cuando se ve satisfecha por el descubrimiento correspondiente (el cual pertenece al ámbito del enfoque), volvemos a sentirnos bien. Cada vez que consideramos un asunto con curiosidad (uno solo en cada ocasión), obtenemos una recompensa a corto plazo cuando lo resolvemos. Buscar la forma de obtener recompensas a corto plazo de esta manera puede ser motivador y nos proporciona energía para seguir descifrando cuestiones a lo largo del día.

No hay una solución única, apta para todos en todas las situaciones, para salir de los atascos. La mentalidad de la posibilidad fortalece la mente divagadora, pero experimentar con las ideas y los sentimientos que nos ofrece esta mente es la forma más productiva de tomar en consideración las opciones que tenemos.

LA DIVAGACIÓN MENTAL ESTRATÉGICA

El desenfoque obra mejor su magia sobre los patrones mentales cuando nos reservamos tiempo a propósito, estratégicamente, para dejar vagar la mente. Muchas personas de éxito han incluido en sus vidas lo que yo llamo *pausas (o divagaciones) mentales estratégicas* en momentos en que se han sentido perdidas o bloqueadas.

Steve Jobs, fundador de Apple y Pixar, nunca acabó los estudios universitarios. Dijo que decidió «abandonar y confiar en que todo saldría bien».[37] Date cuenta de que confiaba, es decir, de que tenía un sentido de la posibilidad. En 1974 estuvo en un *ashram* de la India meditando y cavilando, y salía a caminar por pueblos cercanos.[38] En 1976 fundó Apple.[39]

Cuando Facebook pasó por un mal momento en el 2008, su fundador, Mark Zuckerberg, siguió el consejo de Jobs:[40] se tomó un tiempo para reflexionar sobre el futuro de la empresa. Después de eso, le dio la vuelta a la mala racha.

Bill Gates aún se aísla dos veces al año en lo que denomina una «semana de reflexión» para pensar acerca del futuro de la tecnología.[41] En una de estas semanas, en 1995, se inspiró para escribir un artículo, *El tsunami de Internet*, que llevó a Microsoft a desarrollar su navegador y derrotar a su competidor, Netscape.

Los visionarios de éxito entienden lo útil que es tomar descansos para reflexionar sobre las ideas. Cuando soltamos el enfoque, ocurren cosas increíbles en el cerebro. La mente divagadora se convierte en un detective que va en busca de los pensamientos más elusivos. Nos ayuda a atar cabos, cuando antes de eso estábamos bloqueados. Una mente errante que se halle inspirada por la posibilidad está sumida en una búsqueda activa. No te interpongas en su camino. Ahora bien, no tienes por qué ser un visionario en mayúsculas, dejar la universidad o ir a un destino exótico para inspirarte. Puedes activar tus capacidades visionarias justo donde estás.

COMPRENDER LA PROPIA IDIOSINCRASIA

Por más energizante que pueda ser improvisar con los pensamientos y explorarlos desde muchos ángulos, puede ser que pierdas el entusiasmo tras el arrebato inicial. Especialmente si sientes que no estás yendo con rapidez a ninguna parte, puede ser que quieras dejar de creer y limitarte a hacer algo más «realista» o «concreto». Esto es comprensible. Nadie quiere que su cerebro esté excitado y en conflicto todos los días a todas horas; no es muy agradable. Necesitas una recompensa intrínseca para poder sentirte con energía a la hora de perseguir tus objetivos, incluso cuando la solución no es evidente. Tienes que reabastecer tu cerebro con el fin de que tu auténtico yo permanezca presente.

Bastó con que mencionase la palabra *presente* para que Jackie hiciera un gesto de escepticismo. Pero un brillante artículo sobre cómo funciona la mente, escrito por los filósofos Bryce Huebner y Robert D. Rupert, me dio el recurso que necesitaba para mantenerla interesada.[42]

Fundamentalmente, Huebner y Rupert explican cómo se motiva la gente para ir del punto A al punto B. Un objetivo puede ser aquello a lo que apuntamos, pero no tiene por qué motivarnos por sí mismo. Jackie, por ejemplo, no podía mantener en su mente una imagen que la motivase en cuanto al aspecto que podría presentar su vida laboral y conyugal; el objetivo era demasiado vago. Podemos sentirnos motivados por una posible recompensa personal tangible, como en el ejemplo del *footing*, pero a menudo ni siquiera eso es suficiente.

Para perseguir *tus* metas, tienes que mostrarte a la vida, estar presente de la manera más completa posible. Cuando digo «presente» no me estoy refiriendo al grado de tu atención, sino a la cantidad de circuitos relativos al yo que se activan en tu cerebro. Debe activarse una cierta cantidad de ellos para que estés motivado para seguir adelante.

Los objetivos activan nuestras creencias y nuestro pasado. Metafóricamente, cuelgan cuadros en la galería de los centros de memoria del cerebro, y así hacen que estén disponibles todas las partes de nosotros mismos que pueden estarlo. Cuando están colgados los suficientes cuadros adecuados, nos sentimos con energía. Cuando no hay los suficientes o cuando los que hay son una mezcla de aspectos que nos gustan y que no nos gustan de nosotros mismos, puede ser que nos sintamos carentes de inspiración. Denomino *masa psicológica crítica* (MPC) a la cantidad de representaciones que necesitamos para sentirnos energizados. La MPC es la cantidad mínima de facetas de nosotros mismos que deben estar activas para que nos sintamos motivados a hacer algo. Y no siempre son evidentes.

Para Jackie, una de las representaciones era reanudar las lecciones de piano. De entrada, podrías preguntar qué tenían que ver las clases de piano con sus objetivos. La respuesta: todo. Cuando quieres alcanzar un objetivo, no es solo este lo que importa; *tú* también importas. A Jackie, la ausencia de música en su vida la hacía sentirse psicológicamente entumecida. El hecho de retomar las clases de piano le acabó de dar la inspiración que necesitaba para experimentar mentalmente con otros objetivos que no tenían que ver con la música. Cuando la conocí, pensé que su anhelo de tocar el piano era un pensamiento secundario de poca importancia. Pero cuando me habló de cómo la hacía sentir esta actividad en otros tiempos, me di cuenta de que este aspecto latente de sí misma era una poderosa fuerza que la impulsaba. Y, lo que es más importante, formaba parte de quien era ella; sin este componente, se sentía con menos energía.

Hay innumerables subdirectores de recursos humanos en grandes empresas que están casados y tienen dos hijos. Pero solo había una Jackie. Del mismo modo, independientemente de cuál sea tu edad, raza, trabajo y situación familiar, solo hay un tú. Y cuando estás tratando de honrar la complejidad de tu originalidad, las pequeñas piezas del puzle de tu pasado importan. Los detalles son clave, y la divagación exploradora es la única herramienta mental lo suficientemente pequeña como para entrar en los rincones y recovecos que contienen las partes que te completan.

El olor de tu abuela, ese fresco día de otoño en que jugaste a la pelota con tu padre, la vergüenza que sentiste cuando trajiste a casa tus notas de quinto grado [el equivalente a quinto de primaria], el gozo de tener un palo de billar en tus manos y la emoción de perderte en un juego de Power Rangers son, todos ellos, recuerdos que están almacenados en tu cerebro, pero a los que no puede acceder la mente enfocada. La divagación desentierra esta nostalgia. Permite que el cerebro predictivo utilice tus recuerdos para rellenar las lagunas que presenta la imagen mental que tienes de ti mismo con el fin de construir una imagen diferente de tu futuro.[43] Esto también te hará sentir más completo y total.[44] Esta autenticidad te estimulará a seguir avanzando.[45]

Cuando las posibilidades empiezan a revelársete (esta revelación es la consecuencia de dejar que tu mente divague), necesariamente desarrollas la versión 1.0 de tu plan, el cual vas actualizando a medida que efectúas más descubrimientos. Este desarrollo y esta revisión planeados constituyen una forma de divagación exploradora. Vale la pena permitir que el proceso se desarrolle con el tiempo. Piensa en ello como en saborear un trozo de chocolate de calidad. A medida que se va derritiendo en tu boca, van apareciendo sabores sutiles y deliciosos, que te perderías si tragases el chocolate tras haber masticado un par de veces. Del mismo modo, el hecho de saborear tus pensamientos puede revelar información sutil. La clave es que no te sientas desalentado por tu plan 1.0 si no alcanzas todos los objetivos. ¿Alguna vez has comparado el aspecto de un viejo teléfono fijo con el de un teléfono inteligente? Es difícil creer que uno llevó al otro, pero así fue.

Tampoco tienes que obsesionarte con ser perfecto. Cuanto menos te obsesiones con los retoques, más probable será que llegues con rapidez a la primera versión de tu solución. Aprenderás con vistas a la próxima versión, y entonces te sentirás aún menos estancado. Cuando consideras cada decisión como una versión que precede a la siguiente, la imperfección pierde importancia. La vida se parece más a un juego de Lego que a una construcción acabada; pueden cambiarse piezas.

A medida que Jackie fue barajando sus opciones, fue viendo mejor cómo ubicarlas en el tiempo. Cuando llegó a la conclusión de que debía hablar con su jefe, no se apresuró a hacerlo. Reflexionó al respecto y no tardó en darse cuenta de que le iría mejor si dispusiese de más información. ¿Con qué rapidez eran ascendidos los demás? ¿Contaban con ventaja los hombres? ¿Cuánto se pagaba a los otros empleados? Su ascenso ¿resultaría útil a otras personas o las lastimaría?

Antes de aprender a jugar con sus pensamientos, valoró abrir esa conversación diciéndole a su jefe: «Me gustaría hablar con usted de un ascenso». Tras considerar otros posibles escenarios, abrió la conversación con estas palabras: «He observado un patrón en cuanto a los ascensos. Veo que cumplo con los requisitos y me encantaría saber si estoy en lo cierto».

Lao-Tse dijo en una ocasión: «Cuando suelto lo que soy, me convierto en lo que podría ser».[46] La posibilidad tiene que ver con ser y soltar; la experimentación es el proceso por el que llegamos a algo diferente. La exploración de Jackie le permitió llegar a estar más informada, segura de sí misma, confiada y motivada. Reunió el valor que necesitaba para hablar con su jefe y el resultado fue positivo. ¡Consiguió el ascenso!

Puesto que estaba en racha, pensó que lo siguiente que iba a hacer era dirigirse a su marido, Bob, para hablarle acerca de la posibilidad de mejorar su matrimonio. Pero cuando abordó el tema, Bob pensó que estaba siendo poco realista. Sus jornadas laborales eran de doce horas; cambiar de marcha y satisfacer un ideal hollywoodiense de romance juvenil le parecía ridículo, cuando ambos estaban trabajando tanto con el fin de ahorrar para la educación universitaria de sus hijos. Una parte de ella estaba de acuerdo con esta visión, así que abandonó la discusión desilusionada y estuvo a punto de darse por vencida.

Le recordé que esta había sido la primera respuesta de su marido. ¿Y si no fuera la última?

HACER LIMONADA EXPRIMIENDO LIMONES (NEUROLÓGICAMENTE HABLANDO)

La mayoría de las personas —y la mayor parte de las empresas— se preparan para los errores tratando de prevenirlos. Cuando hacemos esto, sin embargo, nos perdemos lo que puede tener de positivo cometer errores, lo que podemos aprender de ellos y la forma en que podemos usarlos para transformar nuestras vidas.

¿Alguna vez has olvidado un pedazo de queso en la nevera que acabó por tener moho? ¿O tal vez dejaste que los platos se acumulasen en el fregadero y te encontraste con que apareció una sustancia verdosa en ellos? Tu instinto natural probablemente fue taparte la nariz y tirar el queso; y si no tiraste los platos, lo más seguro es que te apresuraste a trasladarlos al lavavajillas y le diste al botón de lavado tan rápido como pudiste.

Gracias a Dios, el biólogo escocés Alexander Fleming no era muy aprensivo ni estaba ansioso por deshacerse de las cosas asquerosas y malolientes. Un mes de agosto, se tomó unas vacaciones y dejó su laboratorio, donde estaba investigando los estafilococos, un tipo de bacterias presentes en la nariz, la boca, la zona anal y el área genital del 25 % de las personas. Los estafilococos pueden, sin embargo, ocasionar forúnculos, celulitis e incluso inflamación de las válvulas cardíacas. Cuando Fleming volvió de sus vacaciones, encontró que un extraño hongo estaba creciendo en sus cultivos de dichas bacterias. Pero en lugar de deshacerse automáticamente de esas placas de Petri, advirtió con interés que el hongo había matado a los estafilococos. Esto condujo al descubrimiento de la penicilina.[47] Si al ver los hongos, se hubiese tapado la nariz, hubiese cerrado los ojos y hubiese tirado las placas, tal vez se habría avanzado mucho más lentamente en el tratamiento de las enfermedades infecciosas.

Otro ejemplo lo proporciona un famoso fármaco. La angina de pecho es un dolor debido a algún bloqueo en las arterias del corazón. La compañía farmacéutica Pfizer desarrolló una píldora llamada UK92480 para aliviar este tipo de dolor pectoral. Aunque este fármaco fue un fracaso rotundo, Pfizer advirtió un efecto secundario interesante: parecía ocasionar erecciones. En lugar de ignorar este efecto secundario, lo investigaron, y el medicamento acabó siendo aprobado para corregir la disfunción eréctil. Este fue el origen de la Viagra.[48]

¿Y si algunos de los «efectos secundarios» que se presentan en tu vida tuviesen una utilidad? La mente enfocada considera las consecuencias no deseadas como irrelevantes; en cambio, la mente desenfocada se detiene a pensar, reflexionar y divagar sobre las posibles oportunidades. Como en el caso de Alexander Fleming y los científicos de Pfizer, la mentalidad de la posibilidad no es reactiva sino receptiva; no es solamente consciente de los errores, sino que busca las oportunidades, y está dispuesta a desenfocarse de lo que tiene justo delante de los ojos.

Piensa en todo aquello por lo cual tuviste un mal día y pregúntate: «¿Y si no tirase el grano junto con la paja?». ¿Y si tuvieses la inclinación de garabatear, metafóricamente hablando, mientras estás sentado con tus errores? Preferimos olvidar nuestros fallos y borrar cualquier rastro de ellos; sin embargo, pueden ofrecernos oportunidades fructíferas.

RÍETE UN POCO

En el 2015, el profesor de Psicología Cognitiva Henk van Steenbergen y sus colegas realizaron un experimento para examinar el impacto del humor en el cerebro.[49] ¿Afecta el humor al cerebro suavizando el impacto de las situaciones de estrés?

Se pidió a los participantes que llevasen a cabo una tarea que resulta estresante para la mente. Consiste en lo siguiente. Aparece el símbolo de una flecha en una pantalla, apuntando a la izquierda o a la derecha. Los sujetos deben presionar, en un teclado, la tecla asociada con la flecha correspondiente, lo más rápidamente posible. Sin embargo, a ambos lados de la flecha de referencia hay otras flechas que apuntan en el mismo sentido o bien en sentidos diferentes. Si las flechas de ambos lados apuntan en el mismo sentido que la flecha central, al cerebro le resulta más fácil responder; pero si el sentido no coincide, la mayoría de las personas necesitan hacer una pausa para asimilar las opciones y efectuar su elección antes de pulsar la tecla.

Antes de realizar esta tarea, los participantes vieron viñetas neutras o divertidas. Los investigadores querían averiguar si el hecho de ver algo gracioso ayuda al cerebro.

Lo hace. Cuando los sujetos vieron los dibujos divertidos, tuvieron que esforzarse menos mentalmente para acertar con las flechas. El humor ayudó al detector de conflictos ubicado en la corteza frontal. Suavizó las exigencias de esta región y permitió que el cerebro fuera más flexible.

De cualquier modo, los errores generan estrés, y el humor desempeña un papel enorme a la hora de seguir adelante en el proceso de salir del bloqueo. Cuando te enfrentas con lo que crees que es un error horrible, este puede ser tu mayor activo, porque te permite pensar de manera diferente, y a menudo con mayor claridad.

Cuando Jackie volvió a hablar con Bob, se rio con él por lo innecesariamente seria que se había vuelto. El hecho de que abordase la situación con menos intensidad hizo que él estuviese más receptivo a hablar de la posibilidad de efectuar cambios en sus vidas, y juntos concibieron maneras de tener otro tipo de experiencias. No pasaron de pronto a las citas nocturnas. Esto habría constituido una presión; no se sentían capaces de fingir comportamientos románticos planificados. Así que no esperaron el uno del otro una falsa actitud solícita, un comportamiento deliberadamente íntimo o el reconocimiento de estar distraídos. En lugar de eso, empezaron con algo más modesto: todas las noches, pasaron a reservarse treinta minutos para reflexionar sobre cuestiones positivas; por ejemplo, sobre cómo había mejorado sus vidas su matrimonio o sobre los motivos por los cuales se sentían orgullosos de sus hijos. También introdujeron una «noche de cócteles» semanal en casa. La convirtieron en un evento que incluso despertó el interés de sus hijos, quienes esperaban ansiosos sus cócteles sin alcohol. El hecho de intentar actividades nuevas no hizo que sus vidas experimentasen una sacudida brusca —nada cambió de la noche a la mañana—, pero el proceso de considerar y vivir juntos las opciones los hizo sentirse más vivos y conectados.

Y experimentaron con sus éxitos y fracasos. Cuando empezaron a sentir que la noche de cócteles semanal era un divertimento forzado, pasaron a celebrarla cada dos semanas. Cuando empezaron a sentir que sus charlas nocturnas se estaban convirtiendo en meras manifestaciones de psicología positiva, decidieron ser más conscientes y espontáneos, no forzar el discurso positivo. Y extendieron esta comunicación a distintos momentos del día —no todos los días, sino cuando les apetecía; se llamaban por teléfono—. Tuvieron que esforzarse un poco, pero cuando se dieron cuenta de lo bien que les hacía sentir esta dinámica, la cultivaron cada vez más.

La autenticidad puede ser el mayor de los sueños para la más ocupada de las parejas, pues nos quita la presión de ser algo que no somos. También podemos cambiar las dinámicas de vez en cuando. Y podemos reírnos de los asuntos de la vida que nos tomamos demasiado en serio.

JUNTEMOS LAS PIEZAS DEL ALIVIO DE LAS FRICCIONES

La mayoría de las personas escuchan consejos y hacen los cambios correspondientes... y obtienen escasos resultados, o ninguno. Esto ocurre porque cambian sus pensamientos y acciones pero no sus filosofías o sistemas de creencias fundamentales.

Piensa que tu mente es como un acuario. Tus pensamientos y tus actos son los peces, mientras que tus filosofías constituyen el «medio mental» —el agua, el oxígeno y la comida que alimenta a esos peces—. Debes trabajar en cambiar tu medio mental antes de intentar cambiar tus pensamientos y tus acciones. A partir de ahora, cada vez que te topes con un muro en tu vida, efectúa cambios en tu medio mental en primer lugar.

SILENCIA LA MÁQUINA DE LAS EXCUSAS

En 1956, el psicólogo Jack Brehm realizó un experimento en el que pidió a los participantes que evaluaran el atractivo de varios aparatos, como una sandwichera eléctrica, una lámpara de escritorio, un cronómetro y un transistor.[50] Muchos de los sujetos pusieron la misma puntuación a dos de ellos. En estos casos, Brehm les pidió que eligieran uno de ellos para llevárselo a casa. Veinte minutos después se les pidió que volviesen a poner una puntuación a los aparatos. Un tanto sorprendentemente, valoraron mejor aquellos que habían elegido llevarse. Por ejemplo, si en un principio habían puesto la misma puntuación a la sandwichera y al cronómetro y después eligieron llevarse la sandwichera, pusieron una puntuación más baja al cronómetro en la segunda ronda. Se convencieron de que habían tomado la decisión correcta.

En 1968, el psicólogo Robert E. Knox y sus colegas pidieron a un conjunto de personas que evaluaran las posibilidades de que un caballo ganara una carrera.[51] Antes de apostar, los participantes calificaron, de media, con un 3,48 las posibilidades de victoria del caballo. Después de hacer una apuesta de dos dólares, la calificación promedio fue de 4,81. Una vez más, cuando invertimos en algo, nuestro cerebro pasa a considerarlo más importante. El mismo principio opera cuando calificamos una opción vacacional antes y después de llevarla a cabo. Y las investigaciones demuestran que este sesgo puede persistir durante dos o tres años: tendemos a recordar lo que valoramos y valoramos lo que recordamos.

En otras palabras, tu cerebro está programado para racionalizar o excusar tus elecciones, y esto actúa en contra de los mejores esfuerzos que hagas para desbloquearte. Incluso el pensamiento de cambiar de rumbo o el menor desenfoque ocasionará un caos cerebral. La denominación técnica de este fenómeno es *disonancia cognitiva*. El cerebro se rebela contra el cambio, incluso si es bueno para ti, e intenta quedarse atrapado, en lo que es un comportamiento irracional. El estancamiento puede parecer más seguro que el cambio.

El primer paso hacia el silenciamiento de esta máquina de hacer excusas es reconocer que eso podría estar ocurriéndote a ti. Puesto que el diálogo interno en segunda persona reduce el estrés más eficazmente que el diálogo en primera persona,[52] debes decirte: «No aceptes ninguna excusa. El objetivo es salir del bloqueo».

Por supuesto, a veces tus excusas resuenan con la esencia de tu ser. Acaso digas: «Esto no es para mí», remitiéndote a la «visión» que tienes sobre ti mismo. Puede ser que racionalices la opción de aceptar el *statu quo* por medio de asegurar que no has nacido aventurero. Pensamientos como este constituyen indicios de que la máquina de hacer excusas del cerebro está interfiriendo, por lo que conviene que intervengas con el diálogo interno.

Se ha investigado mucho con el fin de aislar e identificar el «gen de la aventura». Si bien varios estudios han reflejado que un gen receptor de la dopamina D4 puede estar asociado con la búsqueda de la novedad, muchos otros estudios han sido incapaces de replicar este hallazgo.[53] Incluso si los genes contribuyen a este comportamiento, representan solamente entre el 4 y el 6 % de las causas totales. Si actualmente no eres una persona aventurera, no estás condenado a seguir siendo así durante toda la vida. No eres prisionero de tus genes o tus hábitos, y tienes la capacidad de cambiar tus filosofías mentales si así lo eliges.

AÑADE «PERÍODOS SIN ESTRÉS» A TU DÍA

El estrés es una resaca que nos aleja de la orilla de la calma que queremos alcanzar. Nos mantiene atrapados en nuestros hábitos.[54] Es difícil cambiar los pensamientos, las emociones o los hábitos cuando se está estresado.

El estrés de la vida rara vez desaparece, pero puedes aprender a gestionarlo mejor. Si se trata de algo novedoso para ti, es útil que te reserves un tiempo en el que te comprometas a protegerte del estrés diario. Por muy difícil que pueda ser obtener este tiempo, debes saber que si te las arreglas para conseguirlo, obtendrás grandes beneficios de ello. Por ejemplo, los médicos padecen cada vez más agotamiento nervioso; es una epidemia creciente, y se trata de una consecuencia seria del estrés. En el 2014, Colin P. West, internista de la Clínica Mayo, pidió a los médicos que se tomaran una hora de descanso remunerado cada dos semanas para unirse a un grupo de discusión.[55] Durante ese tiempo, reflexionaron, compartieron experiencias y aprendieron unos de otros. Después de nueve meses, su compromiso, empoderamiento, calidad de vida y satisfacción en el trabajo mejoraron significativamente, y su agotamiento nervioso y sus síntomas depresivos se redujeron de manera ostensible. Seguían lidiando con los mismos factores de estrés, pero se sentían mejor en general.

Sé que es difícil encontrar una hora cada mes, y ya no digamos cada semana, pero deberías tratar de obtener una hora semanal de la que puedas disponer sin ser interrumpido. El objetivo es que te desprendas de tus problemas durante esa hora, que quites tu equipaje psicológico de tu cinta transportadora mental. Solo o en compañía de alguien con quien te guste estar, elige realizar una actividad que pueda aportar algo de calma a tu día (pintar, pasear con el perro, mirar al techo sentado en tu sillón favorito...).

Una colega internista me contó recientemente una historia que me dejó impactado. Mientras estaba hablando con una paciente por teléfono, le pareció detectar los síntomas de un ataque cardíaco. Mi colega le dijo: «Creo que estás a punto de sufrir un ataque al corazón. Es mejor que vengas».

La paciente lo desestimó educadamente, porque su hijo tenía un partido importante, su marido regresaba de un largo viaje y un millón de razones más. Dijo que quería posponer la visita un día, por lo menos. Absurdo, ¿verdad? Sin embargo, si no te has reservado a propósito períodos para desconectar o libres de estrés en tu horario, también tú puedes hacer caso omiso de las señales de alarma y perjudicar absurdamente tu salud.

VIVE UNA VIDA DIRIGIDA POR LAS CREENCIAS

Las creencias son una puerta de acceso biológica a la información sensorial entrante. Tienden a dirigir nuestros sentidos. Cambia tus creencias, y lo que veas y oigas también cambiará.

La literatura médica está repleta de ejemplos de enfermedades que aparecen y desaparecen en función de las creencias. En 1988, el psicólogo Nicholas Spanos y sus colegas llevaron a cabo un estudio en el que personas con verrugas fueron hipnotizadas con el fin de que sus excrecencias desaparecieran.[56] El efecto de esta intervención se comparó con la recepción de un placebo, así como con la ausencia de cualquier tratamiento. La hipnosis se asoció con la remisión de las verrugas, especialmente si los participantes imaginaban vívidamente que así ocurría.

El proceso por el cual tiene lugar este efecto aún es objeto de debate y, como ocurre con la mayoría de las intervenciones, probablemente no funciona para todos los tipos de verrugas o en todas las situaciones. Pero más de veinte estudios, algunos controlados y otros anecdóticos, han demostrado este efecto. Algunos expertos que han sido testigos de ello han formulado la teoría de que la creencia activa «estrategias de batalla bioquímicas».[57] Hay unos mensajeros químicos que ayudan a las células inmunitarias a matar las verrugas inducidas por microorganismos o que ocasionan la obstrucción selectiva de pequeñas venas, de tal forma que se interrumpe el suministro de nutrientes a las verrugas. Las creencias tienen una bioquímica subyacente; es por eso por lo que también pueden ayudarnos cuando nos sentimos bloqueados.

No tengas miedo de racionalizar estas creencias, de explicarte (en voz alta o pensando) que las necesitas para recompensar a tu cerebro. Acuérdate de los estudios sobre el alivio del dolor y el placebo que mencioné anteriormente.

Si una persona ha hecho lo que quieres hacer, eso es factible. Al menos alguien que estaba en la miseria ha encontrado la libertad económica. Mucha gente en el mundo que permaneció soltera hasta la última etapa de su vida encontró finalmente el amor. Recuerda que no nos interesa la probabilidad de que acontezca lo que queremos, sino solamente si eso es posible. Cuando reconocemos esto en lo profundo, comenzamos a salir de nuestro estancamiento.

MIRA AL HORIZONTE

Piensa en los límites como en horizontes.[58] En lugar de dejar que te paralicen o te disuadan, sigue adelante y experimenta por el camino. Cuando lo hagas verás que, como ocurre con los horizontes, los límites pueden cambiar. Lo que parece un final a menudo no lo es si seguimos explorando.

Con este concepto en mente, trata de pensar en tus ideas e incluso en tus bloqueos como si fuesen puntos en el horizonte. Ten la certeza de que cambiarán (tal vez se volverán más grandes, tal vez se alejarán) a medida que te acerques a ellos, les des la vuelta y los consideres como opciones. Tómate en serio este principio y da un pequeño paso a la semana durante el primer mes, luego dos veces a la semana durante el mes siguiente. Los pasos no tienen por qué ser progresivos o estar conectados.

Supongamos que quieres cambiar de trabajo pero no puedes hacerlo, por razones prácticas. En lugar de no hacer nada, empieza a buscar otro empleo de todos modos, sabiendo muy bien que estás haciendo caso omiso de la practicidad. Pasa treinta minutos navegando por Internet en busca de ofertas de trabajo; esto ampliará tu idea de lo que es posible y tal vez estimulará a tu cerebro a considerar nuevas posibilidades.

Piensa en cómo Jackie empezó por reflexionar sobre sus asuntos, regresó a ellos y volvió a examinarlos, incluso después de que Bob descartara su propuesta de cambiar la forma en que pasaban el tiempo juntos. Incrementa gradualmente este comportamiento con el tiempo. Piensa en cada paso como en un experimento, y sé el escultor de tu propia vida.

ABRE LA PUERTA A LA ENSOÑACIÓN DIURNA

Vivir la vida «con todo el cerebro» significa hacer tiempo y espacio para el inconsciente, que trabaja de manera poco enfocada bajo el radar. Resérvate deliberadamente momentos de espera y divagación para no seguir golpeándote la cabeza, metafóricamente hablando, contra el muro de los bloqueos.

En la década de 1950, Jerome Singer, psicólogo de la Universidad de Yale, identificó tres tipos de ensoñación diurna:[59] la *ensoñación diurna constructiva positiva*, un proceso en que nos encontramos relativamente libres de conflictos psicológicos e imaginamos vívidamente, por el deseo de hacerlo y con espíritu divertido; la *ensoñación diurna culpable disfórica*, que se ve impulsada por una combinación de ambición, fracaso y agresión, o por la reaparición obsesiva de un trauma, y el tipo de ensoñación que podríamos denominar *escaso control de la atención*, que es típica de los individuos que padecen ansiedad y de los que tienen dificultades para concentrarse. La clase de ensoñación diurna que nos interesa es la primera, la constructiva positiva.

Cuando nos permitimos soñar despiertos, nuestras reflexiones nos ayudan a planear mejor el futuro y a prestar atención a los múltiples datos que está procesando el cerebro. Además, estas pausas que dedicamos a la ensoñación diurna nos dan la oportunidad de separarnos de nuestros hábitos —esta es una gran manera de empezar a salir de nuestro estancamiento—.

Es vital que te reserves tiempo para practicar la divagación mental todos los días. Algunas personas lo hacen cuando se acaban de despertar (antes de levantarse para empezar el día). También puedes soñar despierto mientras miras por una ventana, sentado en una sala de espera o dando un paseo. Por paradójico que parezca, una vida sin tiempos de espera es ineficiente; la batería cerebral se agotará rápidamente. No puede determinarse con exactitud la cantidad de tiempo de la que estamos hablando, pero si empiezas con quince minutos diarios y luego consigues dedicar a tu ensoñación entre quince y treinta minutos tres o cuatro veces al día, probablemente verás un cambio en tu grado de bloqueo.

Si estás pensando que sesenta minutos de ensoñación diurna son demasiados para acomodarlos en tu día, es posible que te estés engañando. Muchos estudios muestran que probablemente ya pasamos al menos la mitad del tiempo de vigilia soñando despiertos.[60] En lugar de dejar que la ensoñación diurna «se cuele» en ti, ¿por qué no convertirla en una dinámica constructiva por medio de incluirla en tu *desenfocario* deliberadamente, en los momentos en los que sea más probable que estés fatigado o aburrido? Al principio, es posible que necesites una alarma para que te ayude a acordarte de soñar despierto. Con el tiempo, deberías hacerlo de forma natural.

VISITA CON TU CORAZÓN

Los centros emocionales del cerebro humano están conectados con el cerebro pensante.[61] Esto no es tan esotérico como parece. Piensa en ello: si vieses un zorro en el transcurso de una caminata, tu *ansiedad* te haría *pensar* en evitarlo, ¿verdad? Si vieses a tu mejor amigo en un centro comercial en la parte superior de una escalera mecánica, tu *entusiasmo* te haría *pensar* en apresurarte a subir. Cuando lo expongo de esta manera, ¿puedes ver cómo el pensamiento y la emoción están íntimamente conectados? De hecho, el neurólogo Antonio Damasio escribió un libro entero sobre el tema, titulado *El error de Descartes*.[62] Afirmó que desde el punto de vista neurológico es incorrecto decir «pienso, luego existo». En realidad, la mente no existe sin el cuerpo; los circuitos del pensamiento y los de las emociones están entretejidos en el cerebro.

Tiene mucho sentido operar desde el corazón cuando la mente está bloqueada. (Por supuesto, el cerebro también está muy implicado en lo que denominamos *corazón*, puesto que procesa la intuición, el amor y el instinto, pero estoy hablando metafóricamente en este caso). Cuando estés perdido, es importante que regreses a lo que verdaderamente quieres y crees, un lugar donde no necesitas convencerte de qué es lo que te motiva realmente.

John Cassavetes, cineasta griego-estadounidense, fue considerado uno de los directores más influyentes de nuestro tiempo. Cuando se le preguntó cómo decidía cuáles eran las películas que quería hacer (a menudo con un presupuesto reducido o a base de préstamos), respondió que tenía una mente de una sola pista. Lo único que le importaba era el amor, así que solamente hacía películas sobre el amor.[63] Explorar el amor era su pasión. Y a ti, ¿qué es lo que te hace sentir en tu salsa? Admítelo. Abrázalo.

Para incorporar el «corazón» a tu vida, programa una vez por semana una «visita del corazón» a lo que amas, y realiza esa actividad solo o con alguien cercano a ti. No tiene por qué suponer mucho tiempo, pero es importante que lo hagas para mantener el rumbo. Si tu pasión es cocinar, resérvate una tarde-noche a la semana para preparar algo magistral o que te haga sentir nostálgico. Si lo tuyo es la música, ponte como meta tocarla o escucharla. Si te sientes en tu salsa leyendo, haz tiempo para ello. Si lo que nutre tu alma es escribir poesía, trata de escribir una o dos estrofas al día. El tema es que hagas algo que active tus emociones. Más estudios de los que podría mencionar aquí apuntan a que nuestras emociones son nuestro faro cuando estamos perdidos.

Durante este período de revisión, pregúntate: «¿Cuál es la filosofía por la que me guío? ¿Qué es lo que realmente me importa? ¿Cómo ha cambiado?». Responder estas preguntas activará fuertes sentimientos en ti que te ayudarán a encajar las piezas del puzle de tu vida.

Cuando el enfoque te mantiene cautivo, estás atrapado. Pero cuando la posibilidad es tu brújula, ¡no puedes estarlo! Al añadir nuevas filosofías y principios basados en el desenfoque cuando el resto del día estás enfocado, podrás conectar con tu ritmo cognitivo. Dejarás de sentirte estancado. De hecho, no tendrás tanto la sensación de que la vida consiste en realizar tareas y la percibirás más como un juego, como una aventura.

La siguiente tabla resume las diferencias entre lo que le aporta a tu mentalidad el enfoque y lo que le aporta el desenfoque. Remítete a ella cuando te sientas abrumado. Siempre es útil tener una perspectiva global.

MENTALIDAD BASADA EN EL ENFOQUE	CAMBIO A LA MENTALIDAD NO BASADA EN EL ENFOQUE
Permites que la realidad exterior te guíe.	Permite que tus creencias den forma a la realidad externa.
Creas estrategias y las ejecutas.	Espera, tanto cuando estés aplicando tus estrategias como en los lapsos entre ellas.
Aceptas que la vida es estresante.	Comprométete a incluir períodos de ausencia de estrés en tu día a día.
Si no puedes alcanzar tus objetivos, piensas en una estrategia infalible antes de actuar.	Si no puedes alcanzar tus objetivos, piensa que cada nueva acción que realizas es un golpe de cincel sobre el mármol de la pieza que estás esculpiendo.
Crees que un pensador sólido es alguien racional y centrado en los objetivos.	Asume que un pensador sólido también se conecta, siempre, con su corazón.

DEL DESENCANTO A LA GRANDEZA

Creo que la gente corriente puede elegir ser extraordinaria.

Elon Musk

En enero de 1964, una adolescente recién casada dio a luz a un varón en Albuquerque.[1] Apenas un año y medio después, decidió que no podía seguir soportando a su desatento y alcohólico marido, por lo que solicitó el divorcio. Cuando su hijo tenía cuatro años, se casó con un inmigrante cubano y se mudaron a Houston, y cuando ya era adolescente, a Miami.[2] El niño nunca volvió a ver a su padre biológico.[3]

A pesar de las vicisitudes de su infancia, dio muestras de tener un carácter curioso y motivado. Siendo aún muy pequeño, sintió que era demasiado mayor para dormir en una cuna, de modo que la desmontó con un destornillador.[4] Creó una alarma eléctrica para evitar que sus hermanos pequeños entrasen en su habitación.[5] Hizo una puerta automática con neumáticos rellenos de cemento.[6] Y creó una rudimentaria cocina solar con un paraguas y un poco de papel de aluminio. Con el tiempo, sus padres le hicieron llevar al garaje todo el desorden de sus inventos y experimentos, y ese pasó a ser su laboratorio. A los doce años apareció en un libro sobre «mentes brillantes», donde fue descrito como «amigable» y «serio», pero también como «no muy dotado para el liderazgo».[7]

En la adolescencia, se interesó por los ordenadores, y mientras estaba aún en el instituto, puso en marcha un campamento de verano educativo junto con su novia. Lo bautizaron como Instituto de los Sueños y promovía el pensamiento creativo entre alumnos de cuarto, quinto y sexto grado [el equivalente a cuarto, quinto y sexto de primaria].[8] ¡No está mal para alguien que se supone que no tenía dotes de liderazgo! Se graduó como el primero de su clase y fue a la Universidad de Princeton, donde se diplomó en Informática e Ingeniería Eléctrica. Luego ocupó puestos de trabajo en Fitel, Bankers Trust y la empresa de inversiones D. E. Shaw, donde se convirtió en el vicepresidente más joven de la compañía.

Pero la promesa financiera de trabajar en Wall Street no era suficiente para él. El verdadero «Instituto de los Sueños» estaba en su cabeza; aún no había surgido. Así que en 1994, a pesar de tener una profesión extremadamente lucrativa, un empleo seguro y la promesa de una gran prima, lo dejó todo y se mudó a Seattle. Allí, comenzó a desarrollar *software* en su garaje.

En julio de 1995 fundó la librería en línea actualmente conocida como la tienda de Internet en la que se puede encontrar de todo: Amazon.

Jeff Bezos se convertiría en un gran devoto de los libros, la educación y el ser humano. En 1999, fue elegido como persona del año por la revista *Time*.[9] En el 2008, *US News & World Report* lo seleccionó como uno de los mejores líderes de los Estados Unidos.[10] En el 2012, *Fortune* lo nombró empresario del año.[11] En el 2016, ocupaba el cuarto lugar en la lista de *Forbes* de las personas más ricas del mundo,[12] y *Harvard Business Review* lo nombró el segundo mejor ejecutivo del planeta.[13]

Cuando pensamos en todo lo que ha conseguido Bezos, es fácil confundir la «grandeza» con los elogios o el dinero. Pero el tipo de grandeza que él encarna va más allá de la riqueza o el poder que haya acumulado. Lo que hace de él un personaje extraordinario es su fidelidad a su propia visión y su voluntad de actuar a partir de ella e incluso cambiar de opinión si los resultados empiezan a empeorar. De hecho, es famosa su afirmación de que la consistencia del pensamiento no es un estado mental particularmente positivo; cree que la gente que hace las cosas bien puede incluso tener ideas contradictorias al día siguiente.[14] Su ejemplo nos enseña que la grandeza no tiene que ver solamente con un estado mental excepcional, sino también con el hecho de que este estado dé lugar a acciones profundamente significativas de forma constante.

Dado que esta profundidad es a menudo abstracta o difícil de alcanzar, muchos pueden pensar que la «grandeza» es una meta artificial. El solo pensamiento de aspirar a la grandeza puede disuadirte. Pero no encontrarás este objetivo tan desalentador si piensas que se trata de reorganizar las células y los circuitos cerebrales con el objetivo de llegar a ser la mejor versión de ti mismo. Todo ser humano posee esta capacidad. Tu cerebro puede cambiar, y lo maravilloso es que *tú* puedes cambiarlo.[15]

El enfoque es, sin duda, un componente de la fórmula de la grandeza. Pero lo más importante es que es el origen de este enfoque lo que determinará tu éxito.[16] En este capítulo aprenderás que el desenfoque es en realidad la tierra fértil de la cual surgen las acciones enfocadas. Siendo esto así, la grandeza no está más alejada de ti que tu voluntad de cultivar el desenfoque en tu pensamiento diario.

En materia de desenfoque, el «descanso» y el «tiempo libre» no son lo único importante. En el contexto de la grandeza, el desenfoque te ayudará a expresar distintos aspectos de ti mismo, sumergirte en tu propósito de vida, examinar la experiencia pasada desde distintos ángulos, salir del pensamiento lógico y secuencial e imaginar y luego expresar tu visión del futuro. En cada caso, tienes que manejar tu relación con el pensamiento racional de modo que este no constituya una obstrucción onerosa.

LAS DOS CARAS DE TU YO

La esencia misma de la naturaleza humana es paradójica y, por lo tanto, la grandeza también lo es. En muchos casos, tenemos que ser crueles para ser bondadosos, ingenuos para ser inteligentes y curiosos, y lo suficientemente vulnerables como para explorar los puntos fuertes que se encuentran junto a nuestros puntos débiles. Pero el hábito convencional de definir nuestra identidad de una forma u otra nos obliga a centrarnos en un solo aspecto de nosotros mismos. Así, por ejemplo, a veces nos definimos por medio de nuestra titulación profesional. Cuando expresamos solamente una de nuestras facetas, lo de ser «grandes» nos parece que es como tratar de atrapar una pelota con una mano atada a la espalda. El enfoque nos deja sin la otra cara, y sin nuestra grandeza.

Toda historia tiene al menos dos caras. Por ejemplo, la singularidad de una obra de arte original se ve abaratada por las reproducciones que cualquiera puede colgar en una pared, pero estas réplicas también permiten que haya gente que pueda acceder a algo que de otro modo le resultaría inaccesible. Los alimentos modificados genéticamente pueden ser tóxicos para el cuerpo, pero también requieren menos insecticidas y proporcionan una alternativa sostenible para alimentar al mundo. El capitalismo, con todos sus excesos y explotación asociados, también proporciona una oportunidad de libertad económica y política. Y aunque nos quejemos de que los dispositivos electrónicos nos distraen durante las conversaciones, nos deleitamos en la conexión que nos ofrece la tecnología.

Muy a menudo nos forjamos opiniones sobre las partes en liza en una disputa, influidos por el *enfoque* que tenemos en nuestras propias preferencias. A veces este enfoque nos lleva a tomar partido de forma vehemente; incluso puede ser que nos unamos a causas sociales: manifestaciones políticas, organizaciones anti-transgénicos, Ocupa Wall Street, etc. No tiene nada de malo tomar partido; pero cuando nos centramos solamente en una posición cuando hay una contienda, corremos el riesgo de volvernos estrechos de mente. Y nos perdemos la tensión galvanizadora inherente a los conflictos, las paradojas y las contradicciones. La simplificación excesiva genera con frecuencia una falsa sensación de satisfacción. Tienes que aprender a desenfocarte para ver el panorama completo de vez en cuando y tienes que ser un experimentador dinámico para disipar el desencanto.

Jeff Bezos, por ejemplo, es considerado uno de los ejecutivos más generosos de nuestro tiempo, pero también es notablemente temperamental y rudo con sus empleados.[17] Y a pesar de que se presenta como muy serio en esencia, se sabe que también es bastante divertido.[18] En su boda, dispuso pasatiempos al aire libre para los invitados adultos, que incluían globos de agua. Además, uno de sus consejos es que seamos tercos y flexibles –tercos para no renunciar demasiado pronto a nuestros experimentos y flexibles para estar abiertos a distintas soluciones—.[19] La capacidad de ser diferentes según el momento es una licencia que se permiten los más grandes. No tenemos por qué ser de una sola manera.

A la hora de tomar decisiones, Bezos acoge bien la orientación que proporcionan los datos, pero a veces decide vender algo que los sondeos «demuestran» que la gente no va a comprar, porque cree que los sondeos a corto plazo no permiten predecir muy bien la rentabilidad que va a ofrecer o la popularidad que va a tener algún producto a largo plazo.[20] Es decir, se desenfoca de los datos que tiene delante para ver las repercusiones en el tiempo.

Los grandes líderes tienen un carácter complejo, con rasgos de personalidad y opiniones definidos y no siempre políticamente correctos. En tu caso, para poder alcanzar tu propia grandeza te resultará útil desenfocarte de tu supuesta identidad, contemplar tu otra cara. Cuando lo hagas, el desenfoque te ayudará a sentirte más integrado y te dará el poder que necesitas para activar tu grandeza.

ABRAZAR LA PARADOJA

El dolor puede conducir a que el cerebro libere sustancias químicas «placenteras».[21] El estrés puede permitirnos dirigir la atención de manera oportuna, pero si no lo gestionamos bien, hará que estemos acelerados.[22] Los circuitos cerebrales del amor y el odio cuentan con paralelismos y pueden estar activos al mismo tiempo.[23] Y cuando la RND se activa para permitirnos conectar muy bien con nosotros mismos, también nos conecta más profundamente con los demás.[24] Estás programado para abrazar la paradoja, así que ¿por qué no reconocerlo?

Una forma en que puedes entender tu naturaleza paradójica es adoptar la perspectiva desenfocada de considerar que cualquier atributo con el que te definas se encuentra en un espectro en lugar de hallarse cristalizado en un extremo. Después, en cualquier día dado, o en el contexto de una conversación, reflexiona sobre este espectro. Por ejemplo, en lugar de considerarte *introvertido*, reflexiona sobre las situaciones en las que te comportas como tal y aquellas en las que prefieres desmelenarte. También puedes escribir tres características que puedan aplicársete y a continuación buscar un ejemplo, en relación con cada una de ellas, en el que no sigas este patrón. Haz esto cada semana y pronto verás que tu personalidad y tus creencias tienen muchos matices que el enfoque no puede captar.

La mentalidad de la experimentación te reta a explorar supuestos incómodos y a manejar las paradojas: a enfocarte, pero también a desenfocarte; a soñar despierto de una manera planeada pero no accidental; a aplicarte en la supertarea, pero no en la multitarea; a estar tan intensamente comprometido que puedas rendirte. Estas aparentes contradicciones reflejan la complejidad de quien realmente eres. La mentalidad de la experimentación reconoce esta realidad y se apoya en ella.

La vida no consiste en *encontrar* tiempo para hacer lo que amamos sino en *construir* ese tiempo. Porque nuestra vida importa. Si gestionas tus contradicciones y te manifiestas como tú mismo, tu compromiso y tu productividad aumentarán. Porque puedes ser todo lo que eres, en lugar de una versión de ti mismo esterilizada y carente de poder.

COMBUSTIBLE PARA EL SUEÑO

Para alcanzar la grandeza debes manifestarte como la versión más empoderada de quien eres. Y este «poder» a menudo procede de tener un propósito de vida, incluso cuando la marcha es dificultosa.

El propósito de vida, o razón de ser, no es un pensamiento ni un sentimiento, sino un impulso a menudo imperceptible, espontáneo y reconocible que alimenta la ambición. Y nos confiere una inteligencia —una capacidad de hacer que ocurran ciertas cosas— que a menudo desafía las explicaciones puramente racionales. El sistema de recompensa del cerebro se activa cada vez que el propósito de vida se hace presente.[25]

Las personas que tienen una razón de ser están embarcadas «en una misión» (como Bezos cuando embaló centenares de libros con sus propias manos antes de obtener los fondos necesarios para disponer de un sistema de almacenaje). Se ven impulsadas e inspiradas por la gratificación continua que obtienen del ejercicio de su misión. En esencia, tener una razón de ser significa «sentirse emocionado», *después* de lo cual uno puede pensar acerca del impacto que va a tener su iniciativa en el mundo o qué legado va a dejar. La lista del 2016 de la revista *Time* de las cien personas más influyentes incluye personajes tan variopintos como Adele (la cantante), Caitlyn Jenner (estrella de *reality shows*, atleta olímpica y activista transgénero) y Stephen Curry (estrella de la NBA).[26] Tal vez seas reacio a admitir que estas personas estén incluidas en la misma lista en la que están el papa, Aung San Suu Kyi y Angela Merkel. Pero están ahí por una razón. Estas personas llegaron al «centro del escenario» gracias a «actuaciones» inolvidables e influyentes porque están conectadas a su razón de ser, a su motivación. No todas empezaron con la motivación de cambiar el mundo. Sus recorridos han acabado por brindarles una plataforma global desde la cual pueden cambiarlo si así lo desean, pero el origen de su trayectoria fue su fidelidad a su propósito de vida. Según mi experiencia terapéutica, las personas que actúan a partir de objetivos sociales rara vez conectan con su razón de ser, si bien experimentan un alivio temporal de su conciencia social. Además, las tribunas, en lugar de ser medios eficaces para expresar la propia razón de ser, con frecuencia proporcionan un espacio de expresión a individuos que están desencantados.

Un médico que ama su trabajo, por ejemplo, no suele verse impulsado por el deseo de salvar vidas, aunque este es con frecuencia el resultado deseado y deseable. Lo más habitual es que su motivación sea la de vivir para manifestar su potencial más elevado. Este es un sentimiento abstracto, y el objetivo (salvar vidas) es una manera de vivir de acuerdo con él. Es este sentimiento el que impulsa a dicho médico, no el objetivo mencionado. Si alguna vez has intentado conectar con tu razón de ser (¡no con tus metas!), sabrás que es como tratar de atrapar una mariposa con las manos. Es difícil de lograr; de hecho, deberá ser la mariposa la que se pose en alguna de tus manos, pero no lo hará a menos que realmente lo desee. El enfoque no te llevará muy lejos, por más que te conecte con una gran causa. Será el desenfoque lo que te llevará allí adonde quieres (debes esperar a que la mariposa se pose en tu mano).

Si les preguntases a las celebridades antes mencionadas acerca de su razón de ser, es poco probable que te dijesen que

235

querían servir a la humanidad. Lo más probable es que te dijeran que querían ser su mejor versión y ser tan fieles a sí mismas como pudiesen. Así pues, esta debe ser tu prioridad. El problema que presenta esta senda es que es difusa; en realidad, no puedes concentrarte en ser tu mejor versión o en ser máximamente fiel a ti mismo. Son cuestiones que tienes que ir descubriendo, en un proceso continuo. Por otra parte, embarcarte en un viaje de autodescubrimiento para el que no existen mapas puede provocarte ansiedad. Pero es precisamente esta incomodidad la que te ayudará a realizarte.

Muchos de nosotros nos quedamos sin combustible cuando nos enfrentamos a esta tensión. Cuando lo hacemos, nos sentimos tentados a bajar el listón de nuestras ambiciones para sentirnos menos ansiosos. Denominado *autoboicot*, este menor esfuerzo o *ausencia de intento* tal vez nos permita evitar nuestro miedo al fracaso, pero por más tentador que pueda ser, es lo último en lo que debemos incurrir.[27] Si tienes el hábito de boicotearte, es posible que desarrolles más materia gris en una región del cerebro que reprime las emociones negativas (el detector de conflictos).[28] Pero al mismo tiempo que esto protege tu autoestima, te impedirá acceder a tu propósito de vida y a tu grandeza. Deberías hacer lo contrario: cuando estés ansioso, piensa en subir el listón. Esto requerirá que te desenfoques: que te explores y respondas espontáneamente a lo que te encuentres.

La desintegración positiva. Kazimierz Dabrowski, psiquiatra y psicólogo polaco, desarrolló la teoría de la *desintegración positiva* para explicar por qué la ansiedad y la tensión son necesarias para la autorrealización.[29] Argumenta que dan forma a nuestra personalidad, pero lo más importante es que, sin ellas, no podemos crecer. Encienden un fuego debajo de nosotros.

Como dijo la gran tenista Billie Jean King, «la presión es un privilegio».[30] Únicamente tenemos que saber qué hacer cuando nos desmoronemos. Cambiar de mentalidad en favor de la grandeza solo tiene que ver con la reconstrucción.

Como su nombre indica, en la desintegración positiva nos desmoronamos «bien», pues a continuación construimos una versión más grande y más fuerte de nosotros mismos y nuestras vidas. No es un proceso por el que pasemos una sola vez; es un trabajo de por vida de amor por nosotros mismos, en el que nos reconstruimos hacia formas de grandeza cada vez mayores.

EL TAMBORILERO DINÁMICO

El desarrollo hasta nuestro máximo potencial depende de tres factores: nuestra capacidad de salir adelante en las situaciones extremas de la vida, nuestros talentos y capacidades actuales y nuestro impulso hacia el crecimiento y la autonomía.[31] No hay un camino «correcto» hacia la grandeza; lo que es seguro es que no está basado en el enfoque y que no está bien delimitado.

Los alumnos superdotados a menudo experimentan la desintegración positiva.[32] Dada su sensibilidad emocional y su tendencia a marchar al ritmo de su propio tambor, a menudo se les diagnostica TDAH, erróneamente. No es que no presten atención; sencillamente, han volcado esta en construir una mejor versión de sí mismos y se están adaptando a su nuevo estado mental emergente. A pesar de que se desintegran a menudo como resultado de su sensibilidad emocional, posteriormente vuelven a integrarse.

Las desintegraciones se denominan con frecuencia *dinamismos*, porque son estados de fluidez emocional.[33] Estos alumnos se retiran intermitentemente y se recomponen de una manera totalmente diferente en cada ocasión, hasta alcanzar una versión de sí mismos que les resulte aceptable. La gente les dirá que se enfoquen, que escojan o que se establezcan; pero los estudiantes superdotados sacrificarán la tranquilidad de no venirse nunca abajo porque, para ellos, el sufrimiento del estancamiento es mucho peor.

Este «regalo» aguarda en el interior de todo ser humano. Tu grandeza depende en gran medida de la voluntad que tengas de «desenvolverlo».

Para lograr la desintegración positiva, Dabrowski explica que primero debemos abordar (no *resolver*) los conflictos que tenemos en nuestro interior, y después los que tenemos entre la versión actual de nosotros mismos y la que queremos alcanzar.[34] Denomina *conflictos horizontales* a los que tenemos dentro, puesto que surgen en el contexto de la versión actual de quienes somos. Y denomina *conflictos verticales* a los que tienen lugar entre nuestra versión actual y aquella a la que aspiramos. Estos últimos nos llaman a ascender, a cultivar nuestra grandeza.

En el caso de los conflictos horizontales, tratamos de averiguar si debemos seguir con nuestro empleo o cambiar de trabajo, o si debemos permanecer en nuestra relación actual o cambiar de pareja. Las opciones no son claras; no es fácil decidirse. El conflicto nos desgarra, pero no nos dejamos llevar por el pánico.

En lugar de ello, aprendemos a tolerar la tensión que brota en nuestro interior, como cuando aguantamos una pesa hasta que llega el momento de volver a bajarla. Como ocurre con el levantamiento de pesas, cada momento de angustia da lugar a una pausa. Cuando el peso se vuelve excesivo, lo soltamos.

Al principio, puede ser que nos preguntemos cuáles son los beneficios de todo esto. ¿Por qué no acabar con el malestar y tomar una decisión rápida? Pero no nos conviene hacerlo, porque esto significaría no ejercitarnos y confundir la falta de ejercicio emocional con la relajación productiva. No son lo mismo.

Además, a medida que practicamos esta tolerancia a la ansiedad, experimentando con los distintos niveles de esta (como cuando aumentamos el peso a medida que nos volvemos más fuertes), entramos en la fase del conflicto vertical. En este caso, corresponde que nos preguntemos: «¿Estoy viviendo como la mejor versión de mí mismo?». La mayoría de nosotros no lo hacemos; y cuando pensamos en el tiempo que hemos perdido, puede ser que nos asustemos. De nuevo, en lugar de huir de la ansiedad, es aconsejable que la acojamos, poco a poco, y que la soltemos para respirar cuando nos abrume demasiado. Con el tiempo, esta ansiedad se convierte en el combustible que nos permite despegar hacia la mejor versión de nosotros mismos; nos impulsa hacia nuestra grandeza.

La ansiedad y la tensión pueden destrozarnos, pero si somos pacientes con ellas, si les permitimos que activen al máximo nuestra furia, determinación y fuerza, tenemos más probabilidades de acceder a nuestra grandeza.

Nos resulta difícil resolver nuestros conflictos horizontales y verticales porque tenemos miedo de tomar, sin querer, las decisiones equivocadas. Nuestros cerebros son supersensibles al error. Este no es un miedo característico de los adultos; está presente desde que nacemos. En el 2006, la psicóloga Andrea Berger mostró dos ecuaciones aritméticas a niños de entre seis y nueve meses, una correcta y otra incorrecta: $1 + 1 = 2$ y $1 + 1 = 1$. También les mostró uno o dos muñecos, dependiendo de la ecuación. Cuando les ofreció las opciones de respuesta 1 o 2, junto con la cantidad de muñecos correspondiente, los niños miraron durante más tiempo la respuesta equivocada que la correcta.[35]

Llegados a la edad adulta, esta sensibilidad se incrementa. Cuando hacemos algo mal, las alarmas cerebrales del conflicto y la ansiedad se disparan. Lo ideal sería que nos animasen, pero si no estamos dentro del marco mental de la desintegración positiva, nos inmovilizamos o huimos. En algunos casos, esta es la reacción correcta, pero cuando el *arrepentimiento* nos bloquea y cavilamos sobre él en lugar de examinar nuestros errores y corregirlos, podemos quedar rápidamente atrapados en la autoflagelación.

Podemos ver esto en los deportes de competición cuando un jugador que está bajo presión desconecta de su forma de jugar, se pone a la defensiva y pierde. Empieza a desmoronarse..., pero de repente se da cuenta de que está eligiendo entre opciones defensivas (está atrapado en conflictos horizontales) en lugar de ser el competidor agresivo que puede ser. Con todo lo que ha practicado, debería estar jugando a un mejor nivel (es decir, debería estar pensando en sus conflictos verticales). De modo que lleva a cabo nuevas elecciones conscientes; deja atrás su ambivalencia defensiva y alcanza un nuevo nivel de juego.

En la vida diaria, es útil abordar de esta manera las opciones profesionales. Por ejemplo, si eres un médico que realmente quiere estar allí donde se encuentran la tecnología y la medicina, podrías renunciar a tu práctica regular y a la medicina académica, formarte como tecnólogo médico y, después, integrar ambas ramas. O si eres un ama de casa y quieres trabajar a tiempo parcial, puedes reorganizar tus tareas para hacerlo posible. Los momentos de reestructuración son a menudo los más angustiosos y perturbadores. Sabrás que estás en el camino correcto cuando empieces a sentir que eres el dueño de tu propio destino.

Espontaneidad. La espontaneidad es la puerta de entrada por la que aparece nuestro propósito; vivimos unos momentos de relajación que permiten que se manifieste nuestra verdad. Cuando somos espontáneos, no pensamos en exceso en las cosas, de modo que es probable que sintamos nuestro propósito de vida como más auténtico, menos forzado.

Es más fácil hablar de la espontaneidad que alcanzarla, pero es inmensamente útil a la hora de descubrir y expresar la propia razón de ser. Cuando somos espontáneos, es como si las regiones cerebrales que se ocupan del control aflojaran la puerta de la bóveda de la memoria y permitieran que los recuerdos saliesen y se mezclasen con el resto de la actividad cerebral.[36] La espontaneidad también activa el circuito de la improvisación[37] —nuestra disposición a cometer errores y «no saber», a explorar y encontrar una solución en el momento—. Los músicos de *jazz*, por ejemplo, no se enfocan en el sentido tradicional; más bien se someten a la imprevisibilidad de la información musical que pasa por sus cerebros.[38]

CÓMO SUELTAN LOS EXPERTOS

La espontaneidad correcta es especialmente útil en la vida. Mezcla y fusiona de un modo productivo los aspectos sensoriales y motores de la mente. Ambas partes del cerebro están activas en todo momento. Nos movemos, y mientras tanto vemos, oímos, saboreamos, tocamos u olemos. El enfoque nos limita, pues fuerza la primacía de un determinado aspecto de la mente. El desenfoque, en forma de espontaneidad, accede a una inteligencia más profunda, más automática e integrada.

Tal vez esta es la razón por la cual, en muchos expertos, el cerebro pasa al modo de «ronroneo», un nivel de actividad bajo mientras se está sumamente presente.[39] Los pilotos de carreras profesionales recurren a las regiones cerebrales relacionadas con las tareas menos que los aficionados, y la integración de la información entre las regiones es mayor en su caso.[40] De manera similar, la activación cerebral de los arqueros expertos tiene un menor alcance que en el caso de los arqueros principiantes, lo que indica que la activación consciente está en modo pausa.[41] También en el caso de los jugadores de *ping-pong* de élite los circuitos cerebrales del enfoque están menos activados.[42]

Nos gusta tener el control todo el tiempo, por lo que ser espontáneos puede parecernos contrario al sentido común. Para poder serlo, debemos tener un profundo conocimiento de nosotros mismos y la convicción de que nos recuperaremos. No es posible llegar a este punto de un plumazo. No podemos inducirnos la espontaneidad, pero podemos practicarla progresivamente, para acostumbrarnos a las ansiedades y los miedos asociados con ella. Elige un día a la semana en que llamar a un viejo amigo, caminar por senderos desconocidos en un parque local o rehusar trabajar cuando puedas hacerlo. Curiosamente, «practicar» la espontaneidad de esta manera te ayudará a sentirte menos intimidado por la aceleración que experimenta tu corazón cuando te arriesgas a salir de la rutina. Es probable que la reacción fisiológica (los latidos acelerados) no se disipe con la práctica, pero te sentirás más cómodo con ella, y esto puede acabar por acercarte más a tu grandeza.

Para descubrir tu razón de ser, no puedes enfocarte en ello. Para alcanzar este estado de espontaneidad y desintegración positiva, abraza los valores fundamentales de estos estados mentales y acuérdate de vez en cuando de tu yo ideal. Mantén en todo momento la curiosidad que te impulsa a descubrirlo y estate dispuesto a experimentar ansiedad y tensión, a equivocarte y a prestar atención a lo que te hace excitarte demasiado. Todos estos factores te ayudarán a reinventarte.

EL PASADO QUE NUNCA TUVO LUGAR

La experiencia nos vuelve más diestros. Si hemos hecho algo antes, hemos obtenido una experiencia que nos permitirá realizar esa misma tarea con mayor facilidad la próxima vez. Incluso cuando tratamos de hacer algo nuevo podemos recurrir a una experiencia *similar* para obtener ayuda. Pero la experiencia pasada también puede convertirse en una trampa. En el 2009, el consultor de negocios Andrew Campbell y sus colegas estudiaron por qué los buenos líderes toman malas decisiones en momentos cruciales y encontraron dos motivos: interpretan incorrectamente sus emociones a causa de sus experiencias pasadas e imponen inadecuadamente patrones previos sobre los actuales.[43] ¡Nuestro propio pasado puede ser nuestra cárcel!

Nuestros recuerdos son como una sala de espejos. El cerebro puede distorsionar las historias que «recordamos» por medio de insertar en ellas informaciones aleatorias. Esto es lo que encontraron los psicólogos Chad Dodson y Lacy Krueger en el 2006 cuando dirigieron un estudio con el fin de explorar la alteración de los recuerdos.[44]

Los participantes del estudio vieron un vídeo sobre un robo y una persecución policial. Después se les presentó un cuestionario. Algunas de las preguntas tenían relación con lo que aparecía en el vídeo, pero otras hacían referencia a escenas relacionadas que no tenían lugar en la filmación. Por ejemplo, se les preguntó por «los disparos de la policía» o por el revólver que tenían los ladrones... El vídeo no mostraba ninguno de ambos contenidos.

Los investigadores pidieron a continuación a los sujetos que recordaran qué escenas se mostraban en el vídeo, cuáles estaban solamente en el cuestionario, cuáles en ambos soportes o cuáles en ninguno de los dos. Para añadir un factor de incertidumbre, les explicaron que no todo lo que había en el cuestionario sucedía realmente en el vídeo.

¿El resultado? Los participantes que estaban en el grupo de edad de diecisiete a veintitrés años recordaron mal las informaciones cuando albergaban dudas. Mezclaron lo que ocurría en el vídeo con lo que ponía en el cuestionario. Por ejemplo, describieron que la policía había efectuado un tiroteo en el vídeo cuando esto no era así; el tiroteo solo se mencionaba en el cuestionario. Los adultos mayores (los que estaban en la franja de edad de sesenta a setenta y nueve años) también mostraron tener los recuerdos confusos, pero en este caso estaban seguros de lo que decían. En ambas situaciones, cada nuevo evento relacionado distorsionó un recuerdo anterior. La información se entremezcló.

Podemos no solo distorsionar la información, sino también inventar cosas que no sucedieron en absoluto. En estas *ilusiones de la memoria*, nuestro estado de ánimo puede influir fuertemente en lo que recordamos. Los investigadores estudian este fenómeno usando listas de palabras relacionadas (por ejemplo, *enfermera*, *enfermo*, *medicina*) y piden a los sujetos que las recuerden más tarde.[45] Entre las palabras que se les muestran en la segunda ocasión se encuentran las que tienen una función distractora, los denominados *señuelos* (por ejemplo, *médico*).

Curiosamente, cuando nos encontramos en un estado de ánimo negativo, pero sin llegar a estar deprimidos, somos capaces de recordar que la palabra *médico* no estaba en la lista original.[46] ¡Esta es la única ventaja que tiene estar en medio de un bajón! Pero cuando permanecemos en un estado de ánimo positivo es más probable que «recordemos» la palabra *médico*, incluso si no la vimos antes. Tanto cierto grado de estrés como cierto grado de excitación pueden perturbar la evocación de los recuerdos.

Los recuerdos no son lo único que podemos distorsionar; es posible hacer lo mismo con el tiempo. En el 2014, los psicólogos Youssef Ezzyat y Lila Davachi describieron lo muy vago e impreciso que puede llegar a ser nuestro recuerdo de los tiempos.[47] Es habitual que calculemos mal el tiempo transcurrido desde que vimos a alguien; influyen en este cálculo las emociones y los recuerdos que se entrometen.

En resumidas cuentas, nuestros recuerdos no son de fiar. Pueden ser una brújula rota cuando estamos recordando la forma en que rompimos con alguien, reflexionando acerca de una entrevista de trabajo o pensando en un gran salto que dimos en la vida. En tal caso, ¿por qué darles tanta importancia? En su lugar, juguemos con ellos. Consideremos posibilidades alternativas. Desmenucemos nuestros coherentes relatos internos; re-examinémoslos y compongámoslos de nuevo de una manera diferente. Contémonos una versión distinta de nuestras vidas, con espíritu divertido. Por supuesto, la memoria tiene su papel en las actividades del día a día, pero no es conveniente apoyarse en ella de forma excesiva.

TU VIDA FUTURA ESTÁ ESCRITA EN ARENA, NO EN PIEDRA

La lógica, como la memoria, es a la vez útil y engañosa. No podríamos hacer mucho sin ella, pero hay razones para que no le profesemos una fe ciega. Los grandes pensadores siempre cuestionan lo que parece ser inevitable. No creen que la lógica funcione bien sola, aunque el enfoque que proporciona sea reconfortante.

Por ejemplo, hace muchos años los médicos creíamos que las úlceras de estómago se producían cuando el ácido clorhídrico (HCl) corroía el mismo revestimiento que lo secretaba. También creíamos que el hecho de consumir alimentos picantes hacía que se secretase más HCl. Sobre la base de esta información, aconsejábamos a quienes tenían úlceras gástricas que evitasen la comida picante. Tenía sentido en ese momento. Además, ¿quién creería lo contrario, que ingerir alimentos no picantes conllevase el riesgo de sufrir úlceras?

En 1995, en un estudio dirigido por el gastroenterólogo Jin-Yong Kang, un grupo de investigadores de Singapur preguntaron a ciento tres pacientes chinos con úlceras de estómago acerca de sus hábitos en relación con la ingesta de guindillas.[48]

Preguntaron lo mismo a sujetos que no padecían este problema de salud. Pues bien, el grupo que no tenía úlceras gástricas comía guindillas *tres veces más a menudo* cada mes y también comía *casi el triple* de este alimento. ¡Al parecer, las guindillas tenían un efecto protector contra las úlceras!

Estudios posteriores explicaron que el ingrediente activo de las guindillas, la capsaicina, inhibe la secreción del ácido estomacal, estimula la secreción de álcalis y de mucosidad y promueve el flujo sanguíneo de la mucosa gástrica, todo lo cual ayuda a prevenir y curar las úlceras estomacales. La capsaicina también protege contra la causa «real» de las úlceras, la bacteria *Helicobacter pylori*.[49]

Las grandes mentes, como la del doctor Kang, se niegan a aceptar lo aparentemente obvio. Lo cuestionan y luego experimentan con sus corazonadas. Se dan cuenta de que cuando alguien dice que algo es inevitable puede ser que, sencillamente, ese alguien se haya cansado de intentar cambiarlo. Las grandes mentes adoptan este comportamiento con frecuencia: se detienen, se desenfocan y miran las cosas desde otro ángulo.

Cuando estamos tratando de cambiar un antiguo sistema de creencias, surge un problema al usar el enfoque para justificar nuestras predisposiciones. En el 2012, el investigador del cerebro Martijn Mulder y sus colegas encontraron que la gente tiende a creer en las opciones que piensan que son más probables y por las que van a obtener una mayor recompensa.[50] La corteza frontoparietal (la linterna enfocada del cerebro) es la culpable de esta tendencia. El enfoque hace que permanezcamos centrados en la lógica lineal, pero las grandes mentes saben que esto es una trampa, porque la lógica y la verdad no son sinónimos.

Cuando estamos pensando, a menudo tomamos atajos para evitar esforzarnos mentalmente. Los estereotipos son uno de estos atajos. Pueden ser útiles cuando los adoptamos a conciencia y reflejan una verdad, y cuando describen a la gente en lugar de evaluarla. Pero en otras ocasiones nos hacen pensar de forma inflexible, y a menudo son inexactos. Comprometen nuestra grandeza.

Pongamos la edad como ejemplo. La mayoría de las personas dirían que su edad es la cantidad de años que llevan vivas. Pero ¿qué es un año? Es el tiempo que tarda la Tierra en girar alrededor del Sol, ¿verdad? Alguien, en algún momento del pasado lejano, decidió que la edad del cuerpo humano está ligada de algún modo a este giro. ¿No parece un poco caprichoso? Hasta fechas recientes, nos limitábamos a aceptar este sistema de pensamiento. Con la misma certeza que sabemos que la Tierra seguirá girando alrededor del Sol, esperamos seguir envejeciendo hasta morir. Sin embargo, progresivamente, esta conexión entre nuestros cuerpos y el movimiento de traslación de la Tierra se ha ido viendo seriamente cuestionada.

A pesar de que nuestro planeta sigue desplazándose de esta manera, podemos hacer que parezca, al menos desde el punto de vista cosmético (a través de la cirugía plástica y tratamientos como el bótox), que nuestra piel se resiste al envejecimiento. Y actualmente hemos avanzado aún más. En el 2011, la investigadora y doctora Mariela Jaskelioff y sus colegas fueron capaces de revertir el envejecimiento en ratones mediante la reactivación de una enzima responsable de conservar jóvenes los tejidos. Los resultados fueron impresionantes: ¡el proceso de envejecimiento se frenó![51] En diciembre del 2013, David Sinclair y sus colegas descubrieron un compuesto producido naturalmente llamado NAD que revierte la muerte relacionada con el envejecimiento en ratones.[52]

Cuando los ratones son jóvenes, el NAD ayuda a que sus células permanezcan jóvenes y enérgicas. Pero a medida que envejecen, los niveles de NAD disminuyen. Un investigador encontró, sin embargo, que dar a los ratones una sustancia que podía convertirse en NAD frenaba el envejecimiento. El resultado fue asombroso. En términos humanos era como si, en una persona de sesenta años, ciertas funciones celulares correspondiesen a las de un individuo de veinte. Al aventurarse debajo de la piel, Sinclair y sus colegas fueron capaces de alterar aún más nuestras suposiciones relativas a la edad. Los estudios con seres humanos están actualmente en curso. El reputado genetista George Church, de la Universidad de Harvard, explica que el envejecimiento no es más que un programa que puede reescribirse.[53] Pronto nuestros cuerpos serán capaces, probablemente, de resistir aún más el paso del tiempo.

No es necesario cambiar genes para modificar los efectos del envejecimiento. En el 2015, la estudiante de doctorado en Psicología Daniela Aisenberg y sus colegas estudiaron dos grupos de personas mayores.[54] Un grupo creía que los individuos de ochenta y dos años de edad todavía tenían fuertes habilidades cognitivas, mientras que el otro grupo pensaba lo contrario. Descubrieron que las personas mayores que creían que a estas edades se cuenta con agudeza mental eran capaces de realizar una tarea que requería flexibilidad de pensamiento de manera más efectiva que aquellas que tenían una visión negativa al respecto. Del mismo modo, en el 2015, la estudiante de doctorado Deirdre Robertson y sus colegas encontraron que las ideas negativas sobre la vejez hacen que quienes las albergan caminen más lentamente.[55]

Está claro que nuestros estereotipos pueden alterar nuestras percepciones. Pero, afortunadamente para nosotros, podemos darles la vuelta, siempre y cuando no continuemos con las anteojeras puestas, y siempre y cuando nos desenfoquemos para cuestionar nuestros supuestos.

En el 2013, la psicóloga Malgorzata Gocłowska y sus colegas llevaron a cabo una serie de experimentos para ver si el hecho de que los sujetos concibieran impresiones opuestas a un estereotipo incrementaría su flexibilidad y creatividad a la hora de pensar en asuntos no relacionados con ese estereotipo.[56] En un experimento, pidieron a algunos de los sujetos que ofreciesen diez adjetivos que, según ellos, describiesen a un mecánico (el estereotipo) y a los demás sujetos que ofreciesen diez adjetivos aplicables a una mecánica (el contraestereotipo). A continuación, pusieron a prueba la flexibilidad cognitiva de los participantes por medio de pedirles que crearan tres palabras nuevas para designar la pasta alimenticia. Para empezar, se les dieron ejemplos de nombres de pastas.

Estos experimentos mostraron que cuando se dan ejemplos a los sujetos, los primeros nombres que se les ocurren están relacionados con la estructura gramatical de los ejemplos (es decir, al escuchar palabras como *linguini*, dicen más palabras terminadas en *i*). Pero aquellos que cuentan con un pensamiento flexible se apartan de este patrón. Los investigadores encontraron que los participantes que habían reflexionado acerca del contraestereotipo mostraban un pensamiento más flexible.

En otro experimento, después de la parte del estudio dedicada al estereotipo y el contraestereotipo, se pidió a los participantes que concibiesen nuevas ideas para una noche temática en un club nocturno universitario, primero por escrito y después bosquejando el anuncio de esas actividades en un cartel. Sus ideas fueron puntuadas usando criterios estandarizados de evaluación de la creatividad. También en este caso los participantes que habían trabajado con el contraestereotipo mostraron tener un pensamiento más creativo.

Las personas geniales son más flexibles y creativas que las demás. Piensan más allá de las categorías basadas en el enfoque. Una forma en que puedes ejercitarte al respecto es reflexionar acerca de los estereotipos que albergas (por ejemplo, que los hombres son narcisistas y las mujeres demasiado emocionales). Después, conscientemente, dales la vuelta. Di en voz alta, o escribe, lo contrario de esos estereotipos. A continuación, trata de resolver un problema que no guarde relación con ellos. ¡Tal vez encuentres una nueva solución!

LA NECESIDAD DE SABER

A veces nos resistimos a estar desenfocados, porque hacerlo nos desorienta. La tendencia natural en los humanos es enfocarse y desear poner fin a la apertura de pensamiento. En términos científicos, este deseo se denomina *necesidad de cierre cognitivo* (NCC).

En 1994, los investigadores en psicología Daniel Webster y Arie Kruglanski señalaron cinco características de las personas que tienen una NCC fuerte: incomodidad frente a la ambigüedad, preferencia por la previsibilidad, preferencia por el orden, determinación y una mentalidad cerrada.[57] A primera vista, estos atributos parecen reflejar racionalidad y claridad mental —quizá querrías verlos en un líder—, pero en un mundo donde las cosas están cambiando constantemente, no sirven a nadie. Estas cinco características componen una fórmula para la mediocridad.

Una NCC fuerte hace que sea difícil adaptarse a los conflictos cuando se presentan tareas incompatibles: hay menos conectividad entre regiones cerebrales clave, como el almacén de memoria a corto plazo y otras regiones de control del pensamiento.[58] Esto significa que la capacidad del cerebro de cambiar de tarea se ve obstaculizada por la NCC subyacente. El solo hecho de tener el rasgo de querer completar las tareas puede impedir que contemos con flexibilidad mental cuando lo necesitamos.

Con el fin de ejercitarte para abandonar la necesidad del cierre cognitivo y encaminarte hacia la flexibilidad de pensamiento, haz tiempo en tu semana para realizar actividades que estimulen lo mínimo posible la NCC, actividades cuyo resultado final ignoras, y que a la vez sean seguras. Por ejemplo, puedes salir a dar un paseo de no más de quince minutos en una dirección en la que no hayas ido nunca antes; de esta manera, si te pierdes, podrás encontrar el camino de vuelta. O puedes elegir un tema que te interese, buscar información sobre él y tomar notas, aunque no sea relevante para tu vida en este momento. Este tipo de actividades harán que tu cerebro se acostumbre a rebajar tu NCC y te ayudarán a estar más alerta y mentalmente flexible.

ACTIVAR LA ACCIÓN DESDE LA IMAGINACIÓN

Los que llegan lejos no se limitan a tener la intención de hacerlo. Imaginan lo que van a ser, con precisión; experimentan con la imaginación hasta obtener la imagen que quieren. Comprometernos con la imaginación es comprometernos a desenfocarnos de la realidad. En lugar de buscar metas, las creamos. En lugar de seguir un camino delimitado por el enfoque, concebimos uno en nuestra imaginación.

Ya en 1995, el neurólogo Marc Jeannerod y otros fueron pioneros en el estudio de cómo las imágenes afectan al cerebro. Encontraron que imaginar movimiento estimula los circuitos vitales del movimiento en el cerebro. La imaginación prepara a este órgano para la acción, echa una mano a la intención.[59] Desde entonces, numerosos estudios han demostrado que la imaginación puede ayudar a recuperar el movimiento después de haberlo perdido a raíz de un derrame cerebral: el solo hecho de *imaginar* que un miembro afectado tiene una mejor movilidad o que un miembro inutilizado recupera sus funciones se ha revelado eficaz. Y en el 2015, el investigador del cerebro Chang-Hyun Park y sus colegas confirmaron que la imaginación estimula las regiones cerebrales implicadas en la acción.[60] Puesto que estas regiones están implicadas en el movimiento, su estimulación lo favorece, tanto en el caso de un anciano que necesite obtener una mayor movilidad como en el caso de un deportista joven y sano que quiera mejorar su rendimiento.

Cuando imaginamos, puede ser que nuestra imagen no esté totalmente formada al principio. Tenemos que actuar sobre ella. Una forma en que se puede ver lo que está haciendo el cerebro cuando estamos imaginando es la *interfaz cerebro-ordenador* (ICO). La ICO transmite la actividad eléctrica del cerebro al ordenador por medio de electrodos. A medida que cambiamos lo que estamos imaginando, se modifica la retroalimentación que ofrece la pantalla. Esto nos permite cambiar lo que estamos pensando, hasta que llegamos a obtener el patrón que buscamos ver. ¿Cuál es este patrón? Depende de lo que estemos tratando de lograr. Por ejemplo, si generamos con la imaginación un patrón que se corresponde con mover un brazo, aprendemos a imaginar con mayor intensidad y claridad ese patrón.

En el 2015, la médica y neurofisióloga Floriana Pichiorri y sus colegas estudiaron a veintiocho pacientes que estaban seriamente impedidos, en el ámbito físico, tras sufrir un accidente cerebrovascular, desde hacía poco tiempo.[61] Los dividieron en dos grupos. A ambos se los entrenó en la imaginación motora (es decir, se les enseñó a imaginar que movían sus extremidades), pero solo uno de ellos contó con la ayuda visual de la ICO. El grupo que contó con este apoyo obtuvo resultados mucho más significativos en cuanto a la mejora del movimiento. Cuanto más actuaban, los miembros de este grupo, sobre sus imágenes por medio de mirar la retroalimentación que ofrecía el ordenador y hacer pequeños ajustes, más mejoraba su capacidad de mover los miembros afectados. El grupo que no tuvo la oportunidad de actuar así sobre sus imágenes no mejoró tanto. Sin duda, es poco probable que puedas entrar en un laboratorio para probar la ICO, pero cada vez que desarrolles una imagen, intenta evocarla primero, y luego sigue trabajando en ella. A medida que lo hagas, es probable que cambie también tu biología cerebral.

En otras palabras, cuando imaginas que te mueves, estimulas las mismas partes del cerebro que se verían estimuladas si te movieras realmente. La razón por la que no te mueves es que la imaginación es a veces un activador más débil o que hay otras regiones que frenan el movimiento. Cuando le das el visto bueno a tu cerebro, se suelta.

Prueba lo siguiente: elige entre una y tres imágenes que representen una meta que desees alcanzar. Si quieres contar con una salud óptima, imagínate corriendo un maratón y cruzando la línea de meta. Si quieres una relación satisfactoria, imagina que estás satisfecho cuando estás acostado junto a alguien. Y si quieres más dinero, imagina algo creíble y gratificante que harías con ese dinero, como extender un cheque a tu ONG favorita, comprarle una casa a tu madre o pasar unas vacaciones emocionantes. Si eliges imaginar algo que te ocasione un conflicto manifiesto, como una suma de dinero tan grande que no creas poder conseguirla, corres el riesgo de sabotear inconscientemente tus esfuerzos.

No tienes que elegir una imagen desde el principio. Manejar muchas te ayudará a decidirte por una que te sea útil.

Alterna entre visualizarte en primera persona y verte desde fuera. Muchos estudios de imágenes cerebrales han mostrado que el cerebro se ve poderosamente estimulado por estas dos perspectivas.[62] Cuando te visualizas en primera persona, te imaginas haciendo algo; en el segundo caso, te ves haciendo algo. Las imágenes en primera persona te hacen sentir como si estuvieras realmente en la situación y a menudo son más vívidas, pero también pueden hacer que te sientas angustiado, porque son muy reales.[63] Así que si las imágenes en primera persona te generan ansiedad, empieza por verte desde fuera, como espectador de la escena. (¡Recuerda que hablar con uno mismo en segunda persona reduce el estrés!). Mejor aún, alterna entre ambas perspectivas, para obtener distintos «ángulos de cámara» de la misma situación.

Maneja imágenes que te resulten creíbles. Si crees que algo es difícil o imposible, tu cerebro se tensará para construir una imagen de ello.[64] Por ejemplo, imagina que giras tu mano izquierda noventa grados; a continuación, imagina que la giras trescientos grados. En el primer caso, tu cerebro generará rápidamente una imagen de esa posibilidad, pero en el segundo caso tardará mucho más en concebir la imagen.

De acuerdo con esto, podemos afirmar sin lugar a dudas que si tienes un objetivo –por ejemplo, perder catorce kilos, enamorarte o ganar cien mil dólares–, tal vez tengas que ajustarlo para que tu cerebro le otorgue credibilidad. Puede ser que te resulte más fácil imaginar que pierdes dos kilos, que tienes éxito en una cita o que ganas veinte mil dólares más al año de los que ganas actualmente. Haz los ajustes necesarios, usando tu creencia como guía, hasta que sepas qué cantidades y situaciones es apropiado que visualices.

Visualiza un objetivo específico. En el 2011, Bärbel Knäuper, profesor de Psicología, reclutó a un grupo de estudiantes universitarios que querían comer más fruta y los dividió en tres grupos.[65] Uno tuvo la intención de comer más fruta, otro tuvo la intención de comer una determinada fruta en un determinado momento y otro *imaginó* que comía cierta fruta en un momento en concreto —no se limitó a la intención—.

Este estudio encontró que era mucho más probable que los miembros del tercer grupo acabaran por comer más fruta. Imaginar *específicamente* lo que quieres (no limitarte a la intención) hace que sea más posible que obtengas o hagas aquello. «Tallas» la imagen hasta que la ves clara. El enfoque y el desenfoque trabajan juntos para crear una imagen nítida y específica. Así pues, si tienes un objetivo relacionado con tu grandeza, imagínalo tan específicamente como puedas. Así será más probable que lo alcances.

EL PODER DE LAS DEBILIDADES EN LA IMAGINACIÓN

Hay cinco tipos de imágenes que se pueden usar en la búsqueda de la excelencia: ganar, remontar, trabajar una debilidad, ver una estrategia en una pizarra que tenemos delante o sentirnos entusiasmados en relación con la obtención de lo que queremos. En el 2009, el profesor de kinesiología Craig Hall y sus colegas examinaron a trescientos cuarenta y cinco deportistas para ver qué tipos de imágenes les hacían sentir mayor confianza en sí mismos en los momentos críticos.[66] Encontraron que solamente dos clases de imágenes mejoraban la autoconfianza: trabajar en debilidades específicas e imaginar la remontada. Manejar estos dos tipos de imágenes te ayudará a sentir la confianza que necesitas para aspirar a la excelencia.

Mejora la calidad de la imagen. Una vez que imaginas lo que quieres en primera y tercera persona, lo visualizas específicamente, crees en ello y confías en que lo obtendrás, tienes que echar otro vistazo a la imagen con el fin de efectuar algunas correcciones.[67]

Cuando imagines algo, pon todos tus sentidos en ello.[68] Trata de notar lo que sentirías en esa situación y de percibir los sabores u olores pertinentes, si es el caso. Visualiza la escena de forma tan realista como puedas. El hecho de imaginar de todas estas maneras hará que estés menos ansioso y que tengas mayor confianza. Dado que el estrés puede desactivar las regiones cerebrales implicadas en la imaginación, es especialmente útil implicar los sentidos. La meditación *mindfulness* (¡una gran actividad de desenfoque!) también puede ayudarte a desestresarte y preparar tu mente para ejercer la imaginación.[69] Además, asegúrate de que las imágenes que evocas estén claramente definidas y de que te resulten gratificantes. ¿Qué colores ves? ¿Cómo te hace sentir la escena? ¿La estás viendo en 3D? El conjunto de todo esto te ayudará a ver la escena más clara, lo cual le permitirá a tu cerebro utilizarla como un modelo para trazar un plan con el fin de llevarte a tu meta.

VISTA DE HALCÓN

Ray Kurzweil, el director de ingeniería de Google, es uno de los futurólogos más famosos del mundo. Un impresionante 86 % de sus predicciones han sido acertadas.[70] En 1999, predijo que los ordenadores personales se harían con diversas formas y que podríamos llevarlos puestos, a modo de reloj, en el plazo de diez años. También predijo que los ordenadores portátiles estarían ampliamente extendidos en el 2009. En el 2000, predijo que gozaríamos de Internet inalámbrico con un gran ancho de banda en todo momento en el 2010. Ese año también predijo, acertadamente, que en una década los ordenadores se conectarían a una red mundial que constituiría grandes superordenadores y bancos de memoria. Tuvo razón en todos los casos.[71] Su precisión a la hora de predecir el futuro es asombrosa.

Actualmente, Kurzweil predice que pronto habrá motores de búsqueda que nos proporcionarán información espontánea.[72] Si estamos buscando la fecha de la inauguración de un restaurante, por ejemplo, este nuevo tipo de buscador nos recordará dicha fecha, e incluso, tal vez, nos enviará un menú. Estos buscadores actuarán como un cerebro auxiliar. Y Kurzweil ha hecho una predicción incluso más audaz: que circularán por nuestro torrente sanguíneo nanorrobots hechos a partir de nuestro ADN, los cuales nos conectarán a la nube, y podremos enviar correos electrónicos y fotografías directamente desde nuestros cerebros.[73]

Si examinamos atentamente el pensamiento de Kurzweil, veremos que tiene un conocimiento muy enfocado e intrincado de los seres humanos y las máquinas. Además, es capaz de proyectarse en el futuro para imaginar el punto de inflexión en el que se producirá un avance exponencial. Cuando el desenfoque activa la RND, configura nuestros ritmos de onda lenta y nos ayuda a crear posibles versiones del futuro.[74] Pero ¿cómo se desenfoca Kurzweil para que se le ocurran ideas tan radicales y cómo puede acertar tan a menudo?

El físico teórico y matemático Freeman Dyson sugiere una explicación. Divide a los científicos en los halcones que vuelan sobre las confusas particularidades de la naturaleza y las ranas que se embarran entre la complejidad de los detalles.[75] Kurzweil es un halcón, pues le satisface desenfocarse de vez en cuando para contemplar el panorama general. Cuando hace esto, es capaz de proyectar posibilidades en el futuro lejano.

El hecho de convertirte en halcón y hacerte preguntas importantes te acercará a tu grandeza. No tienes por qué predecir que habrá drones y nanorrobots. Puedes hacerte grandes preguntas acerca de tu propia vida; por ejemplo: «¿Cuál es la mejor oportunidad que debería aprovechar para que mi negocio experimente un crecimiento exponencial en los próximos seis meses?».

En el caso de Jeff Bezos, el desenfoque toma la forma de lo que él llama *marco de la minimización del arrepentimiento*.[76] Hay tres elementos de este que podrías aplicar: en primer lugar, imagina cómo será tu vida cuando tengas ochenta años; en segundo lugar, pregúntale a tu «yo» octogenario si lamenta que no hayas intentado materializar tu gran idea; por último, pregúntate si te arrepentirías de dejar atrás tu trabajo, tus primas impagadas y tu estabilidad para perseguir tu pasión. El hecho de adoptar esta perspectiva a largo plazo despertará al halcón en tu pensamiento.

Tu cerebro puede ser una bola de cristal gracias a la RND, que se ve activada por el desenfoque.[77] Este estimula las conexiones existentes dentro de la RND y activa las conexiones que hay entre esta y las regiones cerebrales que unen las piezas del puzle para predecir el futuro. En lugar de apegarte a los puzles realizados del pasado, combina las piezas del rompecabezas del futuro, contempla cada posible escenario y reordena las piezas hasta que tengan sentido.

«SER O NO SER»

En la conciencia de vigilia normal, pensamos lógicamente, planificamos, analizamos y hacemos que nuestras intenciones se vean seguidas por la acción. Al hacer esto, aprovechamos solamente una pequeña cantidad de los recursos con que cuenta el cerebro humano. Pero hay un mayor nivel de inteligencia que gobierna nuestra toma de decisiones, elimina las predisposiciones cerebrales y despeja la mente de las obstrucciones habituales que nos impiden acceder a nuestra propia grandeza. Llamada *conciencia trascendental*, evita los efectos distractores y engañosos de la cháchara mental y nos ayuda a tener un mejor control del pensamiento y a tomar mejores decisiones.[78]

Tener conciencia trascendental implica ser, no hacer. Hay muchas prácticas que pueden ayudarnos a alcanzar este estado. Tal vez la mejor estudiada sea la atención plena o *mindfulness*:[79] nos concentramos en la respiración, ignoramos amablemente el discurso mental y regresamos a la respiración cada vez que la mente se ha visto distraída por este discurso. Esta práctica te enseñará cómo tener una autoconciencia más profunda, cómo controlar tus emociones y, posteriormente, a verte y experimentarte a ti mismo como parte del todo mayor que es el universo. También puedes practicar la atención plena mediante la técnica conocida como *monitorización abierta*, en la que se trata de recibir todos los pensamientos, sentimientos y sensaciones sin juzgarlos ni controlarlos.[80] Normalmente, se recomienda practicar el *mindfulness* durante veinte minutos dos veces al día.

Además de la meditación *mindfulness*, la meditación trascendental (MT) —que se basa en la repetición de mantras—, también se han demostrado los beneficios psicológicos de la meditación *chi kung* e incluso de varias formas de oración.[81] No te desanimes si no puedes sentarte quieto, porque también hay formas de practicar la meditación caminando. Si puedes sentarte sin moverte pero no por mucho tiempo, prueba una aplicación llamada Headspace, que brinda recursos interactivos para meditar.[82] Curiosamente, Ryan Seacrest es uno de los inversores de dicha aplicación.[83]

La gente suele pensar que la meditación, tanto la que se centra en los mantras como la que se centra en la respiración, requiere hiperenfocarse. Pero el hecho de enfocarnos en el mantra o en la respiración nos conduce en realidad a una maravillosa clase de desenfoque, en el que tiene lugar la trascendencia del yo. Los escáneres cerebrales han mostrado que con la MT se desactiva el lóbulo parietal, una región asociada con el desarrollo del sentido del sí mismo.[84] Interrumpir o desactivar el sentido del yo minimiza la sensación de estar separados de los demás.

El *mindfulness*, por otro lado, estimula las regiones cerebrales responsables de la empatía y la comprensión social.[85] Al igual que la RND, mejora nuestra conexión con quienes nos rodean, lo cual nos permite tener una visión más profunda sobre cómo encajar en un determinado contexto social y sobre cómo dicho contexto puede inspirar nuestro pensamiento. La meditación *mindfulness*, en la que nos centramos en la respiración en lugar de hacerlo en el diálogo interno, mejora la atención, incluso en los niños con TDAH.[86]

LA TRÍADA DEL ENFOQUE

Hay un proceso que nos lleva del enfoque al desenfoque en tres etapas, el cual puede encaminarnos hacia la trascendencia.[87]

En la vida diaria, nos centramos en el trabajo, nuestras tareas, nuestros hijos y nuestra salud. En el mejor de los casos, nos concentramos en ello cuando podemos detener todas las distracciones y limitarnos a mirar lo que tenemos delante. Es el enfoque tipo láser.

La segunda etapa en la evolución del enfoque es un flujo continuo de la percepción. En este estado, no solo nos hallamos libres de las distracciones sino que contamos con una concentración mucho más profunda, que nos permite no estar inquietos ni vernos perturbados por nuestros deseos. La atención no solo está centrada, sino que la sostenemos. Por ejemplo, tal vez seas capaz, actualmente, de repetir una palabra en tu cabeza cinco veces antes de que tu mente vaya en otra dirección y debas traerla de vuelta. Pero si llegas a dominar la concentración, podrás repetir la palabra continuamente, sin que tu mente divague.

En el estado final, el límite entre la persona y aquello en lo que se está concentrando desaparece completamente. Uno mismo está en lo que antes fue el objeto de concentración. Y la persona y la palabra se convierten en uno. Si te pregunto ahora qué es una mesa, por ejemplo, puede ser que la describas como un objeto que tiene cuatro patas y una superficie. Pero esto no es más que utilizar varias palabras en lugar de una sola. En este último estado, de trascendencia, cuando miras la mesa, experimentas su esencia. Así, la describirías de una manera muy diferente –tal

vez como un conjunto de átomos de madera que vibran muy ligeramente, permanecen unidos y proporcionan la energía potencial
necesaria para resistir la atracción de la gravedad si colocamos
algo sobre la superficie horizontal compuesta por este conjunto
de átomos–. Probablemente, muchas de las intuiciones científicas
acuden cuando quienes las tienen se hallan en este estado mental.
Cuando estos tres estados de conciencia tienen lugar al mismo
tiempo, coexisten tres tipos de atención en distintos circuitos cerebrales. Llamo a esto la *tríada de la atención*. En una habitación
del cerebro, el foco está encendido. En otra, están encendidas
las luces de recreo. Y en la tercera, la luz fluye a través de la ventana, haciendo que no pueda distinguirse entre lo interior y lo
exterior. ¡Esto sí que es desenfoque!

Los múltiples beneficios que tiene la meditación para la salud te ayudarán a mantener la excelencia.[88] Además de reducir tu
estrés, la meditación también puede hacer que vivas más tiempo.
En el 2009, la bióloga molecular Elizabeth Blackburn fue galar-
donada con el Premio Nobel por descubrir los «capuchones»
protectores de los cromosomas, llamados telómeros.[89] También
ha descubierto una enzima (la telomerasa) que protege estos
capuchones de los efectos perjudiciales del envejecimiento. En
un estudio inicial que llevó a cabo, congregó un grupo de treinta voluntarios en el Shambhala Mountain Center, en el norte de
Colorado, para que participasen en un retiro de meditación de
tres meses.[90] Encontró un aumento del 30 % en la actividad de su
telomerasa. Posteriormente, muchos más estudios han replica-
do este hallazgo. Si meditamos, los telómeros están protegidos.
¡Vivimos más tiempo!

JUNTEMOS LAS PIEZAS DE LA EXCELENCIA PERSONAL

Todos estos principios de la excelencia se pueden encontrar en tres identidades básicas que es probable que ya poseas: el explorador interior, el ingeniero buscador y el deportista olímpico de la vida.

EL EXPLORADOR INTERIOR

Algunos te dirán que la grandeza es una montaña que tienes que subir. Puede ser..., pero no está fuera de ti. Es más bien un lugar que tienes que encontrar dentro de ti mismo después de despejar la niebla. Y debes hacerlo por medio de reconstruir tu narrativa personal, reexaminar tus recuerdos, permitir que afloren los distintos aspectos de ti mismo y construir una imagen de tu futuro después de retocarla una y otra vez. Se trata de que vayas quitando mármol para labrar la escultura que eres. Estas actuaciones son las que revelarán tu grandeza.

Los años de adoctrinamiento por parte de la educación formal, los valores sociales y las descalificaciones que pudiste recibir en tus primeros años de vida pueden engañarte y hacerte creer que la grandeza está más allá de tu alcance. Tengas la edad que tengas, estoy aquí para decirte que, sin lugar a dudas, esto no es cierto. La grandeza es una verdad universal. La he visto surgir una y otra vez en las personas de quienes menos lo esperaba, tanto en mi práctica terapéutica como en mi labor como *coach*.

Cada persona es responsable de su propia grandeza. Esta creencia no requiere llevar a cabo prácticas sofisticadas. Basta con que sepas que eres grande. Este es uno de los axiomas de la vida. Debes albergar esta creencia con la misma certeza que tienes de que el sol seguirá brillando y de que las olas del océano seguirán fluyendo y refluyendo. Y seguir adelante. Si dudas de tu grandeza, cuestiona tus dudas. Si tienes miedo de ella, cuestiona tus miedos. Si no crees en ella, cuestiona tu incredulidad. Pero jamás cuestiones tu grandeza.

En lugar de ponerla en tela de juicio, desenfócate. Tómate tiempo libre para salir a correr. Haz actividades relajantes que te guste realizar. Cuanto más aprendas a soñar despierto y a conectar tus ensoñaciones diurnas con tus deseos y revelaciones espontáneas, más te acercarás al cumplimiento de todas tus metas. ¡En este sentido, la grandeza es un estilo de vida!

EL INGENIERO BUSCADOR

La *optimización de motores de búsqueda* (OMB) es una forma de organizar el contenido de un determinado sitio web para que se muestre más arriba entre los resultados que ofrecen los buscadores. Cuanto mejor sea la OMB, más personas visitarán ese sitio, porque aparecerá el primero (o entre los primeros) en las búsquedas que hagan los usuarios de términos relacionados. (¡Es probable que este recurso contribuyese al enorme éxito de Amazon!). Así como tenemos la OMB, tenemos la *optimización de la autoestima* (OA), que incrementa esta. A diferencia de la mera protección de la autoestima para que las cosas sigan igual (el *mantenimiento de la autoestima*, MA), la OA puede llevar nuestras vidas al siguiente nivel.[91]

Por ejemplo, cuando Jeff Bezos dejó su trabajo en Wall Street, su autoestima debió de vivir momentos de incertidumbre. Si la hubiera «protegido», podría haber retrocedido hasta el MA. En lugar de ello, optó por optimizarla, es decir, eligió reconocer y vivir sus deseos. Para gestionar mejor la autoestima, debemos ir del MA a la OA.

En algunas situaciones, puede ser que no salte a la vista el hecho de que estemos atrapados en el MA. Por ejemplo, puede ser que el hecho de simplificar nuestras vidas nos permita quitarnos un gran peso de encima y que pensemos que estamos optimizando, cuando lo que estamos haciendo en realidad es bajar el listón para gestionar el estrés con mayor eficacia. En este caso, ¡nos estamos boicoteando! Por eso, ante cada decisión que implique una simplificación, pregúntate: «¿Qué tal si llevo mi vida al siguiente nivel?». Este es el tipo de pregunta que nos permite cultivar la OA. Pero estate preparado para que tu cerebro se resista.

En mi práctica terapéutica y como *coach*, animo a quienes acuden a mí a apostar más alto. A menudo, no reciben bien esta recomendación al principio. Se cierran en banda, sin darse cuenta de que se está manifestando su MA. El MA es a menudo la *meta superordinada* —el objetivo que está por encima de todos los demás—. Este objetivo somete a todos los otros, a menos que hagamos algo al respecto. Cuando el cerebro se pregunta: «¿Por qué intentarlo?», es señal de que la propia grandeza se está desmoronando. Cuando eso sucede, hay que reforzarla.

Haz que la OA sea tu meta superordinada en lugar del MA. Sírvete del diálogo interno con este fin.

Reconoce que hay un precio que debes pagar. Construye una imagen de lo que quieres y comprende que construyes el futuro desde tu mente y no a partir de tus circunstancias actuales. Trata de profundizar en tus paradojas. Escribe tres creencias que te limiten y desafía cada una de ellas con un comportamiento concreto. Por ejemplo, si piensas que no eres una persona creativa, garabatea durante quince minutos al día y examina tus garabatos al final del mes. Es probable que veas cosas que te gusten, y surgirán algunos patrones inefables.

Al examinar el MA, verás cómo hace que mantengas tus hábitos alimentarios poco saludables, que no te acerques al gimnasio, que sigas estancado en un determinado estatus socioeconómico, que estés estancado en tus relaciones y que evites la diversión. Comprometerte con la OA significa que has decidido desmontar tu autoestima para volver a reconstruirla. Los seres humanos más notables están comprometidos con la OA a lo largo de sus vidas.

He aquí una metáfora: cuando ejercitamos los músculos, en realidad estos primero se desgarran (desgarros microscópicos en el tejido) y luego se reparan, y de esta forma crecen y se fortalecen. Del mismo modo, podemos reconstituir de la manera correcta la autoestima que se ha desmoronado con el fin de sentirnos mucho más fuertes y preparados para el éxito. En cierto sentido, nos sometemos a ella. La desintegración positiva consiste en esto.

EL DEPORTISTA OLÍMPICO DE LA VIDA

Un patinador olímpico que se mueva sobre el hielo debe estar enfocado para ejecutar su destreza, pero cuando salta en el aire, tiene que soltar el enfoque. Muchos deportistas de élite apuntan a su capacidad de activar su mente inconsciente en los momentos más competitivos y de alto estrés como el factor clave que explica el lugar que ocupan en la historia. ¡Se rinden!

Esto no es tan zen como puede parecer. Muchos deportistas que están en la cima de su carrera hablan de aprender a dejar de pensar. Hablan de la rendición, del proceso de liberar sus mentes del estrés de enfocarse en lo que han aprendido. La RND de los cerebros de los gimnastas de élite, por ejemplo, muestra conexiones especialmente fuertes en comparación con la población en general.[92] Esto tiene sentido, dado que los gimnastas suelen hacer movimientos durante los cuales les conviene no estar enfocados. Si no tienes la seguridad de si estás bocabajo o con el lado derecho girado hacia arriba, o de si estás cayendo o volando, tal vez sea mejor que no lo preguntes. En estos casos, es mejor confiar, permanecer consciente y rendirse que estar vigilante.

Tanto si somos un deportista de clase mundial como si somos un estratega de alto nivel en el mundo de los negocios o una persona corriente que intenta acceder a su grandeza, es fundamental que aprendamos las competencias mentales asociadas con la mentalidad de la rendición. La grandeza es algo a lo que nos rendimos cuando quitamos de en medio la lógica, los recuerdos y la confusión sobre nuestras contradicciones.

La cantante que profiere una nota tan alta que sentimos un escalofrío, el bombero que rescata a un bebé, el jugador de fútbol que dribla con éxito hasta anotar un gol, el corredor que rompe la cinta de la línea de meta... Si estas personas pueden ser tan grandes es porque han aprendido a rendirse a lo que exige el momento.

Ten en cuenta que a menudo es preferible surfear las olas que controlar el océano. La maestría no tiene que ver solamente con el control; también requiere saber cuándo es el momento de soltarlo.

El problema que tiene intentar ser grande es que cada vez que pones el pie en la tabla de surf las olas pueden derribarte. Si esto te ocurre una y otra vez, puede ser que incluso renuncies a tratar de surfear. Pero cualquier persona que haya surfeado te dirá que si sigues subiéndote a la tabla, acabarás por lograrlo.

Algunos días serán más duros que otros. Puede ser que guardes la tabla de surf, pero siempre volverás. Esto es la desintegración positiva en acción. Tómate tiempo libre para estar con tu mente; vete a dar un paseo. Cualquier ejecutante de élite te dirá que el tiempo de inactividad es tan importante como el tiempo en que se aplica a su tarea. Así pues, suelta tus metas de vez en cuando y limítate a estar presente.

A veces es difícil hablar de la presencia sin que parezca que estamos abordando algo demasiado abstracto. Estoy hablando de algo más simple. Sencillamente, practica el olvido de tus objetivos de vez en cuando. Desenfócate de ellos. Tal vez no quieras ganar todo ese dinero este año u obtener ese ascenso. O tal vez sí. Pero si te enfocas en los asuntos y te desenfocas, alternativamente, te sentirás más conectado a ellos. Permanecer centrado en los objetivos significa que el desenfoque no puede obrar su magia para ti.

En cierto sentido, el tema de todo este libro ha sido tu grandeza. Para resolver tus conflictos horizontales, para volverte verticalmente a tu yo superior, para escapar de las trampas de la memoria y para construir un futuro sin resistirte a la realidad, acuérdate de incorporar las competencias del desenfoque que se exponen en la tabla siguiente.

MENTALIDAD BASADA EN EL ENFOQUE	CAMBIO A LA MENTALIDAD NO BASADA EN EL ENFOQUE
Crees que tienes que permanecer «entero» para ser grande.	La desintegración positiva te permite reconfigurar tu vida continuamente.
Procuras la total coherencia	Relájate en tus paradojas y siéntelas como propias.

MENTALIDAD BASADA EN EL ENFOQUE	CAMBIO A LA MENTALIDAD NO BASADA EN EL ENFOQUE
El propósito de vida requiere un objetivo.	El propósito de vida te conducirá a tu objetivo. Actívalo por medio de las crisis y la espontaneidad.
No «apartas los ojos de la pelota» en ningún momento.	Practica rendirte a tu espontaneidad.
Procuras ser realista.	Cambia tu realidad con tu imaginación.

EL MANIFIESTO DEL DESENFOQUE

> Hay muchas personas en nuestro sector que no
> han tenido experiencias muy diversas. Por ello,
> no tienen los suficientes puntos para conectar
> y acaban obteniendo soluciones muy lineales,
> que no reflejan una visión amplia del proble-
> ma. Cuanto mayor sea nuestro conocimiento
> de la experiencia humana, mejores diseños ob-
> tendremos.
>
> **Steve Jobs**

No pdueo ceerr que sea cpaaz de etndener lo que etsoy lyeedno.

¿Te ha sorprendido ser capaz de comprender las palabras ilegibles de la frase anterior? Según el psicólogo Graham Rawlinson, todo lo que necesitamos es que la primera y la última letra estén en su lugar; a partir de ahí, el cerebro descifra automáticamente el resto para dar con la palabra correcta.[1] A pesar de algunas advertencias y excepciones, esto ilustra uno de los principios básicos de este libro: que el cerebro no tiene que enfocarse de forma lógica en cada componente en secuencia para entender lo que está sucediendo. El contexto y la conexión que establece entre las ideas pueden ayudarlo a encontrar el sentido a las cosas.

Lo mismo ocurre con la información, los consejos y las estrategias que he expuesto en los capítulos anteriores. Puedes y deberías absorber el material que te interese o te inspire, y acudir al resto cuando te sientas estancado o bloqueado por un exceso de enfoque en uno o más ámbitos de tu vida.

Tanto si eres un individuo que busca mejorar su vida como el líder de una empresa que desea implicar más a sus empleados para incrementar los beneficios, utiliza estos principios generales como guía. Si te pierdes mientras oscilas entre el enfoque y el desenfoque, te recordarán por qué te comprometiste a efectuar estos cambios en primer lugar y te ayudarán a restablecer tu ritmo cognitivo.

SÉ INDULGENTE CONTIGO MISMO

Al principio del libro, presentaba el *intento* como una de las formas del desenfoque. Pues bien, nunca intentarás nada en la vida si no puedes perdonarte a ti mismo cuando fallas. El hecho de intentarlo implica que estás dispuesto a fallar, y que cuando lo haces, sencillamente sales del agujero y sigues adelante.

Cuando experimentas, eres un viajero, un catador y un bailarín mental. Como viajero, encuentras nuevas ideas, pero a veces te pierdes; como catador, tienes el privilegio de abandonar rápidamente las experiencias que tengan un mal sabor, aunque la variedad de experiencias potenciales también puede resultarte abrumadora, y como bailarín, puedes disfrutar de sincronizarte con los demás, pero perder el contacto contigo mismo de vez en cuando. En todos estos roles, los errores te ayudan a reajustar tus pensamientos y comportamientos. ¿Imaginas lo que sucedería si, cada vez que vieses una señal de prohibido el paso o de que la carretera está cortada mientras conduces, renunciases a tu viaje y te quedases ahí sentado lamentándote sin volver a desplazarte nunca más, o si reemprendieses la conducción pero no parases de maldecirte? ¡Probablemente no llegarías muy lejos sin volverte loco!

En cierto sentido, la inactividad nos conviene, al menos desde el «punto de vista» del inconsciente. Como han señalado los expertos en el psicoanálisis de la motivación, vivir en la culpa hace que nos sintamos legitimados, inconscientemente, a evitar vivir con plenitud, es decir, a estancarnos, para desafiar nuestra marcha hacia la muerte, que es aparentemente inevitable.[2] Pero esta estrategia no funciona. La muerte nos saldrá al paso de todos modos. Por tanto, ¿por qué no aprender a corregir el rumbo y avanzar con mayor vitalidad?

Perdonarse a uno mismo forma parte del proceso de rejuvenecimiento o «reabastecimiento de combustible».[3] Puedes equivocarte, cometer un error y aprender de ese error por medio de explorarlo; incluso puedes, y a veces deberías, lamentar tus actos. Pero para descubrir algo nuevo y dejar de dar vueltas a los traumas del pasado, tienes que seguir adelante. El desenfoque te permite reflexionar sobre tu vida a medida que avanzas.

Perdonarse no consiste simplemente en dejar de lado algo. Es la profunda comprensión y la aceptación de que no somos perfectos y de que, aparentemente, no fuimos diseñados para serlo. Tu vida aún puede ser excelente, hermosa y maravillosa. Para el experimentador, los errores no son señales de *stop*, sino señales que indican un desvío. A veces vale la pena tomar estas desviaciones, si ponemos la atención en lo que es posible en lugar de culpabilizarnos. La mentalidad de la posibilidad nos ayuda a hacerlo.

Considera dos ejemplos del mundo de la farmacología. El medicamento Minoxidil fue desarrollado para tratar la presión arterial alta, pero también hacía crecer el cabello.[4] Cuando los científicos se dieron cuenta de que este efecto secundario podía ser útil para el tratamiento de otros problemas, lo desarrollaron como una aplicación tópica para la calvicie masculina. El medicamento Warfarina, utilizado para diluir la sangre, se utilizó por primera vez para matar ratas por medio de hacer que se desangrasen, antes de que los científicos se diesen cuenta de que la misma reacción podía aprovecharse para alargar la vida. De ahí que se desarrollase como un fármaco que podía ayudar a disolver peligrosos coágulos presentes en la sangre de los seres humanos.[5]

El enfoque nos hace pensar en los efectos secundarios como solo eso, mientras que el desenfoque nos hace preguntarnos: «Si dejo de lado lo obvio por un momento, ¿cómo podría obtener un mejor resultado gracias a este efecto secundario?». Gestionados con eficacia, los conflictos hacen que nuestra capacidad cerebral aumente, y los errores significan que necesitamos cambiar de rumbo.[6] Einstein nos recordó que una persona que no ha cometido nunca errores no ha intentado nunca algo nuevo.

Después de más de dos décadas estudiando e investigando el cerebro, estoy convencido de que estamos programados de forma curiosa. Si bien la experiencia de ser humano es muy rica, también está llena de aspectos que no tienen sentido. ¿Por qué experimentamos un dolor tan grande a raíz del amor? ¿Por qué el mismo esfuerzo da lugar a beneficios tan dispares? ¿Por qué no estamos programados para conectarnos entre nosotros y ayudarnos en lugar de contemplar nuestras diferencias, e incluso pelear a causa de ellas, para encontrarnos a nosotros mismos?

Estas contradicciones inevitables nos confunden extraordinariamente. Es por eso por lo que podemos ser humildes en relación con la condición humana. También es por eso por lo que tiene sentido que reconozcamos que el cableado de nuestros cerebros es a menudo defectuoso y por lo que tiene sentido que nos dirijamos hacia los distintos aspectos de nosotros mismos cuando estamos buscando respuestas. La madre que reconoce que puede dirigir un negocio aplicando su capacidad organizativa, o el dueño de un negocio que reconoce que puede llevar una casa aplicando sus habilidades profesionales, este tipo de individuos se conducen a sí mismos y conducen a otros hasta la proverbial tierra prometida donde pueden ser curiosos, adaptables y libres. Allí encontrarán su grandeza.

Una vez que te hayas liberado de las garras del enfoque, te saldrá a cuenta dejar de obsesionarte con tus errores y pasar más tiempo descubriendo y expresando tu creatividad.

NO TE TOMES DEMASIADO EN SERIO

Si alguna vez has tenido un globo de helio entre tus manos y a continuación te has deleitado dejándolo libre mientras seguía atado al cordel que estabas agarrando, es probable que también conozcas el leve pánico que se siente cuando se escapa inesperadamente y se aleja flotando. Y es que una cosa es volar alto y otra ir a la deriva, sin rumbo.

La llamada a la propia libertad es fuerte, pero pocos la escuchan, y cuando lo hacen, a menudo sienten que no cuentan con sujeción. Armado con las herramientas de desenfoque con que cuentas ahora, puedes estar seguro de que, a medida que construyas y reconstruyas tu vida con el ritmo cognitivo, el pulpo brillante de la RND te ayudará a juntar las piezas del puzle de posibles nuevos escenarios.

La vida puede resultar densa, pesada, en algunos momentos, y somos nosotros mismos quienes buscamos esa densidad para evitar ir saltando absurdamente de una cosa a otra. Aunque decimos que queremos ser felices y libres, también queremos tocar con los pies en el suelo. Esto último es bueno si significa que queremos ser sensatos. Pero no lo es si estamos en contacto con la tierra como está un barco en dique seco, o si estamos inmovilizados como un niño al que se le prohíbe salir de casa.

Tiene claras ventajas tener un horario, una familia, amigos y un trabajo estable. Pero en la misma medida en que estos elementos pueden ser profundamente significativos para ti y proporcionarte mucho alivio, puede ser que los estés usando inconscientemente para sobrecargarte. Como sostuvo el filósofo danés Søren Kierkegaard, demasiada libertad y demasiadas posibilidades hacen que nos sintamos ansiosos.[7] El «mareo de la libertad», como él lo llamó, da lugar a una reacción de rebote por la cual nos atrincheramos en el enfoque y nos aferramos aún más a nuestras posesiones y circunstancias. La experimentación es una alternativa mucho mejor, que podemos utilizar para avanzar hasta otro nivel de comodidad: aquel en el que hemos aprendido a tomarnos las lecciones de la vida con mayor desenfado, aunque seamos muy serios en esencia.

De la misma manera que no puedes nadar hasta que te entregas al agua y dejas que te mantenga a flote, no puedes tener libertad a menos que te entregues a la ligereza con la que está asociada. Líbrate del exceso de responsabilidad antes de que se convierta en una carga. Tienes elección.

Parece haber dos argumentos en cuanto a si tenemos libertad para elegir. Algunos creen que no tenemos libre albedrío, ¡pero está claro que los personajes que he puesto como ejemplos en este libro no sufren este problema! Ellos, como muchos otros individuos, creen que podemos ser los agentes de nuestra propia libertad —que tenemos cierta capacidad de elegir adónde queremos ir y qué queremos hacer—. A todos ellos les parecería absurda la idea de que no tenemos libre albedrío. Pero la verdad es que la libertad de elección tiene lugar en un espectro, según lo que se trate de elegir. No puedes elegir a tus padres, por ejemplo, pero sí cómo relacionarte con ellos. La sola creencia de que dispones de opciones motivará a tu cerebro a emprender el viaje, a experimentar, a ponerse al día;[8] y si, de algún modo, pasa a ser víctima del estrés, ahora ya sabes cómo reactivar sus resortes.

Los circuitos del desenfoque desempeñan un papel importante a la hora de ayudarte a escapar de los confines del entorno para que puedas acceder a tu propia creatividad en busca de soluciones.[9] ¿Recuerdas el lema que presentaba en la Introducción? Cuando experimentes, alternes actividades, «garabatees» mentalmente y optes por el intento, irás actualizando tus conocimientos. Entonces, la libertad te parecerá menos intimidante.

DEJA QUE LA VIDA SUME

Tal vez hayas interpretado que todos los individuos a quienes he elogiado en este libro alcanzaron sus objetivos mediante el ejercicio de la mentalidad de la posibilidad y una gran determinación. Esto es cierto, pero es solamente una verdad parcial o relativa, porque todos ellos también pasaron por dificultades, tuvieron dudas y experimentaron fracasos a lo largo del camino. ¿Quién puede decir que estas adversidades no los motivaron aún más?

La mayor parte de lo que crees que es cierto lo es solamente hasta determinado punto. Las verdades rara vez son absolutas. Amar a alguien incondicionalmente, estar completamente motivado, ser lo mejor que se puede ser..., todo ello es, generalmente, relativo. Por más que nos incomode oír hablar de *verdades parciales* (expresión a la que se acude con poca frecuencia), estas son más la norma que la excepción. A medida que avanzas por el camino del desenfoque, es importante que aceptes las verdades parciales, porque son guías mucho más confiables y representativas que las verdades pretendidamente absolutas y pueden llevarte hasta la grandeza que estás buscando.

¡Incluso los ordenadores están programados, hoy día, para que tengan en cuenta las verdades parciales! En lugar de usar la lógica binaria basada en las respuestas de sí o no, los programadores que están desarrollando la inteligencia artificial utilizan cada vez más la *lógica difusa*, la cual se aproxima más a la forma en que funciona el cerebro, porque se basa en grados de verdad.[10] Gracias a la lógica difusa, un ordenador, al igual que un cerebro, acumula información que es más o menos verdadera, y a continuación la utiliza para llegar a una respuesta más precisa. Así pues, no es necesario que te enfoques en cada hecho, como viste cuando te encontraste con las letras desordenadas que mostré antes. En lugar de ello, piensa lo que pienses y sigue adelante. Este es el espíritu del experimentador.

El doctor Kary Mullis destaca como un ejemplo de que el pensamiento difuso da sus frutos. Según sus colegas, no descubrió la reacción en cadena de la polimerasa a partir de llevar a cabo experimentos bien controlados, sino que los hallazgos que lo condujeron a este descubrimiento eran muy cuestionables y estaban algo incompletos.[11] De hecho, uno de sus colegas lo describió como «un experimentador, un manitas», y como un individuo que «adora jugar con las cosas [...] le encanta probar cosas [...] (e) ignora a las personas que dicen que no puede hacerse».[12] Cuando acumulamos suficientes verdades parciales y estamos impulsados por el pensamiento de la posibilidad, cada una de estas verdades puede enviarnos en una dirección completamente diferente que nos lleve a adquirir una comprensión.

El doctor Mullis no se basó en hallazgos claramente definidos y escalonados obtenidos en una sucesión de experimentos,
pero recibió el Premio Nobel de Química. Esto es válido para los
descubrimientos más importantes: la experimentación conduce
a una acumulación de verdades parciales que acaba por desem-
bocar en un punto de inflexión. Vistas en retrospectiva, esas verdades pueden parecer claras y lógicas porque nuestros cerebros
conectan hacia atrás los puntos que conforman la imagen. (El
cerebro humano opera de la misma forma para crear los falsos
recuerdos).

Si eres un experimentador, la lógica difusa y las verdades
parciales no deben disuadirte. Al combinar las verdades relativas, aumentas las posibilidades de que tu cerebro siga tratando
de llenar los huecos que hay en ellas y entre ellas para ayudarte a
dar sentido a tu vida.

ABRAZA LA COMPLEJIDAD

Las intenciones simples son fáciles de entender. ¿Necesitas
dar un paseo? Cálzate unas zapatillas deportivas y ponte a caminar. ¿Tienes hambre? Prepárate algo de comida y tómala. Para
llevar a cabo acciones sencillas, necesitas lo que se llama *cognición
simple*. Es fácil tener claras esas intenciones y actuar a partir de
ellas. Pero cuando se trata de cuestiones más complejas, como
querer ser feliz, rico o genial, las intenciones simples no bastan.[13]
Esos objetivos, o el camino que conduce hacia ellos, a menudo
son confusos. Incluso cuando pensamos que lo tenemos claro,
muchas veces no es así.

En primer lugar, un número creciente de estudios han demostrado que, si bien hay centros de acción en el cerebro, no
hay en cambio un centro o circuito básico correspondiente a

la intención.[14] Las intenciones activan distintos circuitos cerebrales según la naturaleza de la acción (hablar, restar, mover la mano...).

La intención no es una función aislada, sino que es la fuerza resultante que promueve la acción según como se alinean los recuerdos, las ideas, las emociones y los pensamientos. Si, en el equilibrio que presentan estos elementos, sigues pensando que algo es imposible o que eres un inepto, el éxito seguirá eludiéndote, a pesar de todos tus esfuerzos.[15] Primero tienes que alinear estos variados componentes para crear una intención. El desenfoque te ayudará a hacerlo.

En segundo lugar, el cerebro puede estimular una acción mucho antes de que aparezca la intención consciente de actuar.[16] Cuando tienes una intención, tu cerebro ya te ha hecho tenerla, y cuando actúas, no es necesariamente porque decidiste hacerlo. Lo que ha ocurrido es que se ha acumulado suficiente información inconsciente como para llevarte a ejecutar ese acto, el cual es independiente de tu intención consciente. Entender esta complejidad te animará a ser paciente; te estimulará a ir reclamando, poco a poco, distintas partes de ti mismo, una por una, hasta que la suficiente «cantidad de ti» esté representada en tu cerebro.[17] Cuando hayas convocado la cantidad suficiente de componentes del «yo», contarás con la presencia necesaria para estar motivado. Tienes que trabajar en ello; no basta con que intensifiques tu deseo. En otras palabras, no puedes ganar en el juego de la vida si *tú* no te presentas. En el día a día, la mayoría de la gente prescinde de sus atributos más importantes.

Uno de los aspectos más interesantes de la cognición compleja es que puede ser que nuestra «conciencia» sea el resultado de algo más que la interacción entre circuitos cerebrales. Puede ser que también entren en juego, en gran medida, fuerzas magnéticas invisibles.

Hay muchas razones para suponer que la conciencia es electromagnética. En el 2016, el biofísico Abraham R. Liboff señaló que las células cerebrales son capaces de generar electricidad a través de sus membranas y de los campos magnéticos que están a su alrededor. Además, la hemoglobina es magnética, y cuando pasa por los circuitos cerebrales, puede ser que contribuya a este efecto electromagnético.[18]

Estas fuerzas no se pueden ver, pero afectan profundamente al cerebro. Para entenderlo, piensa en cómo no puedes ver un campo magnético, pero si acercas un imán a una nevera de metal, lo verás instantáneamente en acción. El campo electromagnético del cerebro puede ser alterado por medio de técnicas de desenfoque como el *mindfulness*, que, a partir del enfoque, acaban por llevarnos a estados desenfocados.

ATRÉVETE A DAR SALTOS

Se pudo confirmar la manera en que se comportan los electrones (las minúsculas «partículas» que hay en el cerebro) por medio del famoso experimento de la doble rendija.[19] Para entender este experimento, imagina que estás delante de una placa en la que hay dos agujeros lo suficientemente grandes como para que pasen pelotas de tenis. Ahora imagina que hay una pantalla detrás de esta placa, de modo que cuando arrojas las pelotas de tenis a través de esas aberturas golpean la pantalla. Si fueses lanzando pelotas directamente a través de los agujeros, lo más probable sería que golpeasen la pantalla que está en línea con los agujeros, ¿verdad? Pero en el experimento de la doble rendija, cuando se usan electrones en lugar de pelotas de tenis, ocurre algo diferente.

En lugar de ver que los electrones golpean la pantalla en línea con las rendijas, se ve que «golpean» formando bandas por toda la pantalla. La gama de lugares que alcanzan es mucho más amplia de lo que cabría esperar teniendo en cuenta el tamaño y la posición de los agujeros.

Después de pensar largo y tendido sobre este fenómeno, los científicos han deducido que cuando los electrones pasan por las rendijas se convierten en ondas que viajan juntas hacia la pantalla. Estas ondas son como los círculos concéntricos que podríamos ver si dejásemos caer simultáneamente dos piedras cercanas entre sí, una desde cada mano, en un estanque. De la misma manera que las piedras crearían círculos que se desplazarían hacia fuera, los haces de electrones que atraviesan las dos ranuras crean círculos concéntricos que se mueven hacia la pantalla. Estas dos formaciones de círculos concéntricos se hacen cada vez más grandes a medida que se acercan a la pantalla, y en algún momento las líneas de ambos se cruzan entre sí. Con el tiempo, cada vez más líneas se cruzan en su camino hacia la pantalla.

Las bandas que aparecen en la pantalla corresponden a los lugares donde se cruzan las ondas. Existe una gran cantidad de puntos de intersección, por lo que hay muchas bandas en la pantalla. Pero en este punto la historia se vuelve aún más extraña.

Si colocamos un dispositivo de medición que observe los electrones a medida que pasan por la rendija (una metáfora del enfoque), los electrones dejan de comportarse como ondas y pasan a hacerlo como partículas (como las pelotas de tenis). Los vemos en la pantalla directamente delante de las rendijas, exclusivamente. Si apagamos el dispositivo (una metáfora del desenfoque), empiezan a comportarse como ondas de nuevo, y se ven bandas. Además, si se coloca el dispositivo entre las rendijas y la pantalla, los electrones se comportan de la misma manera cuando cruzan la línea de colocación: como partículas si el dispositivo de observación está encendido, como ondas si está apagado.

Es como si los electrones «supieran» si los estamos o no mirando. Y se produce un fenómeno incluso más extraño: más adelante, los científicos ocultaron el dispositivo a lo lejos y lo hicieron asomar durante un instante tan breve que no diese tiempo a que los electrones lo «percibieran».[20] Sin embargo, el 93 % de las veces se comportan como partículas cuando son observados.

Sabemos que este fenómeno tiene mucho que ver con la física cuántica. Y también sabemos que, nos guste o no, no se pueden aplicar los principios que gobiernan el comportamiento de pequeñas partículas como los electrones a objetos más grandes, incluidos los seres humanos. A pesar de ello, cuando apreciamos que estamos hechos de electrones, y que las partículas que componen nuestro cerebro pueden cambiar cuando no las observamos, tenemos una razón para hacer una pausa y mostrar un profundo respeto por el desenfoque y lo desconocido.

Eliminar o reprimir la propia inseguridad es un comportamiento muy inferior a reemplazarla por la aceptación del misterio, la mentalidad de la posibilidad, la intuición, la espontaneidad y el hecho de operar desde el centro de gravedad psicológico. Cuando hacemos todo esto, nos desenfocamos de las pruebas (o falta de pruebas) de nuestro éxito y utilizamos el cerebro para visualizar y simular modelos del futuro que podemos explorar. Al aceptar un camino más misterioso y acelerar en él, no permitimos que el enfoque limite nuestras posibilidades o que nos abata.

El estado mental enfocado opera con un pensamiento consciente, lineal, dirigido a los objetivos, resuelto, productivo y sensato. No podemos prescindir de él. Sin embargo, por sí solo, es tristemente inadecuado para obtener beneficios exponenciales. Solo cuando añadimos el desenfoque a la mezcla podemos aprovechar la velocidad de procesamiento inconsciente que tiene lugar fuera del ámbito del enfoque, reenergizar el cerebro fatigado por la concentración y desalojar recuerdos ocultos a los que no puede acceder la mente enfocada. Cuando hacemos esto, nos predisponemos a dar un salto cuántico –a obtener una mejora repentina, grande y a menudo inesperada en nuestras vidas–.

La mente experimentadora está siempre a la espera del momento adecuado para dar este salto, es decir, para dejar el terreno sagrado de la mente enfocada y vivir una vida parcialmente planeada, simulada e imaginada. Si no está en el centro del escenario, está por lo menos entre bastidores. Cada pequeño retoque, cada pequeño experimento, te acerca al salto de gigante que el miedo te impediría dar.

Ve cuentas en un collar, no boyas aisladas en el mar

Es una realidad biológica que nuestros cerebros están conectados.[21] Hay agujeros en tu cráneo (para los ojos, orejas, nariz y boca, así como en la piel que lo cubre) y un cerebro en su interior. ¡Tu cerebro está abierto al mundo! Nuestras cabezas son más como una multitud de cuentas unidas por un hilo invisible que boyas individuales flotando en el mar. Hay muchas pruebas que sugieren que nuestros cerebros, además de estar unidos por este hilo, puede ser que formen parte de un collar más grande, llamado *conciencia universal*.

El solo hecho de que no podamos «ver» esta conciencia universal no significa que no exista. Por ejemplo, creemos que podemos ver con fiabilidad el mundo que nos rodea con nuestros ojos; sin embargo, todos los seres humanos tenemos un punto ciego, en sentido literal, por lo que es posible que algo nos pase totalmente desapercibido.[22] Del mismo modo, cualquier sonido que tenga una frecuencia de 17.400 Hz solamente puede ser oído por los adolescentes; si tienes más de dieciocho años, es poco probable que lo oigas.[23] Y existen limitaciones similares en el ámbito del gusto, el tacto y el olfato. El mundo contiene mucha más información de la que procesarán nuestros sentidos. Las neuronas espejo son la prueba de la conexión instantánea existente entre nosotros. Estos circuitos cerebrales se activan *en ti* cuando «reflejan» (como un espejo) *mi* movimiento, *mi* intención y *mis* emociones cuando estamos cerca.

Tu cerebro se puede formar una imagen de lo que está aconteciendo en el mío sin que tú tengas que realizar ningún esfuerzo en absoluto.[24] De alguna manera, hay algo entre tú y yo que «transmite» esta información. Llámalo aire, ondas de radio o como quieras, el caso es que hay una línea de comunicación abierta entre tú y yo, y que el efecto es instantáneo. Si miras cómo una patinadora salta en el aire, te sientes espléndidamente porque tu cerebro está respondiendo como si tú estuvieses haciendo lo mismo, pero esta respuesta está por debajo del umbral del movimiento o este es reprimido, y es por eso por lo que no saltas del sofá. Si hablas con alguien que tenga malas intenciones, tu cerebro las reflejará. Ocurre lo mismo con una persona cuya sonrisa es contagiosa: tus neuronas espejo reflejan automáticamente su intención y emoción en tu propio cerebro.

Sorprendentemente, ni siquiera tienes que estar cerca de mí para que nuestros cerebros se comuniquen, pues el Internet del que he hablado también puede conectar los pensamientos. En el 2014, el psiquiatra Carles Grau y sus colegas realizaron un experimento en el que demostraron que alguien que pensaba en la palabra *hola* o *ciao* en la India podía comunicar este pensamiento a individuos que estaban en Francia sin que fuese necesario que estos viesen a dicha persona, y sin que tampoco fuese necesario que la persona dijese la palabra en voz alta o la escribiese.[25] ¿La conclusión? El pensamiento es electricidad, y cuando usamos el Internet que nos conecta, esta electricidad se puede comunicar a través de largas distancias.

Podemos sincronizar nuestros cerebros entre sí automáticamente. En el 2015, la psicóloga Yulia Golland y sus colegas mostraron que cuando varias personas ven una película juntas, sus ondas cerebrales se sincronizan. Y cuanto más sincronizadas están sus ondas cerebrales, más estrechamente vinculados se hallan sus estados emocionales.[26] Incluso cuando los individuos no están deliberadamente conectados entre sí, el solo hecho de encontrarse en el mismo espacio físico hace que sus fisiologías se vean sincronizadas.

Todas estas ideas sugieren que existe una «línea de comunicación» entre nosotros –un «Internet» que conecta nuestros cerebros–.

Cuando miras el mundo, ¿lo ves como un *conjunto* de elementos o como la *conexión* entre muchos elementos? Tus percepciones pueden hacerte creer que el mundo es un conjunto de cosas, pero cuando suspendes tus percepciones, lo ves como la conexión existente entre estas, como un universo coordinado. Las grandes mentes son capaces de pasar del enfoque al desenfoque por medio de ver el mundo como un conjunto de elementos y después como la conexión que hay entre ellos. Alternan fácilmente entre ambas perspectivas.

Nuestra tendencia a ver las cosas como un conjunto de objetos separados puede remontarse a nuestra infancia, cuando nuestros cerebros desarrollaron la capacidad de diferenciarnos de los demás. Cuando un bebé aprende a agarrar cosas (por ejemplo, el pulgar de una persona), está teniendo su primera experiencia de ser un «yo» separado de los «demás». Las neuronas de la corteza parietal son en gran parte responsables de esta experiencia cuando están adecuadamente desarrolladas.[27] A medida que crecemos seguimos viendo el mundo como objetos exteriores a nosotros y pensamos que esta es una realidad inmutable de la vida. Pero no lo es. ¿Recuerdas cómo la meditación puede cambiar esta perspectiva?

El enfoque no puede ayudarnos a ver las conexiones en este «Internet de las cosas». Por más que busquemos una señal tangible de ello, no la veremos. Por eso necesitamos confiar en formas de «ver» que estén más allá de la percepción. Necesitamos instalarnos en el desenfoque para que esta conexión se haga más evidente.

Ver el mundo como conectado tiene muchas otras ventajas, especialmente cuando define una nueva mentalidad. El avión, el teléfono e Internet no se habrían creado si sus inventores no hubiesen creído, al menos parcialmente, que las personas podían estar conectadas a grandes distancias. Y es posible que tengamos más probabilidades de resolver problemas sociales como los prejuicios si vemos el mundo como conexiones. Ver a los hombres y a las mujeres como diferentes ha conducido a argumentos defectuosos y a situaciones de injusticia una y otra vez, contra ambas partes. En cambio, verlos como seres humanos nos hace entender que tenemos más en común de lo que podríamos pensar y que, debido a esta conexión, somos responsables unos de otros.

TOMA EL RELEVO DE LA EVOLUCIÓN

Hace mucho tiempo, los biólogos evolucionistas reconocieron que el cuerpo humano evolucionó con el tiempo.[28] Cuando ciertas cosas se vuelven innecesarias, el cuerpo las elimina. Y cuando se necesitan nuevas competencias, el cuerpo lucha por desarrollarlas. Creo que el desenfoque es un hábito cerebral relativamente nuevo que ha evolucionado para recuperar las glorias del Renacimiento y satisfacer las exigencias de un mundo en constante cambio, es decir, para vivir en un Renacimiento nuevo y moderno.

De todos modos, el cerebro no saca del sombrero una función nueva y bien definida. La va desarrollando por medio de la experimentación. A medida que la evolución ensaya con nuestros cerebros para dotarnos de la capacidad de desenfocarnos, necesitamos aprender a potenciar esta capacidad para sacar el máximo partido de ella.

Pero en muchos aspectos somos más rápidos que la evolución. Y, en cualquier caso, no podemos esperar a que esta alcance al mundo cambiante que estamos creando. En lugar de ello, debemos trabajar *con* la evolución. Debemos darnos cuenta de que un cerebro enfocado en la supervivencia no hace más que alimentar el miedo y desperdiciar las oportunidades. Hay que desafiar esta postura con la mentalidad de la posibilidad y con un cerebro que esté más dispuesto a entender las enormes posibilidades que ofrece el mundo si se está en el ritmo cognitivo.

Estos cambios de mentalidad solamente pueden tener lugar si los experimentadores toman el relevo de la evolución. Y este manifiesto subraya el pleno poder, la total productividad y la completa pasión que están asociados con el nuevo potencial humano del desenfoque.

EL MANIFIESTO DEL DESENFOQUE

Valoro la autoindulgencia.
Trabajo con desenfado.
Me siento feliz por ser
productivo en un mundo
confuso.
Abrazo la complejidad.
Abrazo lo desconocido.
Formo parte del Internet
de las cosas.
Puedo ser más rápido
que la evolución.

AGRADECIMIENTOS

Estoy profundamente en deuda y agradecido al equipo que ha permitido que esta obra se haya hecho realidad.

La idea de este libro y el libro mismo probablemente habrían permanecido en mi imaginación si no hubiese sido por la mentalidad brillante, incisiva y acertada de mi agente, Celeste Fine. Celeste vio la urgente necesidad que tenía de animar a los demás a encontrar la grandeza dentro de su propia complejidad, en unos tiempos en que el término *complejidad* era casi una blasfemia. Con su enriquecedor sentido de la fe y el compromiso, su profunda sensibilidad y sus facultades intelectuales, me ayudó a dar vida a este libro.

Antes de que naciera esta obra, Celeste me pidió que pronunciara un monólogo durante una hora, para ver qué estaba haciendo y por qué amaba tanto mi vida y mi trabajo. Después de oír mis divagaciones aparentemente interminables, me miró y me dijo: «El desenfoque. Tienes que escribir acerca de por qué desenfocarse es una idea tan buena y cómo puede aplicarla la gente en sus vidas. Tú lo has conseguido. ¿Por qué no compartirlo?». Celeste no es solamente una representante, sino que sabe, en profundidad, quiénes son sus escritores. Abogó por mí y también leyó, pensó, se hizo preguntas y reflexionó conmigo durante todo el proceso. Es una maestra de la comunicación que nunca desperdicia una sola palabra, irremediablemente genuina y una magnífica inspiradora de la autorresponsabilidad. Todo su equipo, que incluye a John Maas y Sarah Passick, me ayudó a seguir con este libro, incluso cuando, a veces, mi idea de él parecía haberse esfumado.

Y, de hecho, podría haberlo hecho si no hubiese sido por la asombrosa experiencia que fue para mí trabajar con mi editora, Marnie Cochran. Marnie, gracias por tu increíble talento y tu extraordinaria comprensión y profesionalidad al trabajar conmigo de una forma tan adaptable y cooperativa, incluso cuando mis palabras eran indomables, demasiado irreverentes o el fruto de un exceso de emoción. Gracias por molestarte en hablarme, escucharme y entenderme, por cambiar tu perspectiva o por mantenerla cuando creías en ella y por trabajar conmigo para articular el inmenso poder del desenfoque.

También están todas las personas que forman parte de mi vida que han tolerado mi obsesión con este libro y mi proyección al mundo a través de las redes sociales, a pesar de la profunda necesidad que tienen de ver respetada su privacidad. Les brindo mi reconocimiento por medio de estas breves menciones: Uma, tienes una magia incomparable. Tienes una firme presencia amorosa y comprensiva, también a la hora de ofrecer retroalimentación crítica. Eres un baluarte que ofrece apoyo y fe de formas etéreas y trascendentes. Rajiv, tu presencia iconoclasta y tus dotes de discernimiento han sido muy esclarecedores. Tu incansable capacidad de acompañarme y dejarme acompañarte en nuestras complicaciones neuróticas personifica el desenfoque. Rajan, gracias por protegerme como un «guardián de la mente»; por disipar mis ansiedades acerca de nuestra familia, mis opciones y yo mismo, y por mostrarme la fe que me ha inspirado a seguir con este libro hasta el final. Raz y Sava (mis padres), ¡os estoy tan agradecido! Estáis presentes en cada una de las intenciones y palabras de este libro e inextricablemente vinculados a mi alma. Mi madre sigue siendo mi mayor admiradora y un verdadero milagro que contemplar; mi padre ya murió, pero está siempre presente en mi ética de vida. Paula, gracias por tu paciencia, inspiración, inteligencia, ética de trabajo y dedicación. Vicky e Irina, gracias por ayudarme a gestionar mi vida.

Y no puedo olvidarme de los héroes desconocidos que han tenido su papel en este proceso, parientes unos, amigos otros: el tío Bobby, Mano, Shan, Jaya, Babes, Shunna, Jean, Bob, Pragasen, Brandon, Mahadev, Dennis, Stephen, Daphne, Phillip, J. T., Daron, Zach, Brenda y Gideon. Vuestro amor, dedicación, presencia, apoyo y calidad de ser han tocado y apoyado este libro de maneras intangibles, pero esenciales y fundamentales.

Crecí en una familia de personajes, con primos que también evolucionan a partir de la misma matriz: Boonch, Thumbiemama, Boyamama, Perima, Dayamama, Surya, Sagrie, Prakash, Monty, Pinglan, Naveen, Loges, Bashni, Georgie, Devan, Doris, Anna, Aggie... Un popurrí de nombres y una diversidad de personajes, pero fundamentales para mi comprensión de la conciencia no dual. Estoy inmensamente agradecido por ello.

Y todo libro tiene sus profesores detrás. Debo dar las gracias y mostrar mi reconocimiento a la doctora P. D. Naidoo, una de las primeras personas que me inspiraron a estudiar el cerebro; a la doctora Margaret Nair, por fomentar que me formase como psiquiatra; al doctor Shervert Frazier, por haberme ayudado a salir de muchos túneles oscuros, a menudo en mis ensoñaciones, antes de su muerte, reciente e intempestiva; al doctor Bruce Cohen, por ponerme en el camino que iba a constituir mi trayectoria académica; al doctor Ross Baldessarini, por animarme a no dar nunca nada por sentado; a la doctora Debbye Yurgelun-Todd y el doctor Perry Renshaw, por incluirme en el centro de imágenes cerebrales más innovador del mundo en su momento, en Harvard; al doctor Bill Carter, por ver en mí algo que soy, a menudo antes de que yo mismo me dé cuenta, y a menudo de forma sorprendente; al doctor Les Havens, por molestarte en manifestarte como ser humano en la Tierra, cuando está claro que tenías otras cosas que hacer, y, por supuesto, al doctor Jonathan Cole, por creer en mí y en el proceso del desenfoque y por abrirme las puertas de mi hogar y lugar de descanso y reinvención de mi identidad, en los Estados Unidos. También quiero mencionar a los colegas que me apoyaron en mis inicios: al doctor Maurizio Fava por ayudarme con mis primeras investigaciones, y a los doctores John Herman y Jerry Rosenbaum, por estar ahí poco después de mi graduación y por ofrecerse a apoyarme si alguna vez los necesitaba.

Por último, este libro no habría sido posible de no ser por mis pacientes, mis clientes de *coaching* y la comunidad *online*, que me enseñan y me recuerdan sin cesar que la vida se esconde en lugares secretos; que el «yo», tal como lo vemos, es una ilusión; que nos debemos *a nosotros mismos* encontrarnos de formas que la lógica por sí sola no podría revelar. Me inclino ante vosotros, desde un espacio de devoción que llamo Dios (una fuerza a la que me someto humildemente, sea lo que sea), en profunda gratitud.

La obra que tienes entre las manos no aspira a ser solamente un libro; pretende anunciar un movimiento nuevo y lleno de vitalidad. Con la lectura de esta obra, espero que te sientas inspirado a asumir y manifestar tu identidad como aventurero; y si ya lo estás haciendo, a llevarla a otro nivel.

Estamos programados para ser autoconscientes, pero también para deambular por nuestro interior, con el objetivo de que podamos saborear la magia de estar vivos y aprovechar la ocasión que tenemos de vivir realmente, es decir, de vivir ¡experimentando!

NOTAS

Introducción

1. Mullis, K. (sin fecha). «Polymerase Chain Reaction», en la web del Dr. Kary Banks Mullis. http://www.karymullis.com/pcr.shtml.

2. Mullis, K. (1998). *Dancing Naked in the Minefield* (pp. 3-4). Nueva York, USA: Vintage Books.

3. «Biography», en la web del Dr. Kary Banks Mullis (sin fecha). http://www.karymullis.com/biography.shtml.

4. Kreitz, C., Furley, P. *et al.* (2016). «The Influence of Attention Set, Working Memory Capacity, and Expectations on Inattentional Blindness». *Perception* 45 (4), 386-399.

5. Chabris, C. F., Weinberger, A. *et al.* (2011). «You Do Not Talk About Fight Club If You Do Not Notice Fight Club: Inattentional Blindness for a Simulated Real-World Assault». *Iperception* 2 (2), 150-153.

6. Simons, D. J. y Chabris, C. F. (1999). «Gorillas in Our Midst: Sustained Inattentional Blindness for Dynamic Events». *Perception* 28 (9), 1059-1074.

7. Hahn, B., Harvey, A. N. *et al.* (28 de febrero del 2016). «Hyperdeactivation of the Default Mode Network in People with Schizophrenia When Focusing Attention in Space». *Schizophrenia Bulletin*.

8. Chen, C. y He, G. (2016). «The Contrast Effect in Temporal and Probabilistic Discounting». *Frontiers in Psychology* 7, 304.

9. Dewall, C. N., Baumeister, R. F. *et al.* (diciembre del 2008). «Deple-tion Makes the Heart Grow Less Helpful: Helping as a Function of Self-Regulatory Energy and Genetic Relatedness». *Personality and Social Psychology Bulletin* 34 (12), 1653-1662.

10. Kanter, R. M. (2006). «Innovation: The Classic Traps». *Harvard Business Review* 84 (11), 154.

11. Yoffe, E. (1994). «Is Kary Mullis God?». *Esquire* 122 (1), 68.

12. McRae, K., Hughes, B. *et al.* (2010). «The Neural Bases of Distraction and Reappraisal». *Journal of Cognitive Neuroscience* 22 (2), 248-262.

13. Green, A. E., Cohen, M. S. *et al.* (2014). «Frontopolar Activity and Connectivity Support Dynamic Conscious Augmentation of Creative State». *Human Brain Mapping* (resumen de ponencia).

14. Lou, H. C., Nowak, M. y Kjaer, T. W. (2005). «The Mental Self». *Progress in Brain Research* 150, 197-204.

15. Golkar, A., Johansson, E. *et al.* (2014). «The Influence of Work-Rela-ted Chronic Stress on the Regulation of Emotion and on Functional Connectivity in the Brain». *PLoS One* 9 (9): e104550.

16. Amer, T., Ngo, K. W. y Hasher, L. (2016). «Cultural Differences in Vi-sual Attention: Implications for Distraction Processing». *British Journal of Psychology* (publicación electrónica previa a la impresión).

17. Kucyi, A., Hove, M. J. *et al.* (2016). «Dynamic Brain Network Corre-lates of Spontaneous Fluctuations in Attention». *Cerebral Cortex* (publi-cación electrónica previa a la impresión).

18. Beason-Held, L. L., Hohman, T. J. *et al.* (2016). «Brain Network Chan-ges and Memory Decline in Aging». *Brain Imaging and Behavior* (publica-ción electrónica previa a la impresión).

19. Mevel, K., Chételat, G. *et al.* (2011). «The Default Mode Network in Healthy Aging and Alzheimer's Disease». *International Journal of Alzheimer's Disease* 2011. http://dx.doi.org/10.4061/2011/535816.

20. Sandrone, S. y Catani, M. (2013). «Journal Club: Default-Mode Net-work Connectivity in Cognitively Unimpaired Patients with Parkinson Disease». *Neurology* 81, (23), e172-175.

21. Wilson, R. S., Mendes de León, C. F. *et al.* (2002). «Participation in Cognitively Stimulating Activities and Risk of Incident Alzheimer Di-sease». *Journal of the American Medical Association* 287, 742-748.

22. Fabrigoule, C., Letenneur, L. *et al.* (1995). «Social and Leisure Acti-vities and Risk of Dementia: A Prospective Longitudinal Study». *Jour-nal of the American Geriatrics Society* 43, 485-490. / Helmer, C., Damon, D. *et al.* (1999). «Marital Status and Risk of Alzheimer's Disease: A French Population-Based Cohort Study». *Neurology* 53, 1953-1958. /

Verghese, J., Lipton, R. B. *et al.* (2003). «Leisure Activities and the Risk of Dementia in the Elderly». *New England Journal of Medicine* 348 (25), 2508-2516. / Zhang, X., Li, C. y Zhang, M. «Psychosocial Risk Factors of Alzheimer's Disease». *Zhonghua Yi Xue Za Zhi* 79, 335-338.

Capítulo 1

1. Gui, D., Xu, S. *et al.* (15 de octubre del 2015). «Resting Spontaneous Activity in the Default Mode Network Predicts Performance Decline During Prolonged Attention Workload». *NeuroImage*, 120, 323-330.

2. Tanaka, M., Ishii, A. y Watanabe, Y. (2 de mayo del 2014). «Neural Effects of Mental Fatigue Caused by Continuous Attention Load: A Magnetoencephalography Study». *Brain Research* 1561, 60-66.

3. Killingsworth, M. A. y Gilbert, D. T. (12 de noviembre del 2010). «A Wandering Mind Is an Unhappy Mind». *Science* 330 (6006), 932.

4. Dowling, J. E. (1999). *Creating Minds: How the Brain Works* (p. 22). Nueva York, USA: W. W. Norton. / Persinger, M. A. (2012). «Brain Electromagnetic Activity and Lightning: Potentially Congruent Scale-Invariant Quantitative Properties». *Frontiers in Integrative Neuroscience* 6, 19.

5. Herculano-Houzel, S. (2009). «The Human Brain in Numbers: A Linearly Scaled-up Primate Brain». *Frontiers in Human Neuroscience* 3, 31.

6. Kucyi, A., Hove, M. J. *et al.* (13 de febrero del 2016). «Dynamic Brain Network Correlates of Spontaneous Fluctuations in Attention». *Cerebral Cortex.*

7. Liu, N. H., Chiang, C. Y. y Chu, H. C. (2013). «Recognizing the Degree of Human Attention Using EEG Signals from Mobile Sensors». *Sensors* 13 (8), 10273-10286.

8. Jia, X. y Kohn, A. (abril del 2011). «Gamma Rhythms in the Brain». *PLoS Biology* 9 (4), e1001045.

9. Kim, J. W., Kim, B. N. *et al.* (2016). «Desynchronization of Theta-Phase Gamma-Amplitude Coupling During a Mental Arithmetic Task in Children with Attention Deficit/Hyperactivity Disorder». *PLoS One* 11 (3), e0145288.

10. Graczyk, M., Pachalska, M. *et al.* (2014). «Neurofeedback Training for Peak Performance». *Annals of Agricultural and Environmental Medicine* 21 (4), 871-875. / Fronso, S. di, Robazza, C. *et al.* (junio del 2016). «Neural Markers of Performance States in an Olympic Athlete: An EEG Case Study in Air-Pistol Shooting». *Journal of Sports Science and Medicine* 15, 214-222. / Hulsdunker, T., Mierau, A. y Struder, H. K. (2015). «Higher Balance Task Demands Are Associated with an Increase in Individual Alpha Peak Frequency». *Frontiers in Human Neuroscience* 9, 695.

11. Zohn, S. (2008). *Music for a Mixed Taste: Style, Genre and Meaning in Telemann's Instrumental Works* (p. 20). Nueva York, USA: Oxford University Press.

12. Gensel, L. (diciembre del 2005). «The Medical World of Benjamin Franklin». *Journal of the Royal Society of Medicine* 98 (12), 534-38. / Jernegan, M. W. (1928). «Benjamin Franklin's "Electrical Kite" and Lightning Rod». *New England Quarterly* 1 (2), 180-196.

13. Vossel, S., Geng, J. J. y Fink, G. R. (abril del 2014). «Dorsal and Ventral Attention Systems: Distinct Neural Circuits but Collaborative Roles». *Neuroscientist* 20 (2), 150-159.

14. Sherman, L. E., Rudie, J. D. *et al.* (octubre del 2014). «Development of the Default Mode and Central Executive Networks across Early Adolescence: A Longitudinal Study». *Developmental Cognitive Neuroscience* 10, 148-159.

15. Tomasi, D., Volkow, N. D. *et al.* (2009). «Dopamine Transporters in Striatum Correlate with Deactivation in the Default Mode Network During Visuospatial Attention». *PLoS One* 4 (6), e6102.

16. Mohan, A., Roberto, A. J. *et al.* (2016). «The Significance of the Default Mode Network (DMN) in Neurological and Neuropsychiatric Disorders: A Review». *Yale Journal of Biology and Medicine* 89 (1), 49-57.

17. Neuner, I., Arrubla, J. *et al.* (2014). «The Default Mode Network and EEG Regional Spectral Power: A Simultaneous fMRI-EEG Study». *PLoS One* 9 (2), e88214.

18. Karten, A., Pantazatos, S. P. *et al.* (2013). «Dynamic Coupling between the Lateral Occipital-Cortex, Default-Mode, and Frontoparietal Networks During Bistable Perception». *Brain Connectivity* 3 (3), 286-293. / Piccoli, T., Valente, G. *et al.* (2015). «The Default Mode Network and the Working Memory Network Are Not Anti-Correlated During All Phases of a Working Memory Task». *PLoS One* 10 (4), e0123354.

19. Lopes de Silva, F. (1991). «Neural Mechanisms Underlying Brain Waves: From Neural Membranes to Networks». *Electroencephalography and Clinical Neurophysiology* 79 (2), 81-93. / Neuner, I., Arrubla, J. *et al.* (2014). «The Default Mode Network and EEG Regional Spectral Power: A Simultaneous fMRI-EEG Study». *PLoS One* 9 (2), e88214. / Gao, W., Gilmore, J. H. *et al.* (2013). «The Dynamic Reorganization of the Default-Mode Network During a Visual Classification Task». *Frontiers in Systems Neuroscience* 7, 34. / Di, X. y Biswal, B. B. (enero del 2015). «Dynamic Brain Functional Connectivity Modulated by Resting-State Networks». *Brain Structure and Function* 220 (1), 37-46. / Spreng, R. N., Stevens, W. D. *et al.* (15 de octubre del 2010). «Default

Network Activity, Coupled with the Frontoparietal Control Network, Supports Goal-Directed Cognition». *NeuroImage* 53 (1), 303-317.

20. Bush, G. (enero del 2010). «Attention-Deficit/Hyperactivity Disorder and Attention Networks». *Neuropsychopharmacology* 35 (1), 278-300. / Schecklmann, M., Ehlis, A. C. *et al.* (diciembre del 2008). «Diminished Prefrontal Oxygenation with Normal and Above-Average Verbal Fluency Performance in Adult ADHD». *Journal of Psychiatric Research* 43 (2), 98-106.

21. Drolet, M., Schubotz, R. I. y Fischer, J. (marzo del 2012). «Authenticity Affects the Recognition of Emotions in Speech: Behavioral and fMRI Evidence». *Cognitive, Affective and Behavioral Neuroscience* 12 (1), 140-150. / Davey, C. G., Pujol, J. y Harrison, B. J. (15 de mayo del 2016). «Mapping the Self in the Brain's Default Mode Network». *NeuroImage* 132, 390-397.

22. Hyde, K. L., Lerch, J. *et al.* (11 de marzo del 2009). «Musical Training Shapes Structural Brain Development». *Journal of Neuroscience* 29 (10), 3019-3025. / Jancke, L. (2009). «Music Drives Brain Plasticity». *F1000 Biology Reports* 1, 78.

23. Hart, P. (1994). *Fritz Reiner: A Biography* (Evanston, IL: Northwestern University Press). / Edgar, H. (15 de junio del 2016). «CSO Unveils Fritz Reiner Bust at Symphony Center». *Chicago Maroon*. http://chicagomaroon.com/2016/06/15/cso-unveils-fritz-reiner-bust-at-symphony-center/. - (12 de octubre del 2013). «The Forgotten Great Conductors». *Gramophone*. http://www.gramophone.co.uk/features/focus/the-forgotten-great-conductors.

24. Stein, G. (12 de octubre del 2013). «Fritz Reiner: A Marriage of Talent and Terror». *Dr. Gerald Stein: Blogging About Psychotherapy from Chicago*. https://drgeraldstein.wordpress.com/tag/our-strengths-are-our-weaknesses/.

25. Anticevic, A., Cole, M. W. *et al.* (diciembre del 2012). «The Role of Default Network Deactivation in Cognition and Disease». *Trends in Cognitive Sciences* 16 (12), 584-592.

26. Ziaei, M., Peira, N. y Persson, J. (15 de febrero del 2014). «Brain Systems Underlying Attentional Control and Emotional Distraction During Working Memory Encoding». *NeuroImage* 87, 276-86. / Piccoli, T., Valente, G. *et al.* (2015). «The Default Mode Network and the Working Memory Network Are Not Anti-Correlated During All Phases of a Working Memory Task». *PLoS One* 10 (4), e0123354.

27. Vatansever, D., Manktelow, A. E. *et al.* (abril del 2016). «Cognitive Flexibility: A Default Network and Basal Ganglia Connectivity Perspective».

Brain Connectivity 6 (3), 201-207. / Sali, A. W., Courtney, S. M. y Yantis, S. (13 de enero del 2016). «Spontaneous Fluctuations in the Flexible Control of Covert Attention». *Journal of Neuroscience* 36 (2), 445-454.

28. Davey, C. G., Pujol, J. y Harrison, B. J. (15 de mayo del 2016). «Mapping the Self in the Brain's Default Mode Network». *NeuroImage* 132, 390-397. / Qin, P., Grimm, S. *et al.* (abril del 2016). «Spontaneous Activity in Default-Mode Network Predicts Ascription of Self-Relatedness to Stimuli». *Social Cognitive and Affective Neuroscience* 11 (4), 693-702.

29. Li, W., Mai, X. y Liu, C. (2014). «The Default Mode Network and Social Understanding of Others: What Do Brain Connectivity Studies Tell Us». *Frontiers in Human Neuroscience* 8, 74. / Mars, R. B., Neubert, F. X. *et al.* (2012). «On the Relationship between the "Default Mode Network" and the "Social Brain"». *Frontiers in Human Neuroscience* 6, 189.

30. Konishi, M., McLaren, D. G. *et al.* (2015). «Shaped by the Past: The Default Mode Network Supports Cognition That Is Independent of Immediate Perceptual Input». *PLoS One* 10 (6), e0132209. / Ostby, Y., Walhovd, K. B. *et al.* (16 de octubre del 2012). «Mental Time Travel and Default-Mode Network Functional Connectivity in the Developing Brain». *Proceedings of the National Academy of Sciences* 109 (42), 16800-16804.

31. Beaty, R. E., Benedek, M. *et al.* (20 de septiembre del 2014). «Creativity and the Default Network: A Functional Connectivity Analysis of the Creative Brain at Rest». *Neuropsychologia* 64C, 92-98. / Andreasen, N. C. (enero del 2011). «A Journey into Chaos: Creativity and the Unconscious». *Mens Sana Monographs* 9 (1), 42-53.

32. Yang, J., Weng, X. *et al.* (marzo del 2010). «Sustained Activity within the Default Mode Network During an Implicit Memory Task». *Cortex* 46 (3), 354-366. / Ino, T., Nakai, R. *et al.* (2011). «Brain Activation During Autobiographical Memory Retrieval with Special Reference to Default Mode Network». *Open Neuroimaging Journal* 5, 14-23.

33. Fleming, S. M., Thomas, C. L. y Dolan, R. J. (30 de marzo del 2010). «Overcoming Status Quo Bias in the Human Brain». *Proceedings of the National Academy of Sciences* 107 (13), 6005-6009.

34. Izuma, K., Matsumoto, M. *et al.* (21 de diciembre del 2010). «Neural Correlates of Cognitive Dissonance and Choice-Induced Preference Change». *Proceedings of the National Academy of Sciences* 107 (51), 22014-22019.

35. Yin, S., Wang, T. *et al.* (2015). «Task-Switching Cost and Intrinsic Functional Connectivity in the Human Brain: Toward Understanding

Individual Differences in Cognitive Flexibility». *PLoS One* 10 (12), e0145826. / Cooper, P. S., Garrett, P. M. *et al.* (2015). «Task Uncertainty Can Account for Mixing and Switch Costs in Task-Switching». *PLoS One* 10 (6), e0131556.

36. Harmon-Jones, E., Harmon-Jones, C. *et al.* (enero del 2008). «Left Frontal Cortical Activation and Spreading of Alternatives: Tests of the Action-Based Model of Dissonance». *Journal of Personality and Social Psychology* 94 (1), 1-15.

37. Sarinopoulos, I., Grupe, D. W. *et al.* (abril del 2010). «Uncertainty During Anticipation Modulates Neural Responses to Aversion in Human Insula and Amygdala». *Cerebral Cortex* 20 (4), 929-940.

38. Payne, B. R., Jackson, J. J. *et al.* (septiembre del 2011). «In the Zone: Flow State and Cognition in Older Adults». *Psychology and Aging* 26 (3), 738-743.

39. Ostlund, S. B. y Balleine, B. W. (invierno del 2008). «On Habits and Addiction: An Associative Analysis of Compulsive Drug Seeking». *Drug Discovery Today: Disease Models* 5 (4), 235-245.

40. Boksem, M. A., Meijman, T. F. y Lorist, M. M. (septiembre del 2005). «Effects of Mental Fatigue on Attention: An ERP Study». *Brain Research: Cognitive Brain Research* 25 (1), 107-116.

41. Yu, R. (2015). «Choking Under Pressure: The Neuropsychological Mechanisms of Incentive-Induced Performance Decrements». *Frontiers of Behavioral Neuroscience* 9, 19.

42. Van der Linden, D., Frese, M. y Meijman, T. F. (mayo del 2003). «Mental Fatigue and the Control of Cognitive Processes: Effects on Perseveration and Planning». *Acta Psychologica* 113 (1), 45-65.

43. Stevens, M. C., Kiehl, K. A., *et al.* (enero del 2009). «Brain Network Dynamics During Error Commission». *Human Brain Mapping* 30 (1), 24-37.

44. Arnsten, A. F. (junio del 2009). «Stress Signalling Pathways That Impair Prefrontal Cortex Structure and Function». *Nature Reviews Neuroscience* 10 (6), 410-422.

45. Thompson, T. y Richardson, A. (marzo del 2001). «Self-Handicapping Status, Claimed Self-Handicaps and Reduced Practice Effort Following Success and Failure Feedback». *British Journal of Educational Psychology* 71 (1.ª parte), 151-170.

46. Spreng, R. N., DuPre, E. *et al.* (15 de octubre del 2014). «Goal-Congruent Default Network Activity Facilitates Cognitive Control». *Journal of Neuroscience* 34 (42), 14108-14114.

47. Ogden, T. H. (octubre del 1997). «Reverie and Interpretation». *Psychoanalytic Quarterly* 66 (4), 567-595.
48. Smallwood, J. y Andrews-Hanna, J. (2013). «Not All Minds That Wander Are Lost: The Importance of a Balanced Perspective on the Mind-Wandering State». *Frontiers in Psychology* 4, 441.
49. Zedelius, C. M. y Schooler, J. W. (2015). «Mind Wandering "Ahas" Versus Mindful Reasoning: Alternative Routes to Creative Solutions». *Frontiers in Psychology* 6, 834.
50. Spreng, R. N. , Mar, R. A. y Kim, A. S. (marzo del 2009). «The Common Neural Basis of Autobiographical Memory, Prospection, Navigation, Theory of Mind, and the Default Mode: A Quantitative Meta-Analysis». *Journal of Cognitive Neuroscience* 21 (3), 489-510.
51. McMillan, R. L., Kaufman, S. B. y Singer, J. L. (2013). «Ode to Positive Constructive Daydreaming». *Frontiers in Psychology* 4, 626.
52. Kross, E., Bruehlman-Senecal, E. *et al.* (febrero del 2014). «Self-Talk as a Regulatory Mechanism: How You Do It Matters». *Journal of Personality and Social Psychology* 106 (2), 304-324.
53. Cutuli, D. (2014). «Cognitive Reappraisal and Expressive Suppression Strategies Role in the Emotion Regulation: An Overview on Their Modulatory Effects and Neural Correlates». *Frontiers in Systems Neuroscience* 8, 175.
54. Wegner, D. M. (1994). «Ironic Processes of Mental Control». *Psychological Review* 101 (1), 34-52. / Wegner, D. M. (2009). «How to Think, Say, or Do Precisely the Worst Thing for Any Occasion». *Science* 325 (5936), 48-50.
55. Wegner, D. M., Erber, R. y Zanakos, S. (diciembre del 1993). «Ironic Processes in the Mental Control of Mood and Mood-Related Thought». *Journal of Personality and Social Psychology* 65 (6), 1093-1104.
56. Oppezzo, M. y Schwartz, D. L. (julio del 2014). «Give Your Ideas Some Legs: The Positive Effect of Walking on Creative Thinking». *Journal of Experimental Psychology, Learning, Memory, and Cognition* 40 (4), 1142-1152.
57. Atchley, R. A., Strayer, D. L. y Atchley, P. (2012). «Creativity in the Wild: Improving Creative Reasoning through Immersion in Natural Settings». *PLoS One* 7 (12), e51474.
58. Xu, J., Vik, A. *et al.* (2014). «Nondirective Meditation Activates Default Mode Network and Areas Associated with Memory Retrieval and Emotional Processing». *Frontiers in Human Neuroscience* 8, 86.
59. Pinho, A. L., Manzano, O. de *et al.* (30 de abril del 2014). «Connecting to Create: Expertise in Musical Improvisation Is Associated with

Increased Functional Connectivity between Premotor and Prefrontal Areas». *Journal of Neuroscience* 34 (18), 6156-6163.

60. Maraz, A., Kiraly, O. *et al.* (2015). «Why Do You Dance? Development of the Dance Motivation Inventory (DMI)». *PLoS One* 10 (3), e0122866.

61. Watkins, E. (1900). «What May Happen in the Next Hundred Years?». *Ladies' Home Journal*, 8.

62. Sandrone, S. (2012). «The Brain as a Crystal Ball: The Predictive Potential of Default Mode Network». *Frontiers in Human Neuroscience* 6, 261.

63. Mossbridge, J., Tressoldi, P. y Utts, J. (2012). «Predictive Physiological Anticipation Preceding Seemingly Unpredictable Stimuli: A Meta-Analysis». *Frontiers in Psychology* 3, 390.

64. Soon, C. S., He, A. H. *et al.* (9 de abril del 2013). «Predicting Free Choices for Abstract Intentions». *Proceedings of the National Academy of Sciences* 110 (15), 6217-6222.

65. Iacoboni, M., Molnar-Szakacs, I. *et al.* (marzo del 2005). «Grasping the Intentions of Others with One's Own Mirror Neuron System». *PLoS Biology* 3 (3), e79.

66. Hameroff, S. (2012). «How Quantum Brain Biology Can Rescue Conscious Free Will». *Frontiers in Integrative Neuroscience* 6, 93.

67. Miendlarzewska, E. A. y Trost, W. J. (2013). «How Musical Training Affects Cognitive Development: Rhythm, Reward and Other Modulating Variables». *Frontiers in Neuroscience* 7, 279.

Capítulo 2

1. Muniz, V. (abril del 2007). «Art with Wire, Sugar, Chocolate and String». *TED*. https://www.ted.com/talks/vik_muniz_makes_art_with_wire_sugar/transcript?language=en.

2. Schwendener, M. (2 de marzo del 2007). «Smile and Say "Peanut Butter", Mona Lisa». *The New York Times*. http://www.nytimes.com/2007/03/02/arts/design/02muni.html?_r=0.

3. Erkan. (19 de febrero del 2013). «10 Most Creative Artworks Made from Unexpected Materials By Vik Muniz». *Most 10*. http://www.the-most10.com/creative-artworks-unexpected-materials/.

4. Ellamil, M., Dobson, C. *et al.* (16 de enero del 2012). «Evaluative and Generative Modes of Thought During the Creative Process». *NeuroImage* 59 (2), 1783-1794.

5. Edelman Berland (para Adobe) (septiembre del 2014). «Seeking Creative Candidates: Hiring for the Future». *Adobe*. http://www.images.

adobe.com/content/dam/Adobe/en/education/pdfs/creative-candidates-study-0914.pdf?scid = social33220386.

6. Mueller, J. S., Melwani, S. y Goncalo, J. A. (1 de enero del 2012). «The Bias Against Creativity: Why People Desire but Reject Creative Ideas». *Psychological Science* 23 (1), 13-17.

7. Gilead, M., Liberman, N. y Maril, A. (mayo del 2014). «From Mind to Matter: Neural Correlates of Abstract and Concrete Mindsets». *Social Cognitive and Affective Neuroscience* 9 (5), 638-645.

8. Ritter, S. M. y Dijksterhuis, A. (2014). «Creativity –The Unconscious Foundations of the Incubation Period». *Frontiers in Human Neuroscience* 8, 215.

9. Safan-Gerard, D. (enero de 1985). «Chaos and Control in the Creative Process». *Journal of the American Academy of Psychoanalysis* 13 (1), 129-138.

10. Faust, M. y Kenett, Y. N. (2014). «Rigidity, Chaos and Integration: Hemispheric Interaction and Individual Differences in Metaphor Comprehension». *Frontiers in Human Neuroscience* 8, 511. / Andreasen, N. C. (enero del 2011). «A Journey into Chaos: Creativity and the Unconscious». *Mens Sana Monographs* 9 (1), 42-53.

11. Palabras atribuidas a R. Feynman, citadas por S. Weinberg en: Overbye, D. (diciembre del 2007). «Laws of Nature, Source Unknown». *The New York Times*.

12. Dunbar, K. (1995). «How Scientists Really Reason: Scientific Reasoning in Real World Laboratories». En R. Sternberg y J. Davidson (editores), *The Nature of Insight* (pp. 365-396). Cambridge (Massachusetts), USA: MIT Press.

13. Limb, C. J. y Braun, A. R. (2008). «Neural Substrates of Spontaneous Musical Performance: An fMRI Study of Jazz Improvisation». *PLoS One* 3 (2), e1679.

14. Resnicow, K. y Page, S. E. (agosto del 2008). «Embracing Chaos and Complexity: A Quantum Change for Public Health». *American Journal of Public Health* 98 (8), 1382-1389.

15. (1965). «Penzias and Wilson Discover Cosmic Microwave Radiation». PBS: http://www.pbs.org/wgbh/aso/databank/entries/dp65co.html. / Schoenstein, R. (17 de mayo del 2005). «The Big Bang's Echo». *All Things Considered*, NPR. http://www.npr.org/templates/story/story. php?storyId=4655517. / (julio del 2012). «June 1963: Discovery of the Cosmic Microwave Background». *APS News*. https://www.aps.org/publications/apsnews/200207/history.cfm.

16. Zhang, L., Li, W. *et al.* (junio del 2016). «The Association between the Brain and Mind Pops: A Voxel-Based Morphometry Study in 256 Chinese College Students». *Brain Imaging and Behavior* 10 (2), 332-341.

17. Oleynick, V. C., Thrash, T. M. *et al.* (2014). «The Scientific Study of Inspiration in the Creative Process: Challenges and Opportunities». *Frontiers in Human Neuroscience* 8, 436.

18. Morriss-Kay, G. M. (febrero del 2010). «The Evolution of Human Artistic Creativity». *Journal of Anatomy* 216 (2), 158-176.

19. Landy, D., Allen, C. y Zednik, C. (2014). «A Perceptual Account of Symbolic Reasoning». *Frontiers in Psychology* 5, 275.

20. Vartanian, O. (agosto del 2012). «Dissociable Neural Systems for Analogy and Metaphor: Implications for the Neuroscience of Creativity». *British Journal of Psychology* 103 (3), 302-316.

21. Beaty, R. *et al.* (15 de abril del 2014). «Creating Metaphors: The Neural Basis of Figurative Language Production». *NeuroImage* 90, 99-106.

22. Jauk, E., Benedek, M. y Neubauer, A. C. (mayo del 2012). «Tackling Creativity at Its Roots: Evidence for Different Patterns of EEG Alpha Activity Related to Convergent and Divergent Modes of Task Processing». *International Journal of Psychophysiology* 84 (2), 219-225.

23. Galland, L. (diciembre del 2014). «The Gut Microbiome and the Brain». *Journal of Medicinal Food* 17 (12), 1261-1272.

24. Svensson, E., Horvath-Puho, E. *et al.* (octubre del 2015). «Vagotomy and Subsequent Risk of Parkinson's Disease». *Annals of Neurology* 78 (4), 522-529.

25. McCaffrey, T. (marzo del 2012). «Innovation Relies on the Obscure: A Key to Overcoming the Classic Problem of Functional Fixedness». *Psychological Science* 23 (3), 215-218.

26. Li, W., Li, X. *et al.* (7 de abril del 2014). «Brain Structure Links Trait Creativity to Openness to Experience». *Social Cognitive and Affective Neuroscience*, 191-198. / Shi, B., Dai, D. Y. y Lu, Y. (2016). «Openness to Experience as a Moderator of the Relationship between Intelligence and Creative Thinking: A Study of Chinese Children in Urban and Rural Areas». *Frontiers in Psychology* 7, 641. / Kaufman, S. B., Quilty, L. C. *et al.* (8 de diciembre del 2014). «Openness to Experience and Intellect Differentially Predict Creative Achievement in the Arts and Sciences». *Journal of Personality*, 248-258.

27. Wood, D., Gosling, S. D. y Potter, J. (noviembre del 2007). «Normality Evaluations and Their Relation to Personality Traits and Well-Being». *Journal of Personality and Social Psychology* 93 (5), 861-879.

28. Beaty, R. E., Kaufman, S. B. *et al.* (febrero del 2016). «Personality and Complex Brain Networks: The Role of Openness to Experience in Default Network Efficiency». *Human Brain Mapping* 37 (2), 773-779.

29. Kino, C. (21 de octubre del 2010). «Where Art Meets Trash and Transforms Life». *The New York Times.* http://www.nytimes.com/2010/10/24/arts/design/24muniz.html?_r=0.

30. Nahmias, E., Shepard, J. y Reuter, S. (noviembre del 2014). «It's OK If "My Brain Made Me Do It": People's Intuitions About Free Will and Neuroscientific Prediction». *Cognition* 133 (2), 502-516.

31. Zander, T., Horr, N. K. *et al.* (enero del 2016). «Intuitive Decision Making as a Gradual Process: Investigating Semantic Intuition-Based and Priming-Based Decisions with fMRI». *Brain and Behavior* 6 (1), e00420. / Volz, K. G., Rubsamen, R. y von Cramon, D. Y. (septiembre del 2008). «Cortical Regions Activated by the Subjective Sense of Perceptual Coherence of Environmental Sounds: A Proposal for a Neuroscience of Intuition». *Cognitive Affective and Behavioral Neuroscience* 8 (3), 318-328.

32. Wilson, R. C. y Niv, Y. (2011). «Inferring Relevance in a Changing World». *Frontiers in Human Neuroscience* 5, 189.

33. Seth, A. K., Suzuki, K. y Critchley, H. D. (2011). «An Interoceptive Predictive Coding Model of Conscious Presence». *Frontiers in Psychology* 2, 395.

34. Zhang, L., Li, W. *et al.* (junio del 2016). «The Association Between the Brain and Mind Pops: A Voxel-Based Morphometry Study in 256 Chinese College Students». *Brain Imaging and Behavior* 10 (2), 332-341.

35. Kino, C. (21 de octubre del 2010). «Where Art Meets Trash and Transforms Life». *The New York Times.* http://www.nytimes.com/2010/10/24/arts/design/24muniz.html?_r=0.

36. Jobs, S. (12 de junio del 2005). «You've Got to Find What You Love». Discurso de graduación en la Universidad de Stanford. http://news.stanford.edu/2005/06/14/jobs-061505/.

37. Andreasen, N. C. y Ramchandran, K. (marzo del 2012). «Creativity in Art and Science: Are There Two Cultures?». *Dialogues in Clinical Neuroscience* 14 (1), 49-54.

38. Miller, A. (2002). *Einstein, Picasso: Space, Time, and the Beauty That Causes Havoc* (pp. 1-5). Nueva York, USA: Basic Books.

39. Eschleman, K. J., Madsen, J. *et al.* (septiembre del 2014). «Benefiting from Creative Activity: The Positive Relationships Between Creative Activity, Recovery Experiences, and Performance-Related Outcomes». *Journal of Occupational and Organizational Psychology* 87 (3), 579-598.

40. Root-Bernstein, R. S., Bernstein, M. y Garnier, H. (abril de 1995). «Correlations Between Avocations, Scientific Style, Work Habits, and Professional Impact of Scientists». *Creativity Research Journal* 8 (2), 115-137.

41. Chu, J. (23 de diciembre del 2013). «Getting a Move On in Math». *MIT News*. http://news.mit.edu/2013/getting-a-move-on-in-math-1223.

42. Eamon, W. (16 de enero del 2014). «The Invention of Discovery». *William Eamon*. http://williameamon.com/?p=972.

43. Killingsworth, M. A. y Gilbert, D. T. (12 de noviembre del 2010). «A Wandering Mind Is an Unhappy Mind». *Science* 330 (6006), 932.

44. Pamuk, O. (2008). *Other Colors* (p. 7). Nueva York, USA: Vintage.

45. McMillan, R. L., Kaufman, S. B. y Singer, J. L. (2013). «Ode to Positive Constructive Daydreaming». *Frontiers in Psychology* 4, 626.

46. Baird, B., Smallwood, J. *et al.* (1 de octubre del 2012). «Inspired by Distraction: Mind Wandering Facilitates Creative Incubation». *Psychological Science* 23 (10), 1117-1122.

47. McMillan, Kaufman y Singer. «Ode to Positive Constructive Daydreaming».

48. Popova, M. (sin fecha). «The Psychology of How Mind Wandering and "Positive Constructive Daydreaming" Boost Our Creativity and Social Skills». *Brain Pickings*. https://www.brainpickings.org/2013/10/09/mind-wandering-and-creativity/.

49. Flaherty, A. W. (5 de diciembre del 2005). «Frontotemporal and Dopaminergic Control of Idea Generation and Creative Drive». *Journal of Comparative Neurology* 493 (1), 147-153.

50. Huston, P. (enero de 1998). «Resolving Writer's Block». *Canadian Family Physician* 44, 92-97.

51. Leung, A. K., Kim, S. *et al.* (1 de mayo del 2012). «Embodied Metaphors and Creative "Acts"». *Psychological Science* 23 (5), 502-509.

52. Slepian, M. L. y Ambady, N. (noviembre del 2012). «Fluid Movement and Creativity». *Journal of Experimental Psychology: General* 141 (4), 625-629.

53. McNamara, P., Johnson, P. *et al.* (2010). «REM and NREM Sleep Mentation». *International Review of Neurobiology* 92, 69-86.

54. Ritter, S. M., Strick, M. *et al.* (diciembre del 2012). «Good Morning Creativity: Task Reactivation During Sleep Enhances Beneficial Effect of Sleep on Creative Performance». *Journal of Sleep Research* 21 (6), 643-647.

55. Kahn, D. (2013). «Brain Basis of Self: Self-Organization and Lessons from Dreaming». *Frontiers in Psychology* 4, 408.

56. Khodarahimi, S. (octubre del 2009). «Dreams in Jungian Psychology: The Use of Dreams as an Instrument for Research, Diagnosis and Treatment of Social Phobia». *Malaysian Journal of Medical Science* 16 (4), 42-49.

57. Turner, S. (2005). *A Hard Day's Write: The Stories Behind Every Beatles Song* (3.ª ed.). Nueva York, USA: Harper.

58. McIsaac, T. (4 de junio del 2015). «5 Scientific Discoveries Made in Dreams». *Epoch Times.* http://www.theepochtimes.com/n3/1380669-5-scientific-discoveries-made-in-dreams/.

59. Walker, M. P. y Stickgold, R. (marzo del 2010). «Overnight Alchemy: Sleep-Dependent Memory Evolution». *Nature Reviews Neuroscience* 11 (3), 218.

60. Mednick, S. C., Cai, D. J. *et al.* (3 de noviembre del 2008). «Comparing the Benefits of Caffeine, Naps and Placebo on Verbal, Motor and Perceptual Memory». *Behavioural Brain Research* 193 (1), 79-86.

61. Beijamini, F., Pereira, S. I. *et al.* (2014). «After Being Challenged by a Video Game Problem, Sleep Increases the Chance to Solve It». *PLoS One* 9 (1), e84342.

62. Cai, D. J., Mednick, S. A. *et al.* (23 de junio del 2009). «REM, Not Incubation, Improves Creativity by Priming Associative Networks». *Proceedings of the National Academy of Sciences* 106 (25), 10130-10134.

63. Tietzel, A. J. y Lack, L. C. (septiembre del 2002). «The Recuperative Value of Brief and Ultra-Brief Naps on Alertness and Cognitive Performance». *Journal of Sleep Research* 11 (3), 213-218.

64. Currey, M. (2013). *Daily Rituals: How Artists Work.* Nueva York: Knopf.

65. Oleynick, V. C., Thrash, T. M. *et al.* (2014). «The Scientific Study of Inspiration in the Creative Process: Challenges and Opportunities». *Frontiers in Human Neuroscience* 8, 436.

66. Dumas, D. y Dunbar, K. N. (2016). «The Creative Stereotype Effect». *PLoS One* 11 (2), e0142567.

67. Chávez, R. A. (2016). «Imagery as a Core Process in the Creativity of Successful and Awarded Artists and Scientists and Its Neurobiological Correlates». *Frontiers in Psychology* 7, 351.

Capítulo 3

1. (Sin fecha). «What Is Fuckup Nights?» *Fuckup Nights.* http://fuckup-nights.com. / Von Kaenel, C. D. (14 de noviembre del 2014). «Failure Has Never Been More Successful». *Fast Company.* http://www.fastcompany.com/3038446/innovation-agents/failure-has-never-been-more-successful.

2. Gage, D. (20 de septiembre del 2012). «The Venture Capital Secret: 3 Out of 4 Start-Ups Fail». *Wall Street Journal*. http://www.wsj.com/ articles/SB10000872396390443720204578004980476429190. / Nobel, C. (7 de marzo del 2011). «Why Companies Fail –and How Their Founders Can Bounce Back». *Harvard Business School: Working Knowledge*. http://hbswk.hbs.edu/item/why-companies-failand-how-their-founders-can-bounce-back.

3. Goldman, J. y McCarthy, J. (21 de mayo del 2015). «Job Market Optimism Up Sharply in Northern America, Europe». *Gallup*. http://www.gallup.com/poll/183380/job-market-optimism-sharply-northern-america-europe.aspx.

4. Edmondson, A. C. (abril del 2011). «Strategies of Learning from Failure». *Harvard Business Review* 89 (4), 48-55, 137. / Lindstrom, M. (25 de abril del 2012). «The Truth About Being "Done" Versus Being "Perfect"». *Fast Company*. http://www.fastcompany.com/3001533/truth-about-being-done-versus-being-perfect. / Asghar, R. (14 de julio del 2014). «Why Silicon Valley's "Fail Fast" Mantra Is Just Hype». *Forbes*. http://www.forbes.com/sites/robasghar/2014/07/14/why-silicon-valleys-fail-fast-mantra-is-just-hype/#46b8da722236.

5. (Sin fecha). «Brightworks: An Extraordinary School». *Brightworks*. http://www.sfbrightworks.org.

6. Keto, E. (26 de abril del 2016). «Visual Research: Galison Brings Together Art and Science in Scholarship, Filmmaking». *Harvard Crimson*. http://www.thecrimson.com/article/2016/4/26/galison-profile/.

7. Moroney, T. (21 de mayo del 2014). «MIT Hobby Shop Spawns Offbeat Creations Like "Hairball"». *Bloomberg*. http://www.bloomberg.com/news/articles/2014-05-21/mit-hobby-shop-spawns-offbeat-creations-like-hairball-.

8. Bryant, A. (19 de junio del 2013). «In Head-Hunting, Big Data May Not Be Such a Big Deal». *The New York Times*. http://www.nytimes.com/2013/06/20/business/in-head-hunting-big-data-may-not-be-such-a-big-deal.html?partner=socialflow&smid=tw-nytimesbusiness&_r=0.

9. Raichle, M. E. (19 de mayo del 2015). «The Restless Brain: How Intrinsic Activity Organizes Brain Function». *Philosophical Transactions of the Royal Society of London. Series B: Biological Sciences* 370 (1668).

10. Andrade, J. (2008). «What Does Doodling Do?». *Applied Cognitive Psychology* 24 (1), 100-106.

11. Talbot, D. (29 de octubre del 2012). «Given Tablets but No Teachers, Ethiopian Children Teach Themselves». *MIT Technology Review*. https://

www.technologyreview.com/s/506466/given-tablets-but-no-tea-chers-ethiopian-children-teach-themselves/.

12. Tannenbaum, K. (enero del 2013). «Interview with Jonathan Wax-man». Institute of Culinary Education. http://www.ice.edu/press/the-ice-interviews/interview-with-jonathan-waxman.

13. Bell, C. (17 de septiembre del 2014). «Jonathan Waxman». *Prezi.* https://prezi.com/2cfsgdsdj0nz/jonathan-waxman/.

14. (17 y 18 de septiembre del 2016). «Jonathan Waxman». Music City Food + Wine. http://www.musiccityfoodandwinefestival.com/2015-talent/jonathan-waxman/.

15. Rogers, M. (16 de septiembre del 2013). «Barbuto's Jonathan Wax-man Talks Music City Eats, Maintaining Momentum». *Nashville Eater.* http://nashville.eater.com/2013/9/16/6371261/barbutos-jonathan-waxman-talks-music-city-eats-maintaining-momentum.

16. Lucas-Zenk, C. (17 de enero del 2013). «Celebrity Chefs Gather to Cook, Raise Money». *West Hawaii Today.* http://westhawaiitoday.com/sections/news/local-news/celebrity-chefs-gather-cook-raise-money.html.

17. McLaughlin, L. (2 de septiembre del 2010). «Decades Later, Jonathan Waxman's Barbuto Is Still Ingredients Crazy». *Edible Manhattan.* http://www.ediblemanhattan.com/z/topics/back-of-the-house/jonathan-waxmans-barbuto/ - (22 a 24 de abril del 2016). «Jonathan Waxman». Austin Food and Wine Festival. http://www.austinfoodandwinefestival.com/2016-talent/jonathan-waxman/.

18. Rogers. «Barbuto's Jonathan Waxman». (*Op. cit.*).

19. Stren, O. (14 de octubre del 2012). «Rock Star Chef Minus the Ego Brings Success in the Kitchen». *Globe and Mail.* http://www.theglo-beandmail.com/life/food-and-wine/food-trends/rock-star-chef-mi-nus-the-ego-brings-success-in-the-kitchen/article 21089862/.

20. «Jonathan Waxman». Music City Food + Wine.

21. Hamilton, D. C. (5 de septiembre del 2012). «Episode 17: Jonathan Waxman». *Chef's Story.* http://heritageradionetwork.org/podcast/chef-039-s-story-episode-17-jonathan-waxman/.

22. Sietsema, R. (20 de octubre del 2015). «Jonathan Waxman Ri-des Again at Jams and Barbuto». *New York Eater.* http://ny.eater.com/2015/10/20/9544087/jams-midtown-review.

23. Landman, B. (19 de septiembre del 2015). «Why This NYC Chef Tur-ned Down Being Painted by Andy Warhol». *New York Post.* http://ny-post.com/2015/09/19/why-this-nyc-chef-turned-down-being-pain-ted-by-andy-warhol/

24. McLaughlin. «Decades Later, Waxman's Barbuto».

25. «Jonathan Waxman». Music City Food + Wine.

26. McLaughlin. «Decades Later, Waxman's Barbuto».

27. Friedman, A. (11 de febrero del 2014). «Jonathan Waxman Looks Back on 10 Years of Barbuto». *New York Eater*. http://ny.eater.com/2014/2/11/6281721/jonathan-waxman-looks-back-on-10-years-of-barbuto. / Bruni, F. (9 de enero del 2008). «The Secret of the Humble Chickens». *The New York Times*. http://www.nytimes.com/2008/01/09/dining/reviews/09rest.html.

28. Chamberlain, C. (sin fecha). «Jonathan Waxman Opens Up Adele's in Music City». *Nashville Lifestyles*. http://www.nashvillelifestyles.com/restaurants/jonathan-waxman-opens-adeles-in-music-city.

29. Benedek, M., Jauk, E. *et al.* (2016). «Brain Mechanisms Associated with Internally Directed Attention and Self-Generated Thought». *Scientific Reports* 6, 229-259.

30. Benedek, M., Jauk, E. *et al.* (marzo del 2014). «To Create or to Recall? Neural Mechanisms Underlying the Generation of Creative New Ideas». *NeuroImage* 88, 125-133. / Puente-Diaz, R. (2016). «Creative Self-Efficacy: An Exploration of Its Antecedents, Consequences, and Applied Implications». *Journal of Psychology* 150 (2), 175-195.

31. Peine, A., Kabino, K. y Spreckelsen, C. (2016). «Self-Directed Learning Can Outperform Direct Instruction in the Course of a Modern German Medical Curriculum —Results of a Mixed Methods Trial». *BMC Medical Education* 16, 158. / Kaplan, R., Doeller, C. F. *et al.* (2012). «Movement-Related Theta Rhythm in Humans: Coordinating Self-Directed Hippocampal Learning». *PLoS Biology* 10 (2), e1001267. / Markant, D., DuBrow, S. *et al.* (noviembre del 2014). «Deconstructing the Effect of Self-Directed Study on Episodic Memory». *Memory and Cognition* 42 (8), 1211-1224. / Benedek, Jauk, *et al.* «Brain Mechanisms Associated».

32. Bolois, J. (21 de abril del 2016). «Jonathan Waxman on the Perils of NYC Dining Culture and Surrendering Ego». *First We Feast*. http://firstwefeast.com/eat/2016/04/jonathan-waxman-soapbox-interview.

33. Betker, A. (17 de agosto del 2015). «Jonathan Waxman's Jams Opens in New York». *WWD*. http://wwd.com/eye/food/jonathan-waxmans-jams-10203118/.

34. McLaughlin. «Decades Later, Waxman's Barbuto».

35. Ibíd.

36. Lynch, P. (1989). *One Up on Wall Street: How to Use What You Already Know to Make Money in the Market*. Nueva York, USA: Simon & Schuster.

[En español: (2015). *Un paso por delante de Wall Street*. Bilbao, España: Deusto].

37. Davey, C. G., Pujol, J. y Harrison, B. J. (15 de mayo del 2016). «Mapping the Self in the Brain's Default Mode Network». *NeuroImage* 132, 390-397. / Qin, P., Grimm, S. *et al.* (abril del 2016). «Spontaneous Activity in Default-Mode Network Predicts Ascription of Self-Relatedness to Stimuli». *Social Cognitive and Affective Neuroscience* 11 (4), 693-702.

38. Xu, J., Vik, A. *et al.* (2014). «Nondirective Meditation Activates Default Mode Network and Areas Associated with Memory Retrieval and Emotional Processing». *Frontiers in Human Neuroscience* 8, 86. / Taylor, V. A., Daneault, V. *et al.* (enero del 2013). «Impact of Meditation Training on the Default Mode Network During a Restful State». *Social Cognitive and Affective Neuroscience* 8 (1), 4-14. / Vessel, E. A., Starr, G. G. y Rubin, N. (2013). «Art Reaches Within: Aesthetic Experience, the Self and the Default Mode Network». *Frontiers in Neuroscience* 7, 258. / Vessel, E. A., Starr, G. G. y Rubin, N. (2012). «The Brain on Art: Intense Aesthetic Experience Activates the Default Mode Network». *Frontiers in Human Neuroscience* 6, 66. / Miles, L. K., Karpinska, K. *et al.* (2010). «The Meandering Mind: Vection and Mental Time Travel». *PLoS One* 5 (5), e10825.

39. Krafft, C. E., Pierce, J. E. *et al.* (3 de enero del 2014). «An Eight Month Randomized Controlled Exercise Intervention Alters Resting State Synchrony in Overweight Children». *Neuroscience* 256, 445-455. / Voss, M. W., Prakash, R. S. *et al.* (2010). «Plasticity of Brain Networks in a Randomized Intervention Trial of Exercise Training in Older Adults». *Frontiers in Aging Neuroscience* 2.

40. Davey, Pujol y Harrison. «Mapping the Self».

41. Seligman, M. E. (1972). «Learned Helplessness». *Annual Review of Medicine* 23, 407-412.

42. Dweck, C. S. y Leggett, E. L. (1988). «A Social-Cognitive Approach to Motivation and Personality». *Psychological Review* 95 (2), 256.

43. Franklin, D. W. y Wolpert, D. M. (3 de noviembre del 2011). «Computational Mechanisms of Sensorimotor Control». *Neuron* 72 (3), 425-442.

44. Mangels, J. A., Butterfield, B. *et al.* (septiembre del 2006). «Why Do Beliefs About Intelligence Influence Learning Success? A Social Cognitive Neuroscience Model». *Frontiers in Aging Neuroscience* 1 (2), 75-86.

45. Stogner, J. M. (2015). «Predictions Instead of Panics: The Framework and Utility of Systematic Forecasting of Novel Psychoactive Drug Trends». *American Journal of Drug and Alcohol Abuse* 41 (6), 519-526.

46. Bar, M. (12 de mayo del 2009). «The Proactive Brain: Memory for Predictions». *Philosophical Transactions of the Royal Society B* 364 (1521), 1235-1243.

47. Maurer, D. (23 de julio del 2009). «Waxman Fails to Wax Competition on *Top Chef: Masters*». *Grubstreet*. http://www.grubstreet.com/2009/07/waxman_fails_to_wax_competitio.html.

48. Hirsh, J. M. (30 de enero del 2008). «Tips for Building a Better BLT: More Fat, More Contrasting Flavors». *StarNews Online*. http://www.starnewsonline.com/lifestyle/20080130/tips-for-building-a-better-blt-more-fat-more-contrasting-flavors.

49. McLaughlin. «Decades Later, Waxman's Barbuto».

50. Martin, R. (3 de septiembre del 2014). «12 Things You Can and Should Learn from Jonathan Waxman». *Food Republic*. http://www.foodrepublic.com/2014/09/03/12-things-you-can-and-should-learn-from-jonathan-waxman/.

51. Beaty, R. E., Kaufman, S. B. *et al.* (febrero del 2016). «Personality and Complex Brain Networks: The Role of Openness to Experience in Default Network Efficiency». *Human Brain Mapping* 37 (2), 773-779.

52. Gruber, M. J., Gelman, B. D. y Ranganath, C. (22 de octubre del 2014). «States of Curiosity Modulate Hippocampus-Dependent Learning via the Dopaminergic Circuit». *Neuron* 84 (2), 486-496.

53. Mobbs, D., Hagan, C. C. *et al.* (octubre del 2015). «Reflected Glory and Failure: The Role of the Medial Prefrontal Cortex and Ventral Striatum in Self vs Other Relevance During Advice-Giving Outcomes». *Social Cognitive and Affective Neuroscience* 10 (10), 1323-1328.

54. Engelmann, J. B., Capra, C. M. *et al.* (2009). «Expert Financial Advice Neurobiologically "Offloads" Financial Decision-Making Under Risk». *PLoS One* 4 (3), e4957.

55. Khosla, V. (1 de agosto del 2015). «"20-Percent Doctor Included" & Doctor Algorithm: Speculations and Musings of a Technology Optimist». *Khosla Ventures*. http://www.khoslaventures.com/20-percent-doctor-included-speculations-and-musings-of-a-technology-optimist.

56. Winter, M., Kam, J. *et al.* (21 de julio del 2016). «The Use of Portable Video Media (Pvm) Versus Standard Verbal Communication (Svc) in the Urological Consent Process: A Multicentre, Randomised Controlled, Crossover Trial». *BJU International* (publicación electrónica previa a la impresión).

57. Frey, C. B. y Osborne, M. A. «The Future of Employment: How Susceptible Are Jobs to Computerisation?». *Oxford Martin* (Oxford, Reino Unido: Oxford Martin Programme on Technology and Employment,

2013). http://www.oxfordmartin.ox.ac.uk/downloads/academic/futu-re-of-employment.pdf.

58. (2016). «The Future of Jobs: Employment, Skills and Workforce Strategy for the Fourth Industrial Revolution». World Economic Forum, 13-15. http://www3.weforum.org/docs/Media/WEF_Future_of_Jobs_embargoed.pdf.

59. (Sin fecha). «The Robotic Private Chef that Frees Your Cooking Time». *One Cook*. http://onecook4.me.

60. McNeal, M. (abril del 2015). «Rise of the Machines: The Future Has Lots of Robots, Few Jobs for Humans» *Wired*. http://www.wired.com/brandlab/2015/04/rise-machines-future-lots-robots-jobs-humans/.

61. Wood, A. (31 de marzo del 2015). «The Internet of Things Is Revolutionising Our Lives, but Standards Are a Must». *The Guardian*. https://www.theguardian.com/media-network/2015/mar/31/the-internet-of-things-is-revolutionising-our-lives-but-standards-are-a-must.

62. Saint, N. (8 de septiembre del 2010). «Google Launches Google Instant, Search Results That Stream Instantly As You Type». *Business Insider*. http://www.businessinsider.com/google-search-event-live-2010-9.

Capítulo 4

1. Clapp, W. C., Rubens, M. T. *et al.* (26 de abril del 2011). «Deficit in Switching Between Functional Brain Networks Underlies the Impact of Multitasking on Working Memory in Older Adults». *Proceedings of the National Academy of Sciences* 108 (17), 7212-7217.

2. Loh, K. K. y Kanai, R. (2014). «Higher Media Multi-Tasking Activity Is Associated with Smaller Gray-Matter Density in the Anterior Cingulate Cortex». *PLoS One* 9 (9), e106698.

3. Watson, J. M. y Strayer, D. L. (agosto del 2010). «Supertaskers: Profiles in Extraordinary Multitasking Ability». *Psychonomic Bulletin and Review* 17 (4), 479-485.

4. McKenzie, L. (12 de agosto del 2014). «Ryan Seacrest to Launch Clothing, Hollywood Reporter». *Randa*. http://www.randa.net/news/press-article/ryan-seacrest-to-launch-clothing-hollywood-reporter.

5. Melton, L. (23 de agosto del 2014). «Ryan Seacrest: Portrait of a Multi-Tasking Media Master». *Axs*. http://www.axs.com/ryan-seacrest-portrait-of-a-multi-tasking-media-master-17462. / Patterson, J. (28 de junio del 2007). «The King of Multitasking the Entertainment Industry». *Taipei Times*. http://www.taipeitimes.com/News/feat/archives/2007/06/28/2003367248.

6. Duncan, J. y Mitchell, D. J. (17 de noviembre del 2015). «Training Refines Brain Representations for Multitasking». *Proceedings of the National Academy of Sciences* 112 (46), 14127-14128. / Rothbart, M. K. y Posner, M. I. (1 de marzo del 2015). «The Developing Brain in a Multitasking World». *Developmental Review* 35, 42-63. / Verghese, A., Garner, K. G. *et al.* (2 de marzo del 2016). «Prefrontal Cortex Structure Predicts Training-Induced Improvements in Multitasking Performance». *Journal of Neuroscience* 36 (9), 2638-2645.

7. Koshino, H., Minamoto, T. *et al.* (2011). «Anterior Medial Prefrontal Cortex Exhibits Activation During Task Preparation but Deactivation During Task Execution». *PLoS One* 6 (8), e22909. / Moayedi, M., Salomons, T. V. *et al.* (septiembre del 2015). «Connectivity-Based Parcellation of the Human Frontal Polar Cortex». *Brain Structure and Function* 220 (5), 2603-2616.

8. Kumar, M., Sharma, S. *et al.* (enero a marzo del 2014). «Effect of Stress on Academic Performance in Medical Students: A Cross Sectional Study». *Indian Journal of Physiology and Pharmacology* 58 (1), 81-86.

9. Soares, J. M., Sampaio, A. *et al.* (2013). «Stress Impact on Resting State Brain Networks». *PLoS One* 8 (6), e66500.

10. Van der Zwan, J. E., de Vente, W. *et al.* (diciembre del 2015). «Physical Activity, Mindfulness Meditation, or Heart Rate Variability Biofeedback for Stress Reduction: A Randomized Controlled Trial». *Applied Psychophysiology and Biofeedback* 40 (4), 257-268.

11. Xu, J., Vik, A. *et al.* (2014). «Nondirective Meditation Activates Default Mode Network and Areas Associated with Memory Retrieval and Emotional Processing». *Frontiers in Human Neuroscience* 8, 86. / Boraxbekk, C. J., Salami, A. *et al.* (1 de mayo del 2016). «Physical Activity over a Decade Modifies Age-Related Decline in Perfusion, Gray Matter Volume, and Functional Connectivity of the Posterior Default-Mode Network: A Multimodal Approach». *NeuroImage* 131, 133-141.

12. Kivity, Y. y Huppert, J. D. (marzo del 2016). «Does Cognitive Reappraisal Reduce Anxiety? A Daily Diary Study of a Micro-Intervention with Individuals with High Social Anxiety». *Journal of Consulting and Clinical Psychology* 84 (3), 269-283. / Shore, T., Kadosh, K. C. *et al.* (13 de junio del 2016). «Investigating the Effectiveness of Brief Cognitive Reappraisal Training to Reduce Fear in Adolescents». *Cognition and Emotion*, 1-10.

13. Zilverstand, A., Parvaz, M. A. y Goldstein, R. Z. (8 de junio del 2016). «Neuroimaging Cognitive Reappraisal in Clinical Populations to Define Neural Targets for Enhancing Emotion Regulation. A Systematic

Review». *NeuroImage.* / Xie, X., Mulej Bratec, S. *et al.* (1 de julio del 2016). «How Do You Make Me Feel Better? Social Cognitive Emotion Regulation and the Default Mode Network». *NeuroImage* 134, 270-280. / Ferri, J., Schmidt, J. *et al.* (21 de julio del 2016). «Emotion Regulation and Amygdala-Precuneus Connectivity: Focusing on Attentional Deployment». *Cognitive, Affective and Behavioral Neuroscience.* / Quirin, M., Kent, M. *et al.* (2015). «Integration of Negative Experiences: A Neuropsychological Framework for Human Resilience». *Behavioral and Brain Sciences* 38, e116.

14. Poerio, G. L., Totterdell, P. *et al.* (2016). «Social Daydreaming and Adjustment: An Experience-Sampling Study of Socio-Emotional Adaptation During a Life Transition». *Frontiers in Psychology* 7, 13. / Banks, J. B. y Boals, A. (4 de mayo del 2016). «Understanding the Role of Mind Wandering in Stress-Related Working Memory Impairments». *Cognition and Emotion*, 1-8. / Taylor, W. C., King, K. E. *et al.* (junio del 2013). «Booster Breaks in the Workplace: Participants' Perspectives on Health-Promoting Work Breaks». *Health Education Research* 28 (3), 414-425. / Mooneyham, B. W. y Schooler, J. W. (agosto del 2016). «Mind Wandering Minimizes Mind Numbing: Reducing Semantic-Satiation Effects through Absorptive Lapses of Attention». *Psychonomic Bulltin and Review* 23 (4), 1273-1279.

15. Stewart, J. B. (15 de marzo del 2013). «Looking for a Lesson in Google's Perks». *The New York Times.* http://www.nytimes.com/2013/03/16/business/at-google-a-place-to-work-and-play.html.

16. Maclin, E. L., Mathewson, K. E. *et al.* (septiembre del 2011). «Learning to Multitask: Effects of Video Game Practice on Electrophysiological Indices of Attention and Resource Allocation». *Psychophysiology* 48 (9), 1173-1183.

17. Anguera, J. A., Boccanfuso, J. *et al.* (5 de septiembre del 2013). «Video Game Training Enhances Cognitive Control in Older Adults». *Nature* 501 (7465), 97-101.

18. Pashler, H. y Johnston, J. C. (1998). «Attentional Limitations in Dual Task Performance». En H. Pashler (ed.), *Attention (Studies in Cognition)* (p. 155). Nueva York, USA: Psychology Press.

19. Ellman, R. (1948). *Yeats: The Man and The Masks* (p. 224). Nueva York, USA: W. W. Norton.

20. Conan Doyle, A. (2010). *The New Revelation.* Auckland, Nueva Zelanda: Floating Press.

21. Koutstaal, W. (1992). «Skirting the Abyss: A History of Experimental Explorations of Automatic Writing in Psychology». *Journal of the History of the Behavioral Sciences* 28, 5-27.

22. Lin, Z. y He, S. (abril del 2009). «Seeing the Invisible: The Scope and Limits of Unconscious Processing in Binocular Rivalry». *Progress in Neurobiology* 87 (4), 195-211./ Lisman, J. y Sternberg, E. J. (febrero del 2013). «Habit and Nonhabit Systems for Unconscious and Conscious Behavior: Implications for Multitasking». *Journal of Cognitive Neuroscience* 25 (2), 273-283.

23. Van Polanen, V. y Davare, M. (diciembre del 2015). «Interactions Between Dorsal and Ventral Streams for Controlling Skilled Grasp». *Neuropsychologia* 79, parte B, 186-191.

24. Bargh, J. A. y Morsella, E. (enero del 2008). «The Unconscious Mind». *Perspectives on Psychological Science* 3 (1), 73-79. / Meredith-Owen, W. (noviembre del 2011). «Jung's Shadow: Negation and Narcissism of the Self». *Journal of Analytical Psychology* 56 (5), 674-691.

25. Schimel, J., Psyszczynski, T. *et al.* (marzo del 2000). «Running from the Shadow: Psychological Distancing from Others to Deny Characteristics People Fear in Themselves». *Journal of Personality and Social Psychology* 78 (3), 446-462.

26. Sayers, J. (febrero del 2002). «Marion Milner, Mysticism and Psychoanalysis». *International Journal of Psycho-Analysis* 83, 1.ª parte, 105-120.

27. Milner, M. (2010). *On Not Being Able to Paint* (Nueva York, USA: Routledge).

28. Juan, S. (13 de octubre del 2006). «Why Do We Doodle?» *Register*. http://www.theregister.co.uk/2006/10/13/the_odd_body_doodling/.

29. Magazine, C. y Greenberg, D. (2006). *Presidential Doodles: Two Centuries of Scribbles, Scratches, Squiggles, and Scrawls from the Oval Office* (Nueva York, USA: Basic Books).

30. Schott, G. D. (24 de septiembre del 2011). «Doodling and the Default Network of the Brain». *Lancet* 378 (9797), 1133-1134.

31. Dostoyevsky, T. y Patterson, D. (1997). *Winter Notes on Summer Impressions* (p. 49). Evanston (Illinois), USA: Northwestern University Press.

32. Wegner, D. M. (enero de 1994). «Ironic Processes of Mental Control». *Psychological Review* 101 (1), 34-52.

33. Seinfeld, S., Figueroa, H. *et al.* (2013). «Effects of Music Learning and Piano Practice on Cognitive Function, Mood and Quality of Life in Older Adults». *Frontiers in Psychology* 4, 810.

34. Miendlarzewska, E. A. y Trost, W. J. (2013). «How Musical Training Affects Cognitive Development: Rhythm, Reward and Other Modulating Variables». *Frontiers in Neuroscience* 7, 279. / Hille, K., Gust, K. *et al.* (2011). «Associations between Music Education, Intelligence, and

Spelling Ability in Elementary School». *Advances in Cognitive Psychology* 7, 1-6.

35. Wan, C. Y. y Schlaug, G. (octubre del 2010). «Music Making as a Tool for Promoting Brain Plasticity Across the Life Span». *Neuroscientist* 16 (5), 566-577. / Jancke, L. (2009). «Music Drives Brain Plasticity». *F1000 Biology Reports* 1, 78.

36. Fischer, R. y Plessow, F. (2015). «Efficient Multitasking: Parallel Versus Serial Processing of Multiple Tasks». *Frontiers in Psychology* 6, 1366.

37. Al-Hashimi, O., Zanto, T. P. y Gazzaley, A. (2015). «Neural Sources of Performance Decline During Continuous Multitasking». *Cortex* 71, 49-57.

38. Neth, H., Khemlani, S. S. y Gray, W. D. (2008). «Feedback Design for the Control of a Dynamic Multitasking System: Dissociating Outcome Feedback from Control Feedback». *Human Factors* 50 (4), 643-651.

39. Kelley, T. A. y Yantis, S. (2010). «Neural Correlates of Learning to Attend». *Frontiers in Human Neuroscience* 4, 216.

40. Clapp, W. C., Rubens, M. T. y Gazzaley, A. (2010). «Mechanisms of Working Memory Disruption by External Interference». *Cerebral Cortex* 20 (4), 859-872.

41. Panksepp, J. (2007). «Can PLAY Diminish ADHD and Facilitate the Construction of the Social Brain?». *Journal of the Canadian Academy of Child and Adolescent Psychiatry* 16 (2), 57-66.

42. Kruglanski, A. W. y Gigerenzer, G. (2011). «Intuitive and Deliberate Judgments Are Based on Common Principles». *Psychological Review* 118 (1), 97-109.

Capítulo 5

1. Kvavilashvili, L. y Mandler, G. (enero del 2004). «Out of One's Mind: A Study of Involuntary Semantic Memories». *Cognitive Psychology* 48 (1), 47-94.

2. Mace, J. H. (2014). «Involuntary Autobiographical Memory Chains: Implications for Autobiographical Memory Organization». *Frontiers in Psychiatry* 5, 183. / Mace, J. H. (2007). *Involuntary Memory*. Malden (Massachusetts), USA: Wiley-Blackwell.

3. Zubieta, J. K., Bueller, J. A. *et al.* (24 de agosto del 2005). «Placebo Effects Mediated by Endogenous Opioid Activity on Mu-Opioid Receptors». *Journal of Neuroscience* 25 (34), 7754-7762. / Piedimonte, A., Benedetti, F. y Carlino, E. (febrero del 2015). «Placebo-Induced Decrease in Fatigue: Evidence for a Central Action on the Preparatory Phase of Movement». *European Journal of Neuroscience* 41 (4), 492-497.

/ Benedetti, F., Carlino, E. y Pollo, A. (enero del 2011). «How Placebos Change the Patient's Brain». *Neuropsychopharmacology* 36 (1), 339-354. / Pollo, A., Carlino, E. *et al.* (noviembre del 2012). «Preventing Motor Training Through Nocebo Suggestions». *European Journal of Applied Physiology and Occupational Physiology* 112 (11), 3893-3903.

4. Johnson, D. R. (octubre del 2009). «Emotional Attention Set-Shifting and Its Relationship to Anxiety and Emotion Regulation». *Emotion* 9 (5), 681-690. / Di Nocera, D., Finzi, A. *et al.* (2014). «The Role of Intrinsic Motivations in Attention Allocation and Shifting». *Frontiers in Psychology* 5, 273.

5. Groopman, J. (primavera del 2004). «The Anatomy of Hope». *Permanente Journal* 8 (2), 43-47.

6. Constantinou, E., van Den Houte, M. *et al.* (2014). «Can Words Heal? Using Affect Labeling to Reduce the Effects of Unpleasant Cues on Symptom Reporting». *Frontiers in Psychology* 5, 807. / Hemenover, S. H., Augustine, A. A. *et al.* (agosto del 2008). «Individual Differences in Negative Affect Repair». *Emotion* 8 (4), 468-478.

7. Lieberman, M. D., Eisenberger, N. I. *et al.* (mayo del 2007). «Putting Feelings into Words: Affect Labeling Disrupts Amygdala Activity in Response to Affective Stimuli». *Psychological Science* 18 (5), 421-428. / Torrisi, S. J., Lieberman, M. D. *et al.* (15 de noviembre del 2013). «Advancing Understanding of Affect Labeling with Dynamic Causal Modeling». *NeuroImage* 82, 481-488.

8. Cisler, J. M., Sigel, B. A. *et al.* (15 de agosto del 2016). «Changes in Functional Connectivity of the Amygdala During Cognitive Reappraisal Predict Symptom Reduction During Trauma-Focused Cognitive-Behavioral Therapy Among Adolescent Girls with Post-Traumatic Stress Disorder». *Psychological Medicine*, 1-11. / Ferri, J., Schmidt, J. *et al.* (21 de julio del 2016). «Emotion Regulation and Amygdala-Precuneus Connectivity: Focusing on Attentional Deployment». *Cognitive, Affective and Behavioral Neuroscience.* / Waugh, C. E., Zarolia, P. *et al.* (19 de mayo del 2016). «Emotion Regulation Changes the Duration of the Bold Response to Emotional Stimuli». *Social, Cognitive and Affective Neuroscience.*

9. Zhai, Y. y Zhu, Y. (marzo del 2016). «Study of Effect on Solution-Focused Approach in Improving the Negative Emotion of Surgical Patients in Department of Vascular Surgery». *Pakistan Journal of Pharmaceutical Sciences* 29 (2.º supl.), 719-722. / Rohrbaugh, M. J. y Shoham, V. (2001). «Brief Therapy Based on Interrupting Ironic Processes: The Palo Alto Model». *Clinical Psychology* (Nueva York) 8 (1), 66-81.

10. Schuster, C., Martiny, S. E. y Schmader, T. (2015). «Distracted by the Unthought: Suppression and Reappraisal of Mind Wandering under Stereotype Threat». *PLoS One* 10 (3), e0122207. / Oleson, K. C., Poehlmann, K. M. *et al.* (junio del 2000). «Subjective Overachievement: Individual Differences in Self-Doubt and Concern with Performance». *Journal of Personality* 68 (3), 491-524.

11. Bingel, U., Wanigasekera, V. *et al.* (16 de febrero del 2011). «The Effect of Treatment Expectation on Drug Efficacy: Imaging the Analgesic Benefit of the Opioid Remifentanil». *Science Translational Medicine* 3 (70), 70ra14.

12. (16 de octubre de 1929). «Fisher Sees Stocks Permanently High». *The New York Times*. http://query.nytimes.com/gst/abstract.html?res=98 06E6DF1639E03ABC4E52DFB6678382639EDE&legacy=true. / Navasky, V. (29 de septiembre de 1996). «Tomorrow Never Knows». *The New York Times Magazine*. http://www.nytimes.com/1996/09/29/ magazine/tomorrow-never-knows.html. / Sanburn, J. (21 de octubre del 2011). «Top 10 Failed Predictions: Four-Piece Groups with Guitars Are Finished». *Time*. http://content.time.com/time/specials/ packages/article/0,28804,2097462_2097456_2097466,00.html. / Davies, H. (1968). *The Beatles: The Authorized Biography*. Nueva York, USA: McGraw-Hill. / Saiidi, U. (4 de julio del 2016). «Here's Why the Majority of Brexit Polls Were Wrong». *CNBC*. http://www.cnbc. com/2016/07/04/why-the-majority-of-brexit-polls-were-wrong. html. / Edwards, J. (24 de julio del 2016). «Pollsters Now Know Why They Were Wrong About Brexit». *Business Insider*. http://www.businessinsider.com/pollsters-know-why-they-were-wrong-about-brexit-2016-7. / Lohr, S. y Singer, N. (10 de noviembre del 2016). «How Data Failed Us in Calling an Election». *The New York Times*. https://www. nytimes.com/2016/11/10/technology/the-data-said-clinton-would-win-why-you-shouldnt-have-believed-it.html.

13. Voigt, E. A., Kennedy, R. B. y Poland, G. A. (28 de abril del 2016). «Defending Against Smallpox: A Focus on Vaccines». *Expert Review of Vaccines*, 1-15. / Koplow, D. A. (2003). *Smallpox: The Fight to Eradicate a Global Scourge*. Berkeley, USA: University of California Press.

14. Behbehani, A. M. (diciembre de 1983). «The Smallpox Story: Life and Death of an Old Disease». *Microbiological Reviews* 47 (4), 455-509.

15. (2014). «Smallpox Epidemic Strikes at the Cape». *South African History Online*. http://www.sahistory.org.za/dated-event/smallpox-epidemic-strikes-cape.

16. (Sin fecha). «Smallpox Blankets». *Cherokee Heritage Documentation Center*. http://cherokeeregistry.com/index.php?option=com_content&view=article&id=407&Itemid=617.

17. Becker, M. (abril del 2004). «Smallpox in Washington's Army: Strategic Implications of the Disease During the American Revolutionary War». *Journal of Military History* 68 (2), 381-430.

18. Riedel, S. (enero del 2005). «Edward Jenner and the History of Smallpox and Vaccination». *Proceedings (Baylor University Medical Center)* 18 (1), 21-25. / Belongia, E. A. y Naleway, A. L. (abril del 2003). «Smallpox Vaccine: The Good, the Bad, and the Ugly». *Clinical Medicine and Research* 1 (2), 87-92.

19. Wager, T. D., Scott, D. J. y Zubieta, J. K. (26 de junio del 2007). «Placebo Effects on Human Mu-Opioid Activity During Pain». *Proceedings of the National Academy of Sciences* 104 (26), 11056-11061.

20. Freeman, S., Yu, R. *et al.* (15 de mayo del 2015). «Distinct Neural Representations of Placebo and Nocebo Effects». *NeuroImage* 112, 197-207.

21. Carver, C. S. y Johnson, S. L. (diciembre del 2010). «Authentic and Hubristic Pride: Differential Relations to Aspects of Goal Regulation, Affect, and Self-Control». *Journal of Research in Personality* 44 (6), 698-703.

22. Boedecker, J., Lampe, T. y Riedmiller, M. (2013). «Modeling Effects of Intrinsic and Extrinsic Rewards on the Competition between Striatal Learning Systems». *Frontiers in Psychology* 4, 739.

23. Carton, J. S. (otoño de 1996). «The Differential Effects of Tangible Rewards and Praise on Intrinsic Motivation: A Comparison of Cognitive Evaluation Theory and Operant Theory». *Behavior Analysis* 19 (2), 237-255.

24. Murayama, K., Matsumoto, M. *et al.* (7 de diciembre del 2010). «Neural Basis of the Undermining Effect of Monetary Reward on Intrinsic Motivation». *Proceedings of the National Academy of Sciences* 107 (49), 20911-20916.

25. Reiss, S. (2005). «Extrinsic and Intrinsic Motivation at 30: Unresolved Scientific Issues». *Behavior Analysis* 28 (1), 1-14.

26. Ostby, Y., Walhovd, K. B. *et al.* (16 de octubre del 2012). «Mental Time Travel and Default-Mode Network Functional Connectivity in the Developing Brain». *Proceedings of the National Academy of Sciences* 109 (42), 16800-16804.

27. Andrews-Hanna, J. R. (junio del 2012). «The Brain's Default Network and Its Adaptive Role in Internal Mentation». *Neuroscientist* 18 (3), 251-270.

28. Berkovich-Ohana, A. y Glicksohn, J. (2014). «The Consciousness State Space (Css): A Unifying Model for Consciousness and Self». *Frontiers in Psychology* 5, 341.

29. Baars, B. J. (marzo del 2010). «Spontaneous Repetitive Thoughts Can Be Adaptive: Postscript on "Mind Wandering"», *Psychological Bulletin* 136 (2), 208-210.

30. Giblin, C. E., Morewedge, C. K. y Norton, M. I. (2003). «Unexpected Benefits of Deciding by Mind Wandering». *Frontiers in Psychology* 4, 598.

31. Nørretranders, T. (1998). *The User Illusion: Cutting Consciousness Down to Size*. Nueva York, USA: Viking. / Wilson, T. D. (2002). *Strangers to Ourselves: Discovering the Adaptive Unconscious*. Cambridge (Massachusetts), USA: Harvard University Press. / Dijksterhuis, A. (noviembre del 2004). «Think Different: The Merits of Unconscious Thought in Preference Development and Decision Making». *Journal of Personality and Social Psychology* 87 (5), 586-598.

32. Augusto, L. M. (2010). «Unconscious Knowledge: A Survey». *Advances in Cognitive Psychology* 6, 116-141. / Trimmer, P. C., Houston, A. I. *et al.* (22 de octubre del 2008). «Mammalian Choices: Combining Fast-but-Inaccurate and Slow-but-Accurate Decision-Making Systems». *Proceedings of the Royal Society B Biological Sciences* 275 (1649), 2353-2361.

33. Foege, A. (12 de junio del 2013). «Guest Column: America's "Tinkering" Spirit: Alive and Well, and Making Our Nation Great». *Northwest Georgia News*. http://www.northwestgeorgianews.com/rome/guest-column-america-s-tinkering-spirit-alive-and-well-and/article_b62f2334-8c18-53b6-863d-e140ab7dbb96.html.

34. Taleb, N. N. (2012). *Antifragile* (Nueva York, USA: Random House).

35. Agnati, L. F., Guidolin, D. *et al.* (2013). «The Neurobiology of Imagination: Possible Role of Interaction-Dominant Dynamics and Default Mode Network». *Frontiers in Psychology* 4, 296.

36. Jepma, M., Verdonschot, R. G. *et al.* (2012). «Neural Mechanisms Underlying the Induction and Relief of Perceptual Curiosity». *Frontiers in Behavioral Neuroscience* 6, 5.

37. Jobs, S. (14 de junio del 2005). «"You've Got to Find What You Love", Jobs Says». *News Stanford*. http://news.stanford.edu/2005/06/14/jobs-061505/.

38. Gowen, A. (31 de octubre del 2015). «Inside the Indian Temple That Draws America's Tech Titans». *Washington Post*. https://www.was-

hingtonpost.com/world/asia_pacific/inside-the-indian-temple-that-draws-americas-tech-titans/2015/10/30/03b646d8-7cb9-11e5-bfb6-65300a5ff562_story.html.

39. Rawlinson, N. (1 de abril del 2016). «History of Apple, 1976-2016: The Story of Steve Jobs and the Company He Founded». *Macworld*. http://www.macworld.co.uk/feature/apple/history-of-apple-steve-jobs-what-happened-mac-computer-3606104/.

40. Gowen. «Inside the Indian Temple».

41. Guth, R. A. (28 de marzo del 2005). «In Secret Hideaway, Bill Gates Ponders Microsoft's Future». *Wall Street Journal*. http://www.wsj.com/articles/SB111196625830690477.

42. Huebner, B. y Rupert, R. D. (abril del 2014). «Massively Representational Minds Are Not Always Driven by Goals, Conscious or Otherwise». *Behavioral and Brain Sciences* 37 (2), 145-146.

43. Bar, M. (12 de mayo del 2009). «The Proactive Brain: Memory for Predictions». *Philosophical Transactions of the Royal Society of London. Series B: Biological Sciences* 364 (1521), 1235-43. / Mullally, S. L. y Maguire, E. A. (junio del 2014). «Memory, Imagination, and Predicting the Future: A Common Brain Mechanism?». *Neuroscientist* 20 (3), 220-234.

44. Davey, C. G., Pujol, J. y Harrison, B. J. (15 de mayo del 2016). «Mapping the Self in the Brain's Default Mode Network». *NeuroImage* 132, 390-397.

45. Cornwell, J. F., Franks, B. y Higgins, E. T. (2014). «Truth, Control, and Value Motivations: The "What", "How", and "Why" of Approach and Avoidance». *Frontiers in Systems Neuroscience* 8, 194.

46. Tze, L. (1997). *Tao Te Ching*. Nueva York, USA: Dover.

47. (Sin fecha). «Discovery and Development of Penicillin». American Chemical Society. http://www.acs.org/content/acs/en/education/whatischemistry/landmarks/flemingpenicillin.html. / Ligon, B. L. (enero del 2004). «Penicillin: Its Discovery and Early Development». *Seminars in Pediatric Infectious Disease* 15 (1), 52-57.

48. Ban, T. A. (2006). «The Role of Serendipity in Drug Discovery». *Dialogues in Clinical Neuroscience* 8 (3), 335-344.

49. Van Steenbergen, H., Band, G. P. *et al.* (julio del 2015). «Hedonic Hotspots Regulate Cingulate-Driven Adaptation to Cognitive Demands». *Cerebral Cortex* 25 (7), 1746-1756.

50. Brehm, J. W. (mayo de 1956). «Postdecision Changes in the Desirability of Alternatives». *Journal of Abnormal Psychology* 52 (3), 384-389.

51. Knox, R. E. e Inkster, J. A. (abril de 1968). «Postdecision Dissonance at Post Time». *Journal of Personality and Social Psychology* 8 (4), 319-323.

52. Kross, E., Bruehlman-Senecal, E. *et al.* (febrero del 2014). «Self-Talk as a Regulatory Mechanism: How You Do It Matters». *Journal of Personality and Social Psychology* 106 (2), 304-324.

53. Ebstein, R. P., Belmaker, R. H. (septiembre de 1997). «Saga of an Adventure Gene: Novelty Seeking, Substance Abuse and the Dopamine D4 Receptor (D4DR) Exon III Repeat Polymorphism». *Molecular Psychiatry* 2 (5), 381-384. / Benjamin, J., Li, L. *et al.* (enero de 1996). «Population and Familial Association Between the D4 Dopamine Receptor Gene and Measures of Novelty Seeking». *Nature Genetics* 12 (1), 81-84.

54. Schwabe, L. y Wolf, O. T. (3 de junio del 2009). «Stress Prompts Habit Behavior in Humans». *Journal of Neuroscience* 29 (22), 7191-7198.

55. West, C. P., Dyrbye, L. N. *et al.* (abril del 2014). «Intervention to Promote Physician Well-Being, Job Satisfaction, and Professionalism: A Randomized Clinical Trial». *JAMA Internal Medicine* 174 (4), 527-533.

56. Spanos, N. P., Stenstrom, R. J. y Johnston, J. C. (mayo y junio de 1988). «Hypnosis, Placebo, and Suggestion in the Treatment of Warts». *Psychosomatic Medicine* 50 (3), 245-260.

57. Sathyanarayana Rao, T. S., Asha, M. R. *et al.* (octubre a diciembre del 2009). «The Biochemistry of Belief». *Indian Journal of Psychiatry* 51 (4), 239-241.

58. Yoshimura, S., Okamoto, Y. *et al.* (2014). «Neural Basis of Anticipatory Anxiety Reappraisals». *PLoS One* 9 (7), e102836.

59. McMillan, R. L., Kaufman, S. B. y Singer, J. L. (2013). «Ode to Positive Constructive Daydreaming». *Frontiers in Psychology* 4, 626.

60. Killingsworth, M. A. y Gilbert, D. T. (12 de noviembre del 2010). «A Wandering Mind Is an Unhappy Mind». *Science* 330 (6006), 932.

61. Feng, P., Zheng, Y. y Feng, T. (junio del 2016). «Resting-State Functional Connectivity between Amygdala and the Ventromedial Prefrontal Cortex Following Fear Reminder Predicts Fear Extinction». *Social Cognitive and Affective Neuroscience* 11 (6), 991-1001. / Reppucci, C. J. y Petrovich, G. D. (julio del 2016). «Organization of Connections between the Amygdala, Medial Prefrontal Cortex, and Lateral Hypothalamus: A Single and Double Retrograde Tracing Study in Rats». *Brain Structure and Function* 221 (6), 2937-2962.

62. Damasio, A. (2013). *El error de Descartes. La emoción, la razón y el cerebro humano.* (Barcelona, España: Destino).

63. Loewen, J. «John Cassavetes from *A Personal Journey with Martin Scorsese Through American Movies*». YouTube: https://www.youtube.com/watch?v=UR3jKqsMI_c.

Capítulo 6

1. (Sin fecha). «Jeff Bezos Biography». *Biography*. http://www.biography.com/people/jeff-bezos-9542209.
2. (Sin fecha). «Jeff Bezos Biography». *Famous People*. http://www.thefamouspeople.com/profiles/jeff-bezos-4868.php.
3. Yarow, J. (10 de octubre del 2013). «The Astonishing Story of Jeff Bezos' Biological Father Who Didn't Even Know Bezos Existed Until the End of Last Year». *Business Insider*. http://www.businessinsider.com/jeff-bezos-biological-father-2013-10.
4. Russell, K. (18 de noviembre del 2013). «The 9 Most Interesting Facts About Jeff Bezos from the Big New Amazon Book». *Business Insider*. http://www.businessinsider.in/The-9-Most-Interesting-Facts-About-Jeff-Bezos-From-The-Big-New-Amazon-Book/articles-how/25996451.cms?format=slideshow.
5. (20 de agosto del 2016). «Jeff Bezos Fun Facts». *Celebrity Fun Facts*. http://www.celebrityfunfacts.com/jeff-bezos/f67m89/.
6. Ostdick, J. (30 de junio del 2011). «E-vangelist». *Success*. http://www.success.com/article/e-vangelist.
7. Carlson, N. (16 de mayo del 2011). «Jeff Bezos: Here's Why He Won». *Business Insider*. http://www.businessinsider.com/jeff-bezos-visionary-2011-4.
8. «Bezos Biography». *Biography*.
9. «Bezos Biography». *Famous People*.
10. LaGasse, D. (19 de noviembre del 2008). «America's Best Leaders: Jeff Bezos, Amazon.com CEO». *U.S. News & World Report*. http://www.usnews.com/news/best-leaders/articles/2008/11/19/americas-best-leaders-jeff-bezos-amazoncom-ceo.
11. (16 de noviembre del 2012). «2012 Business Person of the Year». *Fortune*. http://fortune.com/2012/11/16/2012-businessperson-of-the-year/.
12. (20 de agosto del 2016). «The Richest People in America». *Forbes*. http://www.forbes.com/forbes-400/gallery/jeff-bezos.
13. (Noviembre del 2015). «The Best Performing CEOs». *Harvard Business Review*, 49-59.
14. Kosner, A. W. (19 de octubre del 2012). «Jeff Bezos on How to Change Your Mind». *Forbes*. http://www.forbes.com/sites/anthonykosner/2012/10/19/jeff-bezos-on-people-who-are-right-a-lot-vs-wrong-a-lot-has-he-got-it-right/#92c790762ed3.
15. Van Heugten, C. M., Ponds, R. W. y Kessels, R. P. (octubre del 2016). «Brain Training: Hype or Hope?». *Neuropsychological Rehabilitation* 26 (5-6), 639-644.

16. Ibíd. / Jha, A. P., Krompinger, J. y Baime, M. J. (junio del 2007). «Mindfulness Training Modifies Subsystems of Attention». *Cognitive, Affective and Behavioral Neuroscience* 7 (2), 109-119.

17. Dey, P. (sin fecha). «9 Most Generous CEOs of Our Time». *Best Mankind*. http://www.bestmankind.com/most-generous-ceos-of-our-time/ - Kantor, J. y Streitfeld, D. (16 de agosto del 2015). «Inside Amazon: Wrestling Big Ideas in a Bruising Workplace». *The New York Times*. http://www.nytimes.com/2015/08/16/technology/inside-amazon-wrestling-big-ideas-in-a-bruising-workplace.html.

18. Deutschman, A. (1 de agosto del 2004). «Inside the Mind of Jeff Bezos». *Fast Company*. http://www.fastcompany.com/50106/inside-mind-jeff-bezos.

19. Ibíd.

20. Ibíd.

21. Sprouse-Blum, A. S., Smith, G. *et al.* (marzo del 2010). «Understanding Endorphins and Their Importance in Pain Management». *Hawaii Medical Journal* 69 (3), 70-71.

22. Salehi, B., Cordero, M. I. y Sandi, C. (octubre del 2010). «Learning Under Stress: The Inverted-U-Shape Function Revisited». *Learning and Memory* 17 (10), 522-530.

23. Meaux, E. y Vuilleumier, P. (5 de julio del 2016). «Facing Mixed Emotions: Analytic and Holistic Perception of Facial Emotion Expressions Engages Separate Brain Networks». *NeuroImage* 141, 154-173. / Heshfield, H. E., Scheibe, S. *et al.* (enero del 2013). «When Feeling Bad Can Be Good: Mixed Emotions Benefit Physical Health across Adulthood». *Social Psychological and Personality Science* 4 (1), 54-61. / Zeki, S. y Romaya, J. P. (2008). «Neural Correlates of Hate». *PLoS One* 3 (10), e3556.

24. Molnar-Szakacs, I. y Uddin, L. Q. (2013). «Self-Processing and the Default Mode Network: Interactions with the Mirror Neuron System». *Frontiers in Human Neuroscience* 7, 571.

25. Heller, A. S., van Reekum, C. M. *et al.* (1 de noviembre del 2013). «Sustained Striatal Activity Predicts Eudaimonic Well-Being and Cortisol Output». *Psychological Science* 24 (11), 2191-2200.

26. (21 de abril del 2016). «The 100 Most Influential People». *Time*. http://time.com/collection/2016-time-100/.

27. Zuckerman, M. y Tsai, F. F. (abril del 2005). «Costs of Self-Handicapping». *Journal of Personality* 73 (2), 411-442.

28. Takeuchi, H., Taki, Y. *et al.* (abril del 2013). «Anatomical Correlates of Self-Handicapping Tendency». *Cortex* 49 (4), 1148-1154.

29. Dabrowski, K. (noviembre de 1959). «On Positive Disintegration. An Outline of the Theory Concerning the Psychological Development of Man through Unbalanced States, Nervous States, Neuroses and Psychoses». *Annales Medico-Psychologiques* 117 (2), 643-668. / Dabrowski, K. (octubre de 1960). «Remarks on Typology Based on the Theory of Positive Disintegration». *Annales Medico-Psychologiques* 118 (2), 401-406.

30. King, B. J. (2008). *Pressure Is a Privilege: Lessons I've Learned from Life and the Battle of the Sexes*. Nueva York, USA: LifeTime Media.

31. Tillier, W. (1996, sin publicar). «The Basic Concepts of Dabrowski's Theory of Positive Disintegration». En W. Tillier (ed.), *Perspectives on the Self: Proceedings of the Second Biennial Conference on Dabrowski's Theory of Positive Disintegration*, pp. 5-14.

32. Mendaglio, S. (otoño del 2002). «Dabrowski's Theory of Positive Disintegration: Some Implications for Teachers of Gifted Students». *AGATE* 15 (2), 14-22.

33. Ibíd.

34. Tillier, W. (6 de diciembre del 2014). «Dabrowski 101: The Theory of Positive Disintegration». *Positive Disintegration*. http://positivedisintegration.com/Dabrowski101.pdf.

35. Berger, A., Tzur, G. y Posner, M. I. (15 de agosto del 2006). «Infant Brains Detect Arithmetic Errors». *Proceedings of the National Academy of Sciences* 103 (33), 12649-12653.

36. Limb, C. J. y Braun, A. R. (2008). «Neural Substrates of Spontaneous Musical Performance: An fMRI Study of Jazz Improvisation». *PLoS One* 3 (2), e1679. / Anderson, M. C., Ochsner, K. N. *et al.* (9 de enero del 2004). «Neural Systems Underlying the Suppression of Unwanted Memories». *Science* 303 (5655), 232-235.

37. Engel, A. y Keller, P. E. (2011). «The Perception of Musical Spontaneity in Improvised and Imitated Jazz Performances». *Frontiers in Psychology* 2, 83.

38. Beaty, R. E. (abril del 2015). «The Neuroscience of Musical Improvisation». *Neuroscience and Biobehavioral Reviews* 51, 108-117.

39. Debarnot, U., Sperduti, M. *et al.* (2014). «Experts Bodies, Experts Minds: How Physical and Mental Training Shape the Brain». *Frontiers in Human Neuroscience* 8, 280.

40. Bernardi, G., Cecchetti, L., *et al.* «It's Not All in Your Car: Functional and Structural Correlates of Exceptional Driving Skills in Professional Racers». *Frontiers in Human Neuroscience* 8 (2014): 888. / Bernardi, G., Ricciardi, E. *et al.* (2013). «How Skill Expertise Shapes the Brain

Functional Architecture: An fMRI Study of Visuo-Spatial and Motor Processing in Professional Racing-Car and Naive Drivers». *PLoS One* 8 (10), e77764.

41. Seo, J., Kim, Y. T. *et al.* (1 de abril del 2012). «Stronger Activation and Deactivation in Archery Experts for Differential Cognitive Strategy in Visuospatial Working Memory Processing». *Behavioural Brain Research* 229 (1), 185-193.

42. Wolf, S., Brolz, E. *et al.* (2014). «Winning the Game: Brain Processes in Expert, Young Elite and Amateur Table Tennis Players». *Frontiers in Behavioral Neuroscience* 8, 370.

43. Campbell, A., Whitehead, J. y Finkelstein, S. (febrero del 2009). «Why Good Leaders Make Bad Decisions». *Harvard Business Review* 87 (2), 60-66, 109.

44. Dodson, C. S. y Krueger, L. E. (octubre del 2006). «I Misremember It Well: Why Older Adults Are Unreliable Eyewitnesses». *Psychonomic Bulletin Review* 13 (5), 770-775.

45. Cann, D. R., McRae, K. y Katz, A. N. (agosto del 2011). «False Recall in the Deese-Roediger-McDermott Paradigm: The Roles of Gist and Associative Strength». *Quarterly Journal of Experimental Psychology* (Hove) 64 (8), 1515-1542.

46. Storbeck, J. y Clore, G. L. (octubre del 2005). «With Sadness Comes Accuracy; with Happiness, False Memory: Mood and the False Memory Effect». *Psychological Science* 16 (10), 785-791.

47. Ezzyat, Y. y Davachi, L. (5 de marzo del 2014). «Similarity Breeds Proximity: Pattern Similarity Within and Across Contexts Is Related to Later Mnemonic Judgments of Temporal Proximity». *Neuron* 81 (5), 1179-1189.

48. Kang, J. Y., Yeoh, K. G. *et al.* (marzo de 1995). «Chili—Protective Factor Against Peptic Ulcer?». *Digestive Diseases and Sciences* 40 (3), 576-579.

49. Satyanarayana, M. N. (2006). «Capsaicin and Gastric Ulcers». *Critical Reviews in Food Science and Nutrition* 46 (4), 275-328.

50. Mulder, M. J., Wagenmakers, E. J. *et al.* (15 de febrero del 2012). «Bias in the Brain: A Diffusion Model Analysis of Prior Probability and Potential Payoff». *Journal of Neuroscience* 32 (7), 2335-2343.

51. Jaskelioff, M., Muller, F. L. *et al.* (6 de enero del 2011). «Telomerase Reactivation Reverses Tissue Degeneration in Aged Telomerase-Deficient Mice». *Nature* 469 (7328), 102-106.

52. Gomes, A. P., Price, N. L. *et al.* (19 de diciembre del 2013). «Declining Nad(+) Induces a Pseudohypoxic State Disrupting Nuclear-Mitochondrial Communication During Aging». *Cell* 155 (7), 1624-1638.

53. Church, G. (3 de marzo del 2016). «Where Do We Go from Here?». *Future of Genetic Medicine IX*. https://www.scripps.org/sparkle-assets/documents/brochure_future_of_genomic_medicine_ix.pdf.

54. Aisenberg, D., Cohen, N. *et al.* (2015). «Social Priming Improves Cognitive Control in Elderly Adults —Evidence from the Simon Task». *PLoS One* 10 (1), e0117151.

55. Robertson, D. A., Savva, G. M. *et al.* (2015). «Negative Perceptions of Aging and Decline in Walking Speed: A Self-Fulfilling Prophecy». *PLoS One* 10 (4), e0123260.

56. Gocłowska, M. «Can Counter-Stereotypes Boost Flexible Thinking?». (2013). *Group Processes and Intergroup Relations* 16 (2), 217-231.

57. Webster, D. M. y Kruglanski, A. W. (diciembre de 1994). «Individual Differences in Need for Cognitive Closure». *Journal of Personality and Social Psychology* 67 (6), 1049-1062.

58. Tanaka, Y., Fujino, J. *et al.* (2014). «Are Ambiguity Aversion and Ambiguity Intolerance Identical? A Neuroeconomics Investigation». *Frontiers in Psychology* 5, 1550.

59. Jeannerod, M. y Decety, J. «Mental Motor Imagery: A Window into the Representational Stages of Action» (diciembre de 1995). *Current Opinion in Neurobiology* 5 (6), 727-732. / Jeannerod, M. (Noviembre de 1995). «Mental Imagery in the Motor Context». *Neuropsychologia* 33 (11), 1419-1432.

60. Park, C. H., Chang, W. H. *et al.* (junio del 2015). «Which Motor Cortical Region Best Predicts Imagined Movement?». *NeuroImage* 113, 101-110.

61. Pichiorri, F., Morone, G. *et al.* (mayo del 2015). «Brain-Computer Interface Boosts Motor Imagery Practice During Stroke Recovery». *Annals of Neurology* 77 (5), 851-865.

62. Iseki, K., Hanakawa, T. *et al.* (1 de julio del 2008). «Neural Mechanisms Involved in Mental Imagery and Observation of Gait». *NeuroImage* 41 (3), 1021-1031.

63. Rice, H. J. y Rubin, D. C. (diciembre del 2009). «I Can See It Both Ways: First-and Third-Person Visual Perspectives at Retrieval». *Consciousness and Cognition* 18 (4), 877-890. / Sutin, A. R. y Robins, R. W. (agosto del 2010). «Correlates and Phenomenology of First and Third Person Memories». *Memory* 18 (6), 625-637.

64. Lameira, A. P., Gawryszewski, L. G. *et al.* (2009). «Hand Posture Effects on Handedness Recognition as Revealed by the Simon Effect». *Frontiers in Human Neuroscience* 3, 59.

65. Knäuper, B., McCollam, A. *et al.* (mayo del 2011). «Fruitful Plans: Adding Targeted Mental Imagery to Implementation Intentions Increases Fruit Consumption». *Psychological Health* 26 (5), 601-617.

66. Hall, C. R., Munroe-Chandler, K. J. *et al.* (2009). «Imagery and Observational Learning Use and Their Relationship to Sport Confidence». *Journal of Sports Sciences* 27 (4), 327-337.

67. Agnati, L. F., Guidolin, D. *et al.* (2013). «The Neurobiology of Imagination: Possible Role of Interaction-Dominant Dynamics and Default Mode Network». *Frontiers in Psychology* 4, 296.

68. Andrade, J., Khalil, M. *et al.* (1 de mayo del 2016). «Functional Imagery Training to Reduce Snacking: Testing a Novel Motivational Intervention Based on Elaborated Intrusion Theory». *Appetite* 100, 256-262. / McNorgan, C. (2012). «A Meta-Analytic Review of Multisensory Imagery Identifies the Neural Correlates of Modality-Specific and Modality-General Imagery». *Frontiers in Human Neuroscience* 6, 285.

69. Khoury, B., Sharma, M. *et al.* (junio del 2015). «Mindfulness-Based Stress Reduction for Healthy Individuals: A Meta-Analysis». *Journal of Psychosomatic Research* 78 (6), 519-528.

70. Knapp, A. (21 de marzo del 2012). «Ray Kurzweil Defends His 2009 Predictions». *Forbes.* http://www.forbes.com/sites/alexknapp/2012/03/21/ray-kurzweil-defends-his-2009-predictions/.

71. Baer, D. (20 de octubre del 2015). «5 Amazing Predictions by Futurist Ray Kurzweil That Came True —And 4 That Haven't». *Tech Insider.* http://til.ink/2cY5gia.

72. Rosenbush, S. (4 de febrero del 2014). «Google's Ray Kurzweil Envisions New Era of Search». *Wall Street Journal* blogs. http://blogs.wsj.com/cio/2014/02/04/googles-ray-kurzweil-envisions-new-era-of-search/.

73. Miles, K. (1 de octubre del 2015). «Ray Kurzweil: In the 2030s, Nanobots in Our Brains Will Make Us "Godlike"». *Huffington Post.* http://www.huffingtonpost.com/entry/ray-kurzweil-nanobots-brain-godlike_us_560555a0e4b0af3706dbe1e2.

74. Carvalho, F. M., Chaim, K. T. *et al.* (2016). «Time-Perception Network and Default Mode Network Are Associated with Temporal Prediction in a Periodic Motion Task». *Frontiers in Human Neuroscience* 10, 268. / Sandrone, S. (2012). «The Brain as a Crystal Ball: The Predictive Potential of Default Mode Network». *Frontiers in Human Neuroscience* 6, 261.

75. Kagan, J. (mayo y junio del 2014). «Review: The Future of the Mind: The Scientific Quest to Understand, Enhance, and Empower the Mind». *Cerebrum* 2014, 7.

76. Thompson, M. (20 de diciembre del 2008). «Jeff Bezos —Regret Minimization Framework». YouTube. https://www.youtube.com/watch?v=jwG_qR6XmDQ.

77. Sandrone, «Brain as a Crystal Ball».

78. Vago, D. R. y Silbersweig, D. A. (2012). «Self-Awareness, Self-Regulation, and Self-Transcendence (S-Art): A Framework for Understanding the Neurobiological Mechanisms of Mindfulness». *Frontiers in Human Neuroscience* 6, 296.

79. Noone, C., Bunting, B. y Hogan, M. J. (2015). «Does Mindfulness Enhance Critical Thinking? Evidence for the Mediating Effects of Executive Functioning in the Relationship Between Mindfulness and Critical Thinking». *Frontiers in Psychology* 6, 2043.

80. Lippelt, D. P., Hommel, B. y Colzato, L. S. (2014). «Focused Attention, Open Monitoring and Loving Kindness Meditation: Effects on Attention, Conflict Monitoring, and Creativity —a Review». *Frontiers in Psychology* 5, 1083. / Uusberg, H., Uusberg, A. *et al.* (julio del 2016). «Mechanisms of Mindfulness: The Dynamics of Affective Adaptation During Open Monitoring». *Biological Psychology* 118, 94-106.

81. Chen, K. W., Berger, C. C. *et al.* (julio del 2012). «Meditative Therapies for Reducing Anxiety: A Systematic Review and Meta-Analysis of Randomized Controlled Trials». *Depression and Anxiety* 29 (7), 545-562.

82. Puddicome, A. (Sin fecha). «10 Minutes Could Change Your Whole Day». *Headspace*. https://www.headspace.com/headspace-meditation-app.

83. Geller, T. (16 de septiembre del 2015). «Jared Leto, Ryan Seacrest, Jessica Alba Invest in Headspace with the Chernin Group». *Wrap*. http://www.thewrap.com/jared-leto-ryan-seacrest-jessica-alba-invest-in-headspace-with-the-chernin-group/.

84. Vago y Silbersweig, «Self-Awareness, Self-Regulation». (*Op. cit.*). / Mohandas, E. (enero del 2008). «Neurobiology of Spirituality». *Mens Sana Monographs* 6 (1), 63-80. / Travis, F., Haaga, D. A. *et al.* (febrero del 2010). «A Self-Referential Default Brain State: Patterns of Coherence, Power, and Eloreta Sources During Eyes-Closed Rest and Transcendental Meditation Practice». *Cognitive Processing* 11 (1), 21-30.

85. Farb, N. A., Anderson, A. K. y Segal, Z. V. (febrero del 2012). «The Mindful Brain and Emotion Regulation in Mood Disorders». *Canadian Journal of Psychiatry/Revue Canadienne de Psychiatrie* 57 (2), 70-77. / Simon, R. y Engstrom, M. (2015). «The Default Mode Network as a Biomarker for Monitoring the Therapeutic Effects of Meditation». *Frontiers in Psychology* 6, 776.

86. Mitchell, J. T., Zylowska, L. y Kollins, S. H. (mayo del 2015). «Mindfulness Meditation Training for Attention-Deficit/Hyperactivity Disorder in Adulthood: Current Empirical Support, Treatment Overview, and Future Directions». *Cognitive and Behavioral Practice* 22 (2), 172-191. / Zylowska, L., Ackerman, D. L. *et al.* (mayo del 2008). «Mindfulness Meditation Training in Adults and Adolescents with ADHD: A Feasibility Study». *Journal of Attention Disorders* 11 (6), 737-746.
87. Satchidananda, S. (1990). *The Yoga Sutras of Patanjali*. Buckingham (Virginia), USA: Integral Yoga Publications, pp. 171-175.
88. Canter, P. H. (17 de mayo del 2003). «The Therapeutic Effects of Meditation». *British Medical Journal* 326 (7398), 1049-1050. / Sharma, H. (julio a septiembre del 2015). «Meditation: Process and Effects». *Ayu* 36 (3), 233-237.
89. Harmon, K. (5 de octubre del 2009). «Work on Telomeres Wins Nobel Prize in Physiology or Medicine for 3 U.S. Genetic Researchers» (actualización). *Scientific American*. http://www.scientificamerican.com/article/nobel-prize-medicine-2009-genetics/.
90. Conklin, Q., King, B. *et al.* (noviembre del 2015). «Telomere Lengthening After Three Weeks of an Intensive Insight Meditation Retreat». *Psychoneuroendocrinology* 61, 26-27.
91. Josephs, R. A., Bosson, J. K. y Jacobs, C. G. (julio del 2003). «Self-Esteem Maintenance Processes: Why Low Self-Esteem May Be Resistant to Change». *Personality and Social Psychology Bulletin* 29 (7), 920-933. / Hermann, A. D., Leonardelli, G. y Arkin, R. M. (2002). «Self-Doubt and Self-Esteem: A Threat from Within». *Personality and Social Psychology Bulletin* 28, 395-408.
92. Huang, R., Lu, M. *et al.* (marzo del 2015). «Long-Term Intensive Training Induced Brain Structural Changes in World Class Gymnasts». *Brain Structure and Function* 220 (2), 625-644. / Wang, B., Fan, Y. *et al.* (15 de enero del 2013). «Brain Anatomical Networks in World Class Gymnasts: A DTI Tractography Study». *NeuroImage* 65, 476-487. / Wang, J., Lu, M. *et al.* (29 de septiembre del 2015). «Exploring Brain Functional Plasticity in World Class Gymnasts: A Network Analysis». *Brain Structure and Function*.

Conclusión

1. Rawlinson, G. E. (1976). «The Significance of Letter Position in Word Recognition». Tesis de doctorado no publicada. Universidad de Nottingham, Reino Unido.

2. Lehto, R. H. y Stein, K. F. (2009). «Death Anxiety: An Analysis of an Evolving Concept». *Research and Theory for Nursing Practice* 23 (1), 23-41. / Razinsky, L. (2014). *Freud, Psychoanalysis and Death*. Cambridge, Reino Unido: Cambridge University Press.

3. Davis, D. E., Ho, M. Y. *et al.* (abril del 2015). «Forgiving the Self and Physical and Mental Health Correlates: A Meta-Analytic Review». *Journal of Counseling Psychology* 62 (2), 329-335.

4. Messenger, A. G. y Rundegren, J. (febrero del 2004). «Minoxidil: Mechanisms of Action on Hair Growth». *British Journal of Dermatology* 150 (2), 186-194.

5. Wardrop, D. y Keeling, D. (junio del 2008). «The Story of the Discovery of Heparin and Warfarin». *British Journal of Haematology* 141 (6), 757-763.

6. Stevens, M. C., Kiehl, K. A. *et al.* (enero del 2009). «Brain Network Dynamics During Error Commission». *Human Brain Mapping* 30 (1), 24-37.

7. Kierkegaard, S. (1981). *The Concept of Anxiety*. Princeton (Nueva Jersey), USA: Princeton University Press.

8. Filevich, E., Vanneste, P. *et al.* (diciembre del 2013). «Brain Correlates of Subjective Freedom of Choice». *Consciousness and Cognition* 22 (4), 1271-1284.

9. Molnar-Szakacs, I. y Uddin, L. Q. (2013). «Self-Processing and the Default Mode Network: Interactions with the Mirror Neuron System». *Frontiers in Human Neuroscience* 7, 571. / Sandrone, S. (2013). «Self Through the Mirror (Neurons) and Default Mode Network: What Neuroscientists Found and What Can Still Be Found There». *Frontiers in Human Neuroscience* 7, 383. / Travis, F., Haaga, D. A. *et al.* (febrero del 2010). «A Self-Referential Default Brain State: Patterns of Coherence, Power, and Eloreta Sources During Eyes-Closed Rest and Transcendental Meditation Practice». *Cognitive Processing* 11 (1), 21-30.

10. Godil, S. S., Shamim, M. S. *et al.* (2011). «Fuzzy Logic: A "Simple" Solution for Complexities in Neurosciences?». *Surgical Neurology International* 2, 24.

11. Wade, N. «Scientist at Work/Kary Mullis; After the "Eureka", a Nobelist Drops Out» (15 de septiembre de 1998). *The New York Times*. http://www.nytimes.com/1998/09/15/science/scientist-at-work-kary-mullis-after-the-eureka-a-nobelist-drops-out.html?pagewanted=all&_r=0.

12. Ibíd.

13. Dayan, P. (diciembre del 2008). «Simple Substrates for Complex Cognition». *Frontiers in Neuroscience* 2 (2), 255-263.
14. Uithol, S., Burnston, D. C. y Haselager, P. (abril del 2014). «Why We May Not Find Intentions in the Brain». *Neuropsychologia* 56, 129-139.
15. Mangels, J. A., Butterfield, B. *et al.* (septiembre del 2006). «Why Do Beliefs About Intelligence Influence Learning Success? A Social Cognitive Neuroscience Model». *Social Cognitive and Affective Neuroscience* 1 (2), 75-86.
16. Libet, B. (1993). «The Neural Time Factor in Conscious and Unconscious Events». *Ciba Foundation Symposium* 174, 123-137 (debate en 37-46). / Libet, B., Gleason, C. A. *et al.* (septiembre de 1983). «Time of Conscious Intention to Act in Relation to Onset of Cerebral Activity (Readiness-Potential): The Unconscious Initiation of a Freely Voluntary Act». *Brain* 106 (3.ª parte), 623-642.
17. Huebner, B. y Rupert, R. D. (abril del 2014). «Massively Representational Minds Are Not Always Driven by Goals, Conscious or Otherwise». *Behavioral and Brain Sciences* 37 (2), 145-146.
18. Liboff, A. R. (2016). «Magnetic Correlates in Electromagnetic Consciousness». *Electromagnetic Biology and Medicine* 35 (3), 228-236.
19. Orion, I. y Laitman, M. (2010). «The Double-Slit Experiment and Particle-Wave Duality: Toward a Novel Quantum Interpretation». *Journal of Modern Physics* 1 (1), 90-92. / Strambini, E., Makarenko, K. S. *et al.* (2016). «Geometric Reduction of Dynamical Nonlocality in Nanoscale Quantum Circuits». *Scientific Reports* 6, 18827.
20. (Sin fecha). «This Will Mindfuck You: The Double-Slit Experiment». *High Existence.* http://highexistence.com/this-will-mindfuck-you-the-double-slit-experiment/.
21. R. S. Bobrow, R. S. (julio y agosto del 2011). «Evidence for a Communal Consciousness». *Explore* (Nueva York) 7 (4), 246-248. / Hirstein, W. (enero del 2008). «Mindmelding: Connected Brains and the Problem of Consciousness». *Mens Sana Monographs* 6 (1), 110-130.
22. Miller, P. A., Wallis, G. *et al.* (31 de agosto del 2015). «Reducing the Size of the Human Physiological Blind Spot through Training». *Current Biology* 25 (17), R747-748.
23. Gates, G. A. y Mills, J. H. (24 a 30 de septiembre del 2005). «Presbycusis». *Lancet* 366 (9491), 1111-1120. / Kenney, L. (3 de marzo del 2015). «Try It: Can You Hear These Sounds Only Young People Hear?» *Yahoo.* https://www.yahoo.com/beauty/try-it-can-you-hear-these-sounds-only-young-112627654778.html.

24. Gallese, V., Fadiga, L. *et al.* (abril de 1996). «Action Recognition in the Premotor Cortex». *Brain* 119 (2.ª parte), 593-609. / Gallese, V., Keysers, C. y Rizzolatti, G. (septiembre del 2004). «A Unifying View of the Basis of Social Cognition». *Trends in Cognitive Sciences* 8 (9), 396-403. / Gallese, V. y Sinigaglia, C. (abril del 2014). «Understanding Action with the Motor System». *Behavioral and Brain Sciences* 37 (2), 199-200. / Iacoboni, M., Molnar-Szakacs, I. *et al.* (marzo del 2005). «Grasping the Intentions of Others with One's Own Mirror Neuron System». *PLoS Biology* 3 (3), e79.

25. Grau, C., Ginhoux, R. *et al.* (2014). «Conscious Brain-to-Brain Communication in Humans Using Non-Invasive Technologies». *PLoS One* 9 (8), e105225.

26. Golland, Y., Arzouan, Y. y Levit-Binnun, N. (2015). «The Mere Co-Presence: Synchronization of Autonomic Signals and Emotional Responses Across Co-Present Individuals Not Engaged in Direct Interaction». *PLoS One* 10 (5), e0125804.

27. Kaplan, S. (2009). «Grasping at Ontological Straws: Overcoming Reductionism in the Advaita Vedanta −Neuroscience Dialogue». *Journal of the American Academy of Religion* 77 (2), 238-274.

28. Jacob, F. (10 de junio de 1977). «Evolution and Tinkering». *Science* 196 (4295), 1161-1166.

ÍNDICE TEMÁTICO

SOBRE EL AUTOR

S rini Pillay, doctor en medicina formado en la Universidad de Harvard, es psiquiatra en activo, investigador de las imágenes cerebrales y un innovador en el campo de la tecnología basada en el cerebro. Actualmente es profesor auxiliar, a tiempo parcial, en la Facultad de Medicina de Harvard y miembro facultativo invitado en los programas de educación ejecutiva de la Escuela de Negocios de Harvard y en la Corporación Educativa Duke. Es el fundador y presidente de NeuroBusiness Group, una empresa de *coaching* para ejecutivos, consultoría y tecnología que fue incluida entre las veinte iniciativas de entrenamiento en el liderazgo más innovadoras del mundo por parte de Training Industry. Su anterior libro, *Life Unlocked: 7 Revolutionary Lessons to Overcome Fear* [La vida desbloqueada: 7 lecciones revolucionarias para superar el miedo] ganó el Premio Libros para una Vida Mejor. Nacido en Durban (República de Sudáfrica), actualmente reside en Newton (Massachusetts).

drsrinipillay.com
Facebook.com/SriniPillayMD
@srinipillay

153.4
Pillay, Srini
El poder de la mente desenfocada